权威·前沿·原创

皮书系列为

“十二五”“十三五”国家重点图书出版规划项目

智库成果出版与传播平台

山东社会科学院创新工程重大项目

山东社会形势分析与预测（2020）

THE ANALYSIS AND FORECAST OF SHANDONG'S SOCIETY (2020)

公共服务高质量发展

主　编／侯小伏
副主编／闫文秀　陈建伟

社会科学文献出版社
SOCIAL SCIENCES ACADEMIC PRESS (CHINA)

图书在版编目(CIP)数据

山东社会形势分析与预测. 2020: 公共服务高质量发展 / 侯小伏主编. -- 北京: 社会科学文献出版社, 2020.10

（山东蓝皮书）

ISBN 978-7-5201-7390-2

Ⅰ.①山… Ⅱ.①侯… Ⅲ.①社会分析-山东-2019②社会预测-山东-2020 Ⅳ.①D668

中国版本图书馆 CIP 数据核字（2020）第 186838 号

山东蓝皮书

山东社会形势分析与预测（2020）

——公共服务高质量发展

主　　编 / 侯小伏
副 主 编 / 闫文秀　陈建伟

出 版 人 / 谢寿光
组稿编辑 / 宋月华
责任编辑 / 韩莹莹

出　　版 / 社会科学文献出版社 · 人文分社（010）59367215
地址：北京市北三环中路甲 29 号院华龙大厦　邮编：100029
网址：www.ssap.com.cn
发　　行 / 市场营销中心（010）59367081　59367083
印　　装 / 三河市东方印刷有限公司

规　　格 / 开 本：787mm × 1092mm　1/16
印 张：16　字 数：264 千字
版　　次 / 2020 年 10 月第 1 版　2020 年 10 月第 1 次印刷
书　　号 / ISBN 978-7-5201-7390-2
定　　价 / 138.00 元

本书如有印装质量问题，请与读者服务中心（010-59367028）联系

《山东社会形势分析与预测（2020）》编委会

主要编撰者简介

侯小伏 女，山东威海人，研究员。山东社会科学院省情与社会发展研究院院长。主要研究领域：农村社会发展、社会治理。主要研究成果：《打开另一扇门：中国社团组织的现状与发展》（专著）、《英国环境管理的公众参与及其对中国的启示》（论文）、《国家能力建设与社会组织统战工作》（论文）、《以资源整合服务下沉推动社会治理创新》（论文）、《社会项目与民主、平等及经济增长》（论文）、《山东省扩大内需提升消费的社会支持条件》（论文）、《集体消费理论视角下基本公共服务供给侧改革的着力点》（论文）、《山东省城乡结合部社区建设调查》（论文/合著）、《社会保障满意度评价的相关因素研究》（论文/合著）等。

闫文秀 女，山东阳谷人，硕士。山东社会科学院省情与社会发展研究院研究人员。主要研究领域：社区研究、社会发展与公共政策。主要研究成果：《现代化变迁中的乡村社区发展道路探讨——基于山东省新型农村社区的调查》（论文）、《新型农村社区共同体何以可能？——中国农村社区建设十年反思与展望（2006－2016）》（论文/合著）、《搭建农村社区民主协商的制度化平台》（论文/合著）、《在深化改革中积极推进社会治理创新》（论文）、《加强特色小镇建设　助推山东新旧动能转换》（论文）、《浙江省传统经典产业特色小镇的建设发展与经验借鉴》（调查报告/合著）、《自杀行为的研究历程、理论范式和分析方法》（论文/合著）等。

陈建伟 男，山东蒙阴人，博士。山东社会科学院省情与社会发展研究院研究人员。主要研究领域：社会分层与流动、就业与工作质量。主要研究成果：《当代社会学中的阶级分析——理论视角和分析范式》（论文/合著）、《权威阶层体系的构建——基于工作状况和组织权威的分析》（论文/合著）、《以结构调整提升就业水平》（论文）、《时空结构中的资源、权力与实践》（论文）、《我国城市新区义务教育服务设施配置研究》（论文/合著）、《从工作质量角度推动就业研究》（论文）、《新型职业农民身份对农业经营收入的影响：基于倾向值匹配方法的分析》（论文）等。

前　言

2019年是山东省委确定的“工作落实年”。一年来，山东省委、省政府全面贯彻习近平新时代中国特色社会主义思想，认真落实习近平总书记对山东工作的重要指示要求，深入实施八大发展战略，在经济、社会高质量发展上取得新的成绩，基本实现了主要预期目标。在民生保障和社会建设领域，山东省扎实推进20项重点民生实事，民生支出占财政支出比重达到79%；坚持就业优先政策，加大援企稳岗力度，全力做好稳定和扩大就业工作，全年实现城镇新增就业138.3万人；加快幼儿园配套建设，规范学前教育，持续解决城镇中小学大班额问题，城乡义务教育逐步迈向一体化；实现养老保险基金省级统收统支，养老保险关系转移接续流程简化、效率提升；异地就医定点医疗机构和异地联网结算覆盖范围进一步扩大，异地就医服务保障水平得到提高；“一窗受理·一次办好”改革扎实推进，政务服务水平持续提升；等等。所有这些工作注重社会感受和实际效果，让人民群众有了更直接、更实在的获得感、幸福感、安全感。

2020年是全面建成小康社会之年，是“十三五”规划收官之年，也是“十四五”规划谋划之年。在新的一年，民生保障和基本公共服务将在支撑和促进高质量发展上发挥更加重要的作用。山东省要按照党的十九届四中全会通过的《中共中央关于坚持和完善中国特色社会主义制度　推进国家治理体系和治理能力现代化若干重大问题的决定》的要求，坚持和完善统筹城乡的民生保障制度，健全基本公共服务制度体系，创新公共服务提供方式，尽力而为，量力而行，在保障群众基本生活的同时，满足人民多层次、多样化的生活需求。特别是这次肆虐全球的新冠肺炎疫情，不仅是对国家治理体系的一次重大考验，也将对人们的生活和政府公共服务产生重大影响。我们要清醒地看到治理体制的长处和弊端，总结经验、吸取教训，尤其要聚焦于关键性、突出性、长期性的民生问题，聚焦于公共服务体系和制度建设，加强民生保障，为“十

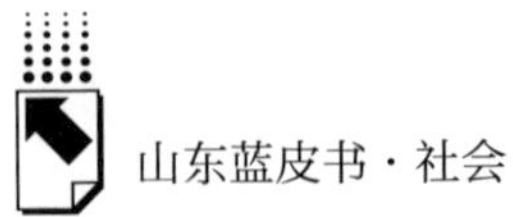

四五”期间全省民生工作和基本公共服务上一个新的台阶打下坚实的基础。

本书各报告作者均参加过近三年来的山东省经济社会综合调查和省情调查，对山东省情有着切实的把握，对山东建设有着充分的了解，对山东发展有着深厚的感情。他们从各自的研究领域出发，围绕就业服务、公共教育、医疗卫生、社会保障、养老服务、生态环境、公共安全、公用事业、公共交通、公共文化体育、政务服务和脱贫攻坚等十余个重点公共服务领域分别撰写了相关的研究报告。这些报告以较为充分的数据资料为基础，总结过去一年的工作，预测未来一年的发展趋势，提出聚焦制度建设、让群众长期受益的对策建议，希望能够为山东的社会发展和人民幸福贡献绵薄之力。

编者

2020 年 4 月

摘　要

本书是山东社会科学院2020年山东蓝皮书系列之一。2020年山东蓝皮书·社会的主题是“提升公共服务质量　助力山东高质量发展”。公共服务高质量发展，既是高质量发展的重要内容，也是高质量发展的实现机制和可行路径，是内需型增长、创新型增长、公平型增长的重要动力和支撑。

本书认为，2019年山东省在提升公共服务质量方面具备鲜明特点，取得明显成就。一是在战略部署上，将公共服务质量提升作为全省高质量发展的重要组成部分统筹推进。二是在整体推进上，将公共服务质量提升与脱贫攻坚战、乡村振兴战略、污染防治攻坚战有机结合。三是在重点突破上，以问题为导向，聚焦聚力解决群众反映强烈的难题痛点，不断提升公共服务资源配置的合理性和保障的精准度。四是在保障措施上，着力推进“一窗受理·一次办好”、流程再造改革，促使公共服务经办实现了提质增效。

本书认为，在全球新冠肺炎疫情冲击和新旧动能转换处于胶着期背景下，山东省公共服务高质量发展面临着如下挑战：公共卫生和重大疫情应急响应机制滞后，亟待改革完善公共卫生防控救治体系、健全应急响应机制；疫情对就业产生巨大冲击，迫切需要以更扎实的服务保就业保民生；社会保障服务需要兼顾重点与全面、常态与非常态，协调处理好稳定性与灵活性的关系；疫情防控凸显了地方在公共治理上的弊端，数字化治理工具在抗击疫情时“临危显效”，这对政府公共服务善用工具、善于作为、智慧治理、精准化服务提出了新要求；疫情考验了公民的公共意识、自律意识和生态文明素质，公众对“生活治理”提出了新期待，对政府以更强定力、更多智慧、更实举措统筹好生态环境保护与高质量发展的关系提出了新要求。

本书提出，2020年推动山东省公共服务高质量发展，一是应建立高质量的公共服务政绩考核指标体系，充分发挥其对高质量发展的目标引领和保障支撑作用；二是应继续坚持问题导向，以体制机制创新，聚焦聚力破解群众

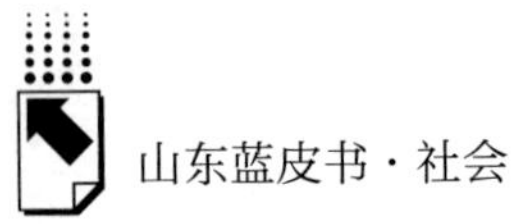

满意度低的问题和新冠肺炎疫情暴露出来的问题；三是应持续推进思想解放，以“流程再造”为牵引，善用数字化工具推动公共服务延伸扩面、提质增效。

关键词： 公共服务质量　高质量发展　新冠肺炎疫情　流程再造

目 录

Ⅰ 总报告

Ⅱ 分报告

皮书数据库阅读**使用指南**

总 报 告

General Report

B.1 提升公共服务质量　助力山东高质量发展

——2019～2020年山东省社会形势分析与预测

侯小伏*

摘　要： 公共服务高质量发展，既是高质量发展的重要内容，也是高质量发展的实现机制和可行路径。2019年，在战略部署上，山东省将公共服务质量提升作为全省高质量发展的重要组成部分统筹推进，聚焦"六个着力点"，提升高质量发展的创新和共享水平；在整体推进上，将公共服务质量提升与脱贫攻坚战、乡村振兴战略、污染防治攻坚战有机结合，全面巩固提升"两不愁三保障"，促使生态环保与经济发展"双赢"目标进一步靠近；在重点突破上，以问题为导向，聚焦聚力解决群众反映的难题痛点，使得公共服务资源配置的合理性

* 侯小伏，山东社会科学院省情与社会发展研究院院长、研究员，主要研究方向为农村社会发展与社会治理。

不断加强、保障精准度不断提高；在保障措施上，推进“一窗受理·一次办好”和“流程再造”改革，促使公共服务经办提质增效。山东省公共服务领域存在的突出问题是，一些公共服务存在明显短板，影响全省高质量发展，一些群众满意度较低的公共服务尚未得到根本性改进，服务质量不平衡问题仍较突出。突如其来的新冠肺炎疫情对政府高质量公共服务提出了新挑战、新要求，如公共卫生防控救治体系和重大疫情应急响应机制亟待加强，保就业保民生的要求更加迫切，社会保障制度要兼顾稳定性与灵活性，智慧治理和善用数字化治理工具的能力仍需加强，城市化质量亟待提升，等等。2020 年应建立高质量的公共服务政绩考核指标体系，以发挥其目标引领作用；继续坚持问题导向，以体制机制创新，解决群众满意度低的问题和新冠肺炎疫情暴露出来的问题；持续推进思想解放，以“流程再造”为牵引，善用数字化工具推动公共服务延伸扩面、提质增效。

关键词： 公共服务　高质量发展　脱贫攻坚　新冠肺炎疫情　流程再造

一　推动公共服务高质量发展是高质量发展的新命题

公共服务是指由政府部门、国有企事业单位等履行法定职责，为满足公民生存和发展的直接需求而为其提供帮助或办理相关事务的行为。公共服务一般涉及就业、教育、养老、医疗、公共安全、环保、公用事业、公共交通等领域。高质量发展需要高质量的公共服务供给。提升公共服务质量，有利于提升群众的获得感、幸福感和安全感，是高质量发展的题中应有之义。同时，公共服务高质量发展也是高质量发展的实现机制和可行路径，是推动内需型增长、创新型增长、公平型增长的重要动力和支撑。

扩大公共服务支出可以有效降低居民的预防性储蓄。在中国经济增长速度持续放缓的情势下，通过内需型增长推动高质量发展具有重要意义。随着中美关系以及世界政治经济格局的变化，中国经济增长三驾马车中“投资”的作用在减弱，“出口”的作用也呈减弱态势。因此，中国经济高质量发展需要一个高质量的内需型增长动力——“消费”作为支撑。在中国社会的主要矛盾已经发生变化的情况下，城乡居民对汽车、住房等个人物质消费品的需求下降，对医疗、环境、教育等集体消费品的需求迅速上升。如果政府提供的教育、医疗等公共服务不足，必然会导致居民个人不断增加预防性储蓄，以用于医疗、环境、教育等集体消费品的支出，进而将抑制消费需求。反之，如果政府的支出能够有效减轻个人在公共服务支出方面的负担，居民个人自然会将节省下来的支出转移到其他消费品上，从而产生新的消费需求，推动产业升级，拉动经济高质量发展。

优化公共服务项目配置，例如提升公共教育、就业培训和医疗服务的政府关注度和加强均等化服务，可以有效提高人力资本存量、优化人力资本配置，推动创新型增长。高质量发展是创新型增长，创新的基础是有高质量的劳动力。高质量发展要求增长的动力从要素数量型向要素质量型转变，要素投入中最重要的是劳动力质量。而高质量的劳动力是人力资本长期积累和高效配置的结果。没有人力资本的长期积累，劳动力的量和质都将难以保证。简单的、缺乏教育培训的劳动力，是难以满足创新型增长对高质量劳动力的要求的。若缺乏人力资本从低效到高效的流动，缺乏公共服务在更大范围内的均等化和统筹配置，如教育资源在城乡之间均等化、社会保障基金在省域乃至全国范围内统筹，必然会影响人力资本的优化配置，进而影响全社会创新创业能力的提高。

高质量的公共服务还可以优化初次分配和再分配的格局，减缓收入差距的扩大，是促进公平型增长的动力。高质量发展也是增长动力环境的转变，它要求公平型增长，有效缩小经济增长过程中日益扩大的收入分配差距，实现更广泛的社会、政治和文化包容，以公平性促进高效率，以高效率实现包容性发展。新时代人民群众不仅对物质文化生活提出了更高要求，对环境、安全、公平、正义的要求也日益提高。对教育、医疗、就业等进行均等化服务和优化配置，将有效提高劳动力质量，进而增加劳动收入在初次分配中的比重；公共财政向低收入人群和偏远乡村倾斜，可以充分发挥再分配效应，有效缓解不同收入层次和城乡之间收入差距不断拉大的问题，推动公平型增长、共享型发展。

综上所述，公共服务高质量发展，既是高质量发展的重要内容，又是高质量发展的重要动力、重要支撑。要想实现高质量发展的目标，必须充分重视和重点解决公共服务质量问题。

二　2019年山东省提升公共服务质量的主要特点与成就

（一）在战略部署上，将公共服务质量提升作为全省高质量发展的重要组成部分统筹推进，聚焦“六个着力点”，聚力提升高质量发展的创新和共享水平

2019 年，山东省委、省政府牢牢把握高质量发展这个根本要求，在年初的工作报告中提出了“一二三四五六”的工作格局和部署安排，要求通过六个方面的聚焦聚力，全面提升山东高质量发展水平。一是聚焦聚力新旧动能转换这“一个重大工程”，进一步拓展高质量发展有效路径。二是聚焦聚力“高起点打造乡村振兴齐鲁样板”“高标准推进海洋强省建设”这“两篇文章”①，进一步打造高质量发展的特色优势，开拓高质量发展的新空间。三是聚焦聚力打好打赢防范化解重大风险、精准脱贫、污染防治这“三大攻坚战”，补短板解决突出问题，筑牢高质量发展的基础。四是聚焦聚力“向改革要活力、抓开放挖潜力、促创新增动力、培育需求支撑力”②，促进“四力并发”，打造新旧动能转换的强劲引擎。五是聚焦聚力“五大生态”建设，持续“营造风清气正的政治生态”“精简高效的政务生态”“富有活力的创新创业生态”“彰显魅力的自然生态”“诚信法治的社会生态”③，打造政策、环境、服务“三位一体”的集成优势，进一步强化高质量发展的环境保障。六是聚焦聚力“着力稳定和扩大就业”“着力增加居民收入”“着力完善社会保障体系”“着力发展教育事业”“着力繁荣发展文化事业”“着力建设健康山东”④ 这“六个着力

---

① 龚正：《2019 年政府工作报告——2019 年 2 月 14 日在山东省第十三届人民代表大会第二次会议上》，《大众日报》2019 年 2 月 19 日。

② 同上。

③ 同上。

④ 同上。

点”的落细落实，完善制度、守住底线，尽力精心做好各项民生实事，进一步提升全省高质量发展的共享水平。落细落实“六个着力点”作为全省高质量发展的重要组成部分，被写入政府工作报告，进而推动实施，彰显了山东省委、省政府对公共服务质量在高质量发展中重要性的重视。

根据上述聚焦聚力“六个着力点”的部署安排，山东省推动出台了一系列公共服务惠民便民政策措施。财政加大了对公共服务的保障力度，在财政收入增长速度放缓、落实各项减税降费政策减收超过1500亿元的情况下，2019年山东省各级财政通过大力压减一般性开支，挤出资金用于保障各项民生、基本公共服务支出，促使民生支出增长比例再创新高。2019年，山东省民生支出占财政支出的比重达到79%。1～11月，全省一般公共预算支出中用于社会保障和就业的支出为1325亿元，教育支出1882亿元，卫生健康支出870亿元，分别增长了14.2%、7.5%、3.2%。其中，前两者增长水平高于全省同期支出5%的平均增长水平。教育支出占到了一般公共预算支出的20%，不仅位居省内各项支出的首位，在全国来说也是首屈一指的。这充分体现出山东省对教育在新旧动能转换中储备人才、提供动力作用的高度重视，也彰显了山东省追求创新型增长的决心。社会保障和就业支出、卫生健康支出的增长，尤其是社会保障和就业支出的大幅度提高，说明了山东省对公共服务促进内需型增长、共享型增长作用的高度重视。

（二）在整体推进上，把提升公共服务质量与打好脱贫攻坚战、实施乡村振兴战略、打赢污染防治攻坚战有机结合，促使“两不愁三保障”全面巩固提升，“双赢”目标进一步靠近

1. 把提升公共服务质量与打好脱贫攻坚战、实施乡村振兴战略有机结合，聚焦贫困地区和困难群体，“两不愁三保障”全面巩固提升

坚持高质量发展，首先就要补齐贫困地区、困难群体基本公共服务的短板，补上全面小康的最大短板，然后才是提高质量。遵循这个思路，山东省聚焦贫困地区发展和困难群众生活，在前期解决了吃穿不愁问题、基本完成“脱贫攻坚”任务的基础上，扎实开展脱贫攻坚“回头看”，紧紧围绕“全面巩固提升”，着力加强义务教育、基本医疗、住房安全的“三保障”，努力扩大公共服务有效供给，切实筑牢民生保障底线。

在低保和救助上，着力提高城乡低保和社会救助在精准扶贫中的兜底保障能力。2019 年，山东省各市普遍提高了城乡低保标准，城乡低保标准之比进一步缩小，有些市实现了城乡低保标准的统筹。同时，山东省各市提升特困人员救助供养水平，通过加大区域性中心敬老院建设力度，落实对分散特困人员救助供养的“五有”要求和标准，进一步确保困难群体能够共享高质量发展的成果。我们的调查也显示，在全省城镇居民对社会保障服务的评价中，对城乡低保和社会救助的评价最高，兜底保障实效得到了群众的充分肯定。

在教育保障上，实施困难群体特殊教育提升计划，提高农村留守儿童和困境儿童关爱服务水平。2019 年，山东省“全面推进残疾儿童少年学前教育、义务教育、高中阶段教育 15 年免费教育”①，初步构建了医教、康教结合的服务体系。全面核查儿童福利机构集中养育孤儿的残疾和入学情况，将 522 名适龄未入学儿童纳入义务教育学籍管理。截至 2019 年 10 月，教育资助建档立卡贫困家庭学生达 22.25 万人。针对全省登记在册的 7.7 万名农村留守儿童，构建起监护、就学、落户等全方位的关爱教育长效机制。② 扶贫重点村的学校留守儿童关爱室实现了全覆盖，进城务工人员随迁子女在公办中小学校就读的要求得到落实。对事实无人抚养儿童，山东省出台了实施意见，明确将父母具有重残重病、强制隔离戒毒等共十种情形的儿童，按照与孤儿保障政策相衔接的原则，为其发放基本生活补贴。

在医疗保障上，进一步降低大病保险起付线尤其是贫困人口大病保险起付线，进一步减轻贫困人口医药费用负担。2019 年，山东省降低并统一了大病保险起付线，最低段报销比例由 50% 提高到 60%，最高段报销比例达到 75%。对于建档立卡贫困人口、低保对象、特困人员、重度残疾人这四类人，在城乡居民报销政策的基础上，再实施提高报销比例、降低起付线、取消报销封顶线的倾斜政策。贫困人口大病保险起付线分段报销比例各提高 10 个百分点，最高达到 85%，并取消封顶线。贫困人口使用大病保险特效药不设起付线，报销比例由 40% 提高到 60%，最高报销 20 万元。对经基本医保、大病保险、医

① 龚正：《2019 年政府工作报告——2019 年 2 月 14 日在山东省第十三届人民代表大会第二次会议上》，《大众日报》2019 年 2 月 19 日。

② 齐静：《山东在册登记农村留守儿童 7.7 万多名，共保障孤儿 9880 人》，《大众日报》2019 年 12 月 25 日。

疗机构减免“三重保障”后需个人承担的费用，给予不低于70%的医疗救助；对经各种保障后个人负担仍然较重的，超过5000元的部分按70%给予再救助。通过扩大年龄范围、取消户籍限制的办法，将全省7000余名苯丙酮尿症患者治疗所需的特殊食品纳入医疗救助，将全省唇腭裂患者医疗费用纳入医保，将全省9.3万余名脑瘫等残疾儿童和孤独症儿童康复治疗所需的29项医疗康复项目纳入医保，将全省44.3万余名严重精神障碍患者纳入医保门诊慢性病保障范围。全面推行长期护理保险试点，全省5.7万名失能老人的平均报销比例达到75%。[①]

在住房保障上，加快推进黄河滩区居民迁建工程，帮助滩区群众实现“安居幸福梦”。山东省实施的涉及全省60.26万滩区群众、规划总投资260亿元的黄河滩区居民迁建工程[②]，致力于结束长期以来由于黄河泛滥而形成的“三年攒钱、三年垫台、三年盖房、三年还账”的周期轮回。2019年的黄河滩区居民迁建工程，强化和落实市县属地和参建各方的主体责任，严把质量安全关，实施专项方案推动相关政策资金倾斜，打造沿黄生态经济带，加快工程推进速度。随着一系列政策措施的推进、统筹与协调，截至2019年12月，迁建工程的部分楼体已经封顶。黄河滩区群众搬进政府为其建设的新楼房，告别担惊受怕、实现“安居梦”“幸福梦”的日子在即。

2. 把提升公共服务质量与坚决打赢污染防治攻坚战紧密结合，启动“四减四增”行动、八场污染防治攻坚战，促使生态环保与经济高质量发展“双赢”目标进一步靠近

环境质量是基本公共服务的重要内容。区域发展质量高不高，环境质量很关键。2019年，山东省积极回应民生关切，将生态环保要求融入全省经济社会发展决策的全过程，“将环境质量改善作为衡量新旧动能转换的成效，用经济和环境‘双指标’综合评价区域发展质量”[③]。山东省在2019年初就提出了

① 王丽：《2019年山东医保参保率达95.2%　基本报销比例达70%》，2020年1月15日，http：//news.sdchina.com/show/4478227.html，最后访问日期：2020年3月20日。

② 嵇豪：《60.26万群众　260亿投资　山东黄河滩区居民迁建2020年底前完成》，2019年8月21日，https：//news.e23.cn/shandong/2019－08－21/2019082100524.html，最后访问日期：2020年3月20日。

③ 《山东省人民政府关于统筹推进生态环境保护与经济高质量发展的意见》，《山东省人民政府公报》2019年11月20日。

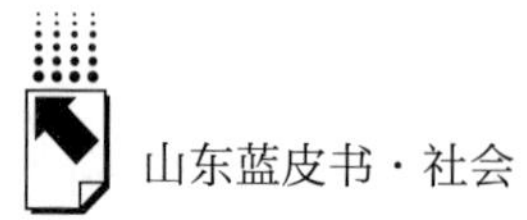

实施“四减四增”三年行动，调整优化“四个结构”（产业结构、能源结构、运输结构、农业投入结构），推进污染物排放总量大幅减少，综合施策环境治理，全力打好打胜污染防治攻坚战八场标志性重大战役，实现生态环境与经济高质量发展“双赢”目标。

“蓝天保卫战”着重加大秋冬季大气污染综合治理攻坚力度，统筹推进固定源、移动源、扬尘源等各类污染源综合整治，强化监督定点帮扶的大气污染防治攻坚，使山东省2019年在气象条件极端不利的情况下，几个主要空气质量指标有所上升，与2013年相比总体改善程度在50%左右。

“碧水保卫战”着重于开展集中式饮用水水源地保护和城市建成区黑臭水体整治两个专项行动。1～11月，在全省52个地级及以上城市集中式饮用水水源地中，除1个水源地由于地质原因硫酸盐和总硬度超标外，其余51个水源地水质均达到或优于Ⅲ类标准，达标率为98.1%，达到年度目标要求。县级饮用水水源保护区内636个问题全部完成整治。16个设区的市建成区166个黑臭水体中，165个完成整治工程，完成率为99.4%，整体符合国家年度目标要求（省会及计划单列市、全省平均完成率均不低于90%）。在全省县城（含县级市）建成区排查确定的104个黑臭水体中，80个完成整治工程，完成率为76.9%，达到“时间过半、任务过半”的要求。1～11月，国控地表水考核断面水质优良比例达到62.7%，水质均值已消除劣五类。湾长制在全省全面实行，省、市、县三级湾长体系初步构建，近岸海域（渤海和黄海）入海排污口现场排查任务完成。全年渤海海域优良水质面积占比达到72%左右，同比提高20个百分点。①

“净土保卫战”着重开展重点行业企业用地调查，推进农用地土壤污染治理与修复技术应用试点；强化危险废物处置监管，开展全省危险废物专项排查整治，整改完成288个，占核查发现问题的86.5%；开展农村污染治理攻坚战，全面推进农村生活污水治理。

“生态保护与修复”的重点是开展“绿盾2019”采煤塌陷地治理、矿山生

① 山东省生态环境厅水环境处：《2019年11月全省水环境质量状况》，2020年1月2日，http://www.sdein.gov.cn/dtxx/hbyw/202001/t20200102_2500240.html，最后访问日期：2020年3月20日。

态修复，推进“绿满齐鲁·美丽山东”国土绿化行动。2019 年，山东省完成破损山体治理 5.4 万平方米，山体造林 450 亩，退化林改造 1000 亩，人工造林 169.5 万亩，恢复自然岸线 8.7 公里。

强化生态环保督察执法，加强精细化环境监管。2018 年，在综合运用通报排名、奖补激励、环境监管、约谈问责等方式的基础上，山东强化监管，建立起驻区生态环境保护督察、“双随机、一公开”执法、定期省级生态环境保护督察的“三位一体”的环境监管体系。2019 年，全省各级立案查处环境违法案件 16585 件，罚款金额 10.98 亿元，办理移送拘留案件 572 件、环境污染犯罪案件 120 件。环境监管注重精细化管理，防止一刀切。在重污染天气应急管控上，将企业评定为 A、B、C 三个等级进行差异化管理，通过建立正向激励机制，鼓励企业提高大气污染治理水平；在环境执法上，注重分类施策，合理调整企业环保绩效分级，精准帮扶企业和行业进行提标改造、转型升级；在企业环境信用评价上，强化发改、工信、证监、税务等多部门联合，对失信企业实施联合惩戒。

新旧动能转换与生态环保同谋划共部署、一体推进、协同实施，换来的是工业能耗结构明显优化，六大高耗能行业能耗占比不断降低，煤炭清洁利用程度进一步提高。2019 年 1～11 月，全省清洁能源发电量达 546.3 亿千瓦时，增长 54.6%。① 污染防治全方位立体战的战绩，也赢得了老百姓的满意评价。调查显示，全省生态环境服务的满意度较高，尤其是重污染天气应对处置和黑臭水体整治，得到了居民的普遍好评。

（三）在重点突破上，以问题为导向，聚焦聚力解决群众反映的难题痛点，公共服务资源配置的合理性不断增强和保障精准度不断提升

1. 针对经济下行、新旧动能转换空档期的压力，升级护增量、稳存量的就业政策，群众得到高质量的就业保障

针对经济下行、新旧动能转换处于空档期、中美贸易摩擦对企业的影响较

① 山东省统计局综合处：《1－11 月全省经济稳中有进势头持续增强》，2019 年 12 月 24 日，http：//tjj.shandong.gov.cn/art/2019/12/24/art_104037_8521151.html？xxgkhide＝1，最后访问日期：2020 年 3 月 20 日。

大，山东省于2018年底出台了《山东省人民政府关于进一步稳定和扩大就业的若干意见》，进一步丰富了就业护增量、稳存量的工具箱，通过“两提高”“三延长”“五暂缓”“六扩大”，实现了援企业稳就业、拼经济扩就业、激创业带就业、扩培训优就业的目标。“两提高”是指将失业保险费返还标准由30%提高至50%，将个人创业担保贷款额度由10万元提高至15万元。“三延长”是指延长失业保险降费政策实施期限，延长创业带动就业扶持资金政策期限，延长创业孵化载体奖补期限。“五暂缓”是指从2019年1月1日至2020年12月31日，阶段性允许困难企业缓缴养老、医疗、失业、工伤、生育5项社会保险，缓缴期间免收滞纳金，缓缴条件也由连续6个月以上无力支付职工最低工资，调整为连续3个月以上无力支付职工最低工资。“六扩大”是指扩大三项就业补助资金支出范围（在岗培训补助、培训生活费补贴、临时生活补助）、扩大社会保险补贴范围（由“三险”扩大到“五险”）、扩大创业补贴受益范围（取消创业补贴中关于缴纳社保费时限的要求）、扩大技术技能提升补贴范围（放宽申领条件、将59项专业资格证书纳入补贴范围）、扩大高校毕业生职业培训补贴范围（由当年毕业的学生扩大到在校大学生）、扩大就业见习补贴范围。尤其是2019年山东省企业养老保险缴费比例由18%下调至16%，并调整完善了社保缴费基数，预计减轻企业社会保险缴费负担171亿元左右①，优化了营商环境，促进了全省的就业创业。

护增量、稳存量就业政策的扎实实施，确保了全省全年就业形势的稳定。2019年前10个月，山东省提前完成了全年城镇新增就业110万人以上的目标任务，到11月底完成了131.8万人的城镇新增就业②，超过年度计划近两成。与此同时，《山东省劳动人事争议调解仲裁条例》、山东省《劳动人事争议协商调解服务指南》、山东省《劳动人事争议仲裁院建设与管理规范》、山东省《劳动人事争议仲裁工作规范》等规范性文件和全省性标准的实施，有效推进了劳动人事争议调解仲裁的规范化、标准化、专业化建设。调查显示，全省城

① 李立红：《山东降低社保费率　年内将为企业减负171亿元》，2019年4月30日，http://sd.dzwww.com/sdnews/201904/t20190430_18674468.htm，最后访问日期：2020年3月20日。

② 山东省统计局综合处：《1－11月全省经济稳中有进势头持续增强》，2019年12月24日，http://tjj.shandong.gov.cn/art/2019/12/24/art_6089_8515019.html，最后访问日期：2020年3月20日。

镇就业服务的总体满意度接近“非常满意”，其中“新增就业岗位保持就业稳定”的评价最高，“落实孕产假同工同酬等劳动者权益保护制度”“保障农民工工资支付”“劳动人事争议协调仲裁”的评价也较高。

2. 回应群众关切，着力破解“入园难”、“入园贵”、小学课后托管服务难等难题，家庭负担减轻明显

针对群众反应强烈的“入园难”“入园贵”难题，山东省进一步健全“省市统筹、以县为主”的学前教育管理体制，连续组织实施“学前教育三年行动计划”，推进幼儿园建设工程，强化学前教育资源建设，努力提高学前教育普惠保障能力。在城镇，要求新建居住区必须配套建设幼儿园，幼儿园建设要在规划设计、土地供应、施工建设、竣工验收、交付使用等所有环节与居住区同步进行。在农村，致力于改善办园条件，实施农村幼儿园建设与提升工程，提升农村学前教育的服务保障水平。2018～2019 年，山东省新建、改扩建幼儿园 8139 所，增加幼儿园学位 110 万个。截至 2019 年底，全省学前三年毛入园率达 89.2%，公办园在园幼儿占比达到 55.2%。[①]

针对社会关注、群众关切的小学生课后“三点半”“四点半”的托管服务问题，山东省教育厅、发改委、财政厅、人力资源和社会保障厅联合印发了《关于全面推进小学课后服务工作的指导意见》，从服务原则、服务时间、服务内容、经费保障、教职工激励五个方面提出了要求，并进行保障，全面推进“三点半”“四点半”课后服务。截至 2019 年 9 月秋季开学之时，全省 16 市中 14 市出台了具体实施意见，占 87.5%；137 个县（市、区）中 111 个县(市、区）出台了具体实施方案，占 81.02%，43.46% 的小学已经展开了课后服务工作。[②] 课后学校开展的免费体育和兴趣活动，既提高了学生的综合素质和能力，也减轻了家庭的负担。

3. 针对“看病难”“看病贵”难题，接连出台医疗保障惠民便民政策措施，群众医药费用负担进一步减轻

针对“看病难”问题，2019 年山东省新增了 88 项涉及新领域新技术中医药的医疗服务项目，将 7 项“互联网＋”医疗服务项目纳入医保支付，满足

① 魏海政：《山东：两年新增 110 万个幼儿园学位》，《中国教育报》2020 年 1 月 19 日。

② 《山东 43.46% 的小学已开展课后托管服务》，《大众日报》2019 年 9 月 16 日。

了群众更高水平的医疗服务需求；推行医保个人账户“一卡通行”，有效解决了职工异地就医便捷性差、医保个人账户资金沉淀多、保值性低的问题。

在解决“看病贵”问题上，针对城乡居民反映的高血压、糖尿病门诊费用负担较重问题，2019 年山东省将高血压、糖尿病纳入城乡居民医保门诊规定病种范围，减轻了居民日常医疗费用负担。调查显示，将高血压等常见多发病门诊小额费用纳入城乡居民医保报销，受到了群众的普遍称赞，这一政策成为社会保障政策评价中得分第二高的政策。山东省还深化药品招采、价格、支付方式改革，实行药品、医用耗材带量采购，降低了群众获取医疗服务的成本。抗癌药集中带量采购，用以量换价方式有效降低抗癌药价，促使 25 种药品价格平均下降 59%；全面取消公立医疗机构医用耗材加成，人均医用耗材费用减少 1671 元。推进医保支付方式改革，出台日间手术医保支付改革政策，缩短病人在院等待时间，节约病人住院成本；各市按病种付费的病种数达到 150 种以上，启动按疾病诊断相关分组付费国家和省级改革试点。[①] 重拳打击医疗领域欺诈骗保行为，形成了对欺诈骗保行为的强力震慑，有力保卫了人民群众的“救命钱”。

（四）在保障措施上，扎实推进“一窗受理·一次办好”改革，流程再造注重体制机制创新，公共服务经办质提效增

1. 以“一窗受理 · 一次办好”改革和“流程再造”为有力抓手，推进政务服务全面规范、公开公平、便捷高效

“一窗受理·一次办好”改革加强了政府公共服务的主动性和规范性。针对企业和群众反映的“办事难”“办事慢”“来回跑”的痛点和堵点问题，山东省启动了“一窗受理·一次办好”改革，8 个方面的 26 条措施聚焦“五个一窗”建设：升级“实体一窗”，实行“前台综合受理、后台分类审批、统一窗口出件”服务；整合“网上一窗”，“推动各级政府门户网站和部门网站与山东政务服务网实质性融合”，“统一网上政务服务入口”[②]；优化“掌上

---

① 山东省人民政府新闻办公室：《山东举行 2019 年医保民生实事落实情况新闻发布会》，2020 年 1 月 15 日，http：//www. scio. gov. cn/xwfbh/gssxwfbh/xwfbh/shandong/Document/1671981/1671981. htm，最后访问日期：2020 年 3 月 20 日。

② 《山东省人民政府办公厅印发〈关于聚焦企业和群众关切深化“一窗受理·一次办好”改革的措施〉的通知》，《山东省人民政府公报》2019 年 6 月 10 日。

一窗”，完善“爱山东”App 功能，实现高频服务事项“掌上查”“掌上办”；做强“热线一窗”，实现投诉、求助和建议 12345 一号受理；延伸“基层一窗”，加强基层便民服务中心和网点的规范化、标准化建设，推动基于自助终端、互联网的政务服务入口向基层延伸。“五个一窗”建设增强了政府的服务意识，转变了工作作风。公共服务领域“一窗受理·一次办好”的改革创新在全省蔚然成风，如青岛市“就业智慧大厅”面向企业实行就业、社保、劳动用工登记备案业务“三口合一”，淄博市优化整合实现就业、社保业务“一窗通办”。政府职能部门简政放权，减证便民，公开亮出“一次办好”清单。例如，潍坊市开展相对集中行政许可权改革，将 25 个部门的 200 多项行政许可和收费事项划转到市行政审批服务局集中实施。“首问负责制”“一次性告知制”“限时办结制”等制度创新举措在全省各地纷纷推出，政府公共服务的主动性和规范性得到进一步加强。“审批事项少、办事效率高、服务质量优、群众获得感强”① 的一流营商环境正在形成。

“流程再造”提升政府公共服务政务的科学化、智能化水平。2019 年，山东省党政代表团在赴北京、上海、雄安新区学习后，认识到要加快制度创新，必须实行流程再造。由此，一场对标先进找差距，转变思想观念、思维方式和工作作风的“流程再造”在全省轰轰烈烈地开展起来。①流程再造强化制度保障。公共服务各领域职能部门经过认真梳理，形成了全省统一的权力事项、服务事项指导目录或经办服务的地方标准。这既有利于群众直观、便捷地了解自身权利，也是各级政府机构对社会做出的庄严承诺，为更好地履行服务职责建立了制度保障。②流程再造聚焦重点领域。山东省首先选取与群众日常生活密切相关的社会保障、卫生健康、就业创业、民政救助、户籍办理、公安交管、交通运输 7 个重点领域、5 类重点人群的“100 个高频民生服务事项，集中开展流程优化专项行动”②。③流程再造突出关键环节。“优化机关内部工作流程，明确牵头处（科）室，实行‘一口对外’，限时办结”③，达到减事项、

① 龚正：《2019 年政府工作报告——2019 年 2 月 14 日在山东省第十三届人民代表大会第二次会议上》，《大众日报》2019 年 2 月 19 日。

② 山东省人民政府办公厅：《关于实施流程再造推进“一窗受理·一次办好”改革的十条意见》，《山东省人民政府公报》2019 年 8 月 27 日。

③ 同上。

减环节、减材料、减时间的效果。全省医保经办实现了申办材料精简三分之一，办事环节减少四分之一，办理时限压缩一半以上；全省人社业务办理实现了申请材料压缩64.63%；全省56项高频户籍业务实现了“一次办好”。④流程再造善用互联网。借鉴互联网“用户思维”重构服务流程，推出一些重点领域和办理量大的审批服务事项，实现“全程网办”“不见面审批”“掌上办”，让数据代替人跑。一批批“秒批”“秒办”事项的推出，提高了政务服务科学化、智能化水平，提升了政务服务效能。

2.《问政山东》全媒体问政平台开创舆论监督政府公共服务的范例，推动政府服务理念和机制深刻变革

2019年伊始，山东省推出了《问政山东》这个省级全媒体问政平台。《问政山东》聚焦群众关心的热点、难点、堵点问题，先后邀请了住房建设、交通运输、生态环境、卫生健康、教育等共32个省直部门参加问政直播。《问政山东》聚焦干部工作作风转变和营商环境改善，把群众生活中碰到的堵点、痛点、难点问题摆在台面上，以具体事例、具体问题，对省直部门一把手进行电视直播问政。节目动真碰硬、问政犀利，曝光了很多在办公室的数据报表上看不到的问题。节目通过直播当事人现场问政、“回头看”特别节目、直播连线县（市、区）“一把手”、电话问政、网络问政、专题问政等方式，先后曝光了220多个大类500多个具体到县（市、区）的问题，提出了330多份推动工作落实的新政策意见。这种“媒体联动问政+政府机关反馈答疑全媒体发布+省直部门工作社会公开打分评价的监督机制”①，推动了政务公开进程，督导督促职能部门践行承诺狠抓落实。各部门对照“问政”查问题，改进工作作风，提升服务水平。截至2019年底，省直各部门的总体回复率达到97%，投诉办结率达到80%。②

调查显示，山东省政务服务水平持续优化，政务服务质量成为2019年全省公共服务调查监测的11个领域中群众满意度最高的领域。

---

① 原宝国、田进：《〈问政山东〉：打造“辣味”十足的现象级电视节目》，《青年记者》2019年第13期。

② 刘桂秋：《〈问政山东〉砥砺一年间：所有的奔跑和坚持都有回应》，2019年12月31日，http：//sd.iqilu.com/v6/share/article/6243020，最后访问日期：2020年3月20日。

三　山东省公共服务领域存在的突出问题及新冠肺炎疫情后面临的挑战

（一）山东省公共服务领域存在的突出问题

1. 一些公共服务领域存在明显短板，影响全省经济高质量发展

高质量发展需要高质量的公共服务来配合。调查发现，公共教育、生态环境、文化体育是全省调查监测的 11 个公共服务领域群众满意度排位较靠后的领域。同时，一些领域内部存在明显的短板。例如，在就业服务中，受访者除对职工分流安置和就业困难人员帮扶满意度较低外，对政府提供的职业技能培训的评价也较低。这将影响劳动力就业能力，不利于实现更充分、更高质量就业。在社会保障服务中，社保转移接续的满意度较低。虽然政府出台了相关的政策文件，但养老保险基金区域不平衡短期内无法彻底解决，不利于应对人口老龄化加剧的挑战；现有的社会保障政策，难以适应新业态加速成长后灵活就业人员的社会保障需求。养老床位的供不应求和严重过剩并存，收费标准与有效需求难以匹配，各类型养老床位供给比例失衡，既不利于应对人口老龄化加剧的挑战，也对全省康养、医养结合的新养老产业健康发展形成桎梏。“入园难、入园贵”，优质学前教育资源匮乏，也难免影响对高质量优秀人才的吸纳集聚，从而影响高质量发展。

2. 一些相当长时间内群众满意度较低的公共服务，尚未得到根本性改进和提升

尽管 2019 年山东省在许多重点领域、重点项目上加大政策供给力度，在公共服务上的投入巨大，服务项目的覆盖率、服务资源的人均拥有量等指标持续提高，群众总体满意度有了很大提高，但受供给量仍然不足、服务质量不高，以及政策效应迟滞、群众对政策不熟悉等主客观因素影响，一些 2018 年群众满意度较低的服务项目仍然得分较低。调查结果显示，就诊、住院和购药过程中的医疗费用过高，公共教育领域“入园难、入园贵”、学生课业负担较重，社会保障领域养老保险关系跨地区转移或续缴衔接困难，养老服务领域社区养老服务机构数量少，公共安全领域外卖餐饮食品不够安全，公用事业领域居住小区物业收费和服务水平不匹配，公共交通领域道路维护保养不足，公共

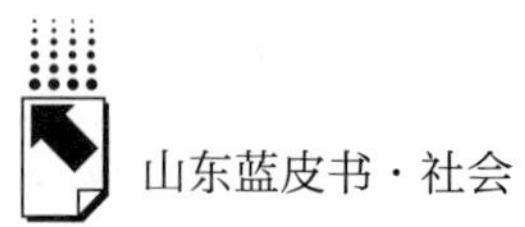

文化体育领域场地设施数量少、共享水平不高，政务服务领域投诉渠道少、投诉反馈和办理进度慢，仍是公共服务各领域群众满意度最低的内容。

从互联网上抓取的几万条相关舆情监测信息显示，群众关注的问题，在公共教育领域有入园难入园贵、家长批作业、学前教育小学化、幼小衔接培训乱，生态环境领域有重污染天气、环保一刀切、城市黑臭水体，公用事业领域有老旧小区加装电梯难、老旧小区停车难、老旧小区供暖设施不完善、公厕难找，就业服务领域有市政拖欠工程款、工厂招工难、企业拖欠工资，公共安全领域有“五毛食品”、小区私搭乱建、肉菜追溯地随意更改，等等。上述这些问题长期存在，仍然需要下大力气予以重点解决。

3. 城市之间和城市内部公共服务质量发展不平衡问题仍较突出

调查监测显示，城市之间的公共服务满意度存在明显差异。总体来看，青岛、济南、淄博、东营、威海排在前列，而菏泽、枣庄、聊城排在队尾。同时，城市内部公共服务质量也存在不平衡的问题。例如，济南市公共教育得分较低，成为明显的“洼地”；临沂市各领域公共服务的综合评价呈现明显的两极化，生态环境、公共教育的综合评价较高，政务服务、公共文化体育服务等的综合评价则较低；德州市政务服务、生态环境的得分较高，社会保障、公共交通的得分则较低；菏泽市养老服务和公共教育的得分较高，社会保障、公用事业的评价较低；泰安市公共教育、公共安全和养老服务得分较低；日照市养老服务短板较为突出。

（二）在新冠肺炎疫情冲击和新旧动能转换背景下，公共服务高质量发展面临新的挑战

纵观中国基本公共服务的发展历程，由“十三五”之前的以“五有”（学有所教、劳有所得、病有所医、老有所依、住有所居）为核心的基本公共服务均等化，到《“十三五”推进基本公共服务均等化规划》（增加了“两有”：幼有所育、弱有所扶）的基本公共服务体系建设，再到党的十九届四中全会强调的基本公共服务制度体系建设，可以说，基本公共服务高质量发展已经从强调“有没有”转向强调“好不好”。2020 年是“十三五”规划的收官之年和全面建成小康社会之年，既是决胜年、攻坚年，也是为现代化建设打基础的一年。高质量的公共服务，在其中的作用尤其重要。打好攻坚、决胜战，不仅

要形成高覆盖的基本公共服务，缩小收入差距，推进城市化进程，还要提高人力资本积累水平和配置效率，提高公共服务供给效率，形成更高层次的政府财力统筹、更高层次的公共服务供给。这些都对公共服务的高质量发展提出了新的要求。突如其来的新冠肺炎疫情，暴露了公共服务上的一些短板、弱项，对治理体系和治理能力现代化提出了新挑战和新要求。这些新挑战和新要求主要表现如下。

1. 公共卫生防控救治体系和重大疫情应急响应机制的建设滞后，亟待改革完善公共卫生防控救治体系、健全重大疫情应急响应机制

公共卫生防控救治体系和重大疫情应急响应机制建设的短板，在新冠肺炎疫情面前显露无遗。这个短板突出表现在两个方面。一是公共卫生资源短缺和分布不均衡。城市化加速以来，山东省城市人口快速增长，但绝大部分中等以上城市同期很少新建公立医院，医护人员严重不足，每千人拥有医生和护士的数量不足，ICU 病床和高端医疗器械也不足。优质公立医院平时就人满为患，疫情暴发后医疗服务供给更加捉襟见肘。卫生资源分布在山东省不同城市之间、城乡之间不均衡的问题也很突出。例如，2017 年底，济南、青岛每千人执业医师数较高，分别为 3.72 人、3.32 人，临沂、聊城较低，分别为 2.04 人、2.12 人；济南、青岛每千人注册护士数较高，分别为 4.72 人、3.66 人，德州、聊城较低，分别为 2.132 人、2.29 人；济南、淄博每千人医院床位数较高，分别为 7.15 张、6.72 张，德州、日照较低，分别为 4.57 张、4.88 张。疫情防控中农村社区各种“硬核”防疫措施屡登热搜，从另一个方面反映了农村医疗卫生资源匮乏的窘迫与无奈。二是重大疫情应急响应机制建设滞后。尽管 2003 年以来中国重大突发公共卫生事件应对机制不断完善，建立了传染病疫情和突发公共卫生事件信息报告系统，加强了卫生应急医疗救治队伍建设，初步形成了部门协调配合机制，但从这次应对新冠肺炎疫情的情况看，仍存在“不系统、轻预防、粗治理、少保障”的问题。①缺乏系统性组织架构。危机应对初期的预警、资源调动、针对性处理仍有不足，缺乏具有多知识背景的复合型决策管理层、统一有力的应急管理指挥系统、有效常态化的专属部门。②缺乏预警信息管理标准。信息系统建设缺乏统一性，疫情信息发布的可视化程度不高，防控信息管理标准不统一、措施分级不细，阻碍了各省（区、市）之间标准的互认。③缺乏“两手都要抓”的精准协调管理机制。④缺乏

应对公共卫生事件的法律保障措施。遇到紧急状况时，地方立法的各自为政削弱了应对危机的协作效果。

2. 疫情对就业产生巨大冲击，以更大力度更扎实服务保就业保民生成为迫切需要解决的问题

山东省正处于新旧动能转换的胶着期，拥有过亿常住人口、2350万名农民工，其就业结构性矛盾突出，而此次波及范围广、影响程度深的新冠肺炎疫情，又给就业市场带来了巨大的负面冲击。疫情对餐饮、旅游、娱乐、航空等第三产业的冲击最大，其在全球的暴发又导致海外需求端萎缩、供应链和国际通道受阻，使外贸企业生存遇到严重困难，导致就业机会大减。在如此严峻的情势下，如何把就业这个“最大的民生”放在更加突出的位置，加大逆周期调节力度保就业、扩就业；如何在统揽疫情防控和经济社会发展全局中推进就业，更精准、更扎实地做好就业工作；如何攻坚克难化危为机，在推动产业结构调整的同时优化就业结构、创造新的就业机会，都是政府劳动就业服务必须面对的难度不小的考题。

3. 社会保障如何协调处理好重点与全面、常态与非常态的关系，是新冠肺炎疫情对高质量社保服务提出的新挑战

新冠肺炎疫情期间，山东省各地社会保障部门围绕新冠肺炎治疗、疫情防控、生产恢复等重点，采取了一些临时应急性、针对性政策措施，例如免除患者的救治费用、对异地就医实行先救治后结算、根据抗击疫情需要临时扩大医保基金支付范围、开设新冠肺炎医保绿色通道、及时认定一线牺牲的医护人员工伤并发放抚恤金、对慈善捐赠款物进行合理管理与使用等，初步展现出社会保障服务作为应对危机治理工具的强大保障功能，有效发挥了民生“定心丸”和社会“稳定器”的作用。但是这些临时应急性政策措施如何与既有法定的社会保障制度有效衔接，还需进一步思考解决。例如，如何保障疫情期间被滞留于疫区的外地人的生活，危机状态下社会救助对象如何从户籍人口扩展到常住人口、临时滞留人员，确保每位社会成员的基本生活得到保障；在优先救治新冠肺炎患者的情况下，如何保障其他急特重疾患者得到应有救治；最低生活保障等社会救助项目的救助标准如何根据疫情危机下生活成本提高的情况，进行必要、临时的调整，确保满足低收入家庭的基本生活需求；针对居家的重度残疾人、失能老人、困境儿童因疫情而难以得到应有

的服务，如何建立健全重大突发事件下的基本照护服务供给机制；在遇到重大突发事件等特殊困难年份，是否可以允许失业保险基金当年亏空，适度扩大失业保险基金支付范围以增强其促进就业功能，而不是追求短期的年度收支平衡。上述这些问题，无不对社会保障服务提出了如何兼顾重点与全面，协调好常态与非常态，处理好稳定性与灵活性的关系，确保每位社会成员的基本生存和基本尊严的命题。这是新冠肺炎疫情对高质量社会保障服务提出的新挑战。

4. 疫情防控凸显了地方公共治理上的一些弊端，数字化治理工具“临危显效”，对政府“智慧”治理、精准化服务提出了新要求

此次抗击新冠肺炎疫情，是对治理能力的一次大考，既考验了“居家—出行—检测—医疗—丧葬”全流程服务的衔接性，公共物品储备、生产、供应的“硬核”实力，“预警—判断—信息发布—应对—协调—服务”的应对突发事件的应急管理能力，也考验了基层社会和社区的自治能力。大考中也暴露出了地方公共治理上存在的一些问题，例如统筹疫情防控和复工复产政策落实中存在执行低效、缺乏灵活性问题；平日公共服务资源向基层“下沉”不足，在社区防控第一线出现社区工作者人力不足、应急能力不够、缺乏专业训练的问题。

此次新冠肺炎疫情防控阻击战还呈现一个重要特点，即数字化工具、智能技术“临危显效”，在紧急状态下有效承担起疫情防控、服务民生的重担。利用大数据、互联网、人工智能、订餐软件等电商平台，“宅在家”的人可以闭户生活；以信息化为基础的医共体建设，通过高层级医院和互联网接入设备，可快速识别和定位新冠肺炎疑似患者，筑牢了基本医疗卫生服务这个第一道防线；借助对电信、交通等大数据的分析，可快速掌握疑似患者出行信息，提前布控可能出现的疫情风险；借助数字化网上便民服务系统，群众可以解决很多紧急事务；网上学习平台的开通，帮助学校实现了“停课不停学，学习不延期”；城乡居民通过建立社区微信群，自发组织志愿者队伍防控疫情、服务生活。互联网、大数据的应用为疫情防控、民生服务等提供了更准确的信息，为政府有效组织、协调、动员各方资源提供了前所未有的助力。可以预期，基于互联网的数字化、智能化的社会治理现代化将成为大势所趋，政府数字化转型的步伐将会加快。如何把大数据思维运用到公共服务之中，让数据成为公共服

务的“千里眼”，从而达到精准服务的效果，对公共服务部门提出了新挑战。例如，社保征收如何适应大数据时代，借助相关平台精准的大数据，推出与收入关联的缴费方式，更加合理地识别和把握社保负担；医保服务如何满足互联网医疗服务新模式、新业态、新就医群体的需要，进一步改革完善现行的医保结算制度，不但运用医保的优势推动互联网医疗产业的发展，而且进一步解决农村、基层医疗资源不足的难题；如何利用正在或已经建立的城乡一体化公共信用信息平台的数据，推出信用惠民政策，让群众真正体验信用带来的获得感；应急状态下利用数字化工具的社会自治，是否也适用于生活常态，并作为公共部门治理的重要补充；在互联网时代，民众对政府信息公开透明、政府及时回应都有了更高期待，如何善用互联网，准确及时、有针对性和专业性地发布权威信息，回应群众的关切，杜绝谣言和不真实信息的扩散，提高网络治理能力。这些都是公共服务因疫情大考而凸显的亟待思考和解决的新问题。

5. 统筹好生态环境保护与高质量发展的关系，需要更强的定力、更多的智慧、更实的举措

尽管随着产业结构、能源结构的逐步改善，山东省生态环境保护的基础条件越来越好，但是山东省新旧动能转换仍处于胶着期，产能压减任务尚未完成，有的地方煤炭消费不降反升。全省设区市空气质量优良天数仍未达到要求，生态环境部168个重点城市空气质量排名后20名城市中山东省的数量增加，污染防治攻坚战驻区督察中发现要分解完成的任务仍有些没有完成、未达到相关进度要求。全省生态环境保护正处于艰难前行、不进则退的重要阶段，持续改善提升需要付出比原来更大的努力。尤其是在经济下行压力持续加大的情况下，山东省面临既要稳经济保民生，又要减少淘汰落后产能的双重压力。

新冠病毒阻击战提供了一个移风易俗、养成健康文明生活习惯、统筹好生态环境保护与高质量发展之间关系的契机。这场阻击战使我们意识到在大规模、全开放、高流动的社会，只有具有公共意识、讲公德，才能确保我们的家园真正具有安全性，否则后果将不堪设想。这也促使我们审视那些已经嵌入日常生活之中的因为“熟悉”而“视而不见”的陋习，如乱倒垃圾、不勤洗双手和衣物、饮食不分餐、不文明如厕、高空抛物、燃放烟花爆竹、社区菜市场在暴露环境下宰杀活禽、污水随意倒泼等。这场全民参与的新冠病毒阻击战，

使我们意识到社会治理如果脱离“生活治理”，将是不精细的。统筹好生态环境保护与高质量发展的关系，需要有更强的定力、更多的智慧、更实的举措，尤其是要及时利用“疫后窗口期”，即疫情结束后的三到六个月，提升公众生态文明素质，来一场讲文明讲卫生、改陋习树新风的“行为革命”，启动一场改变人们生活习惯的“生活治理”。

四　2020年提高山东省公共服务质量的政策建议

面对纷繁复杂的困难挑战和改革发展的繁重任务，特别是新冠肺炎疫情对政府公共服务提出的新挑战，2020 年山东省公共服务应树立驰而不息的决心，继续解放思想、再造流程，化危为机，在更实、更细、更精准上下功夫，推动公共服务改革力度再加大，服务标准再提高，服务质效再提升。

（一）建立高质量的公共服务政绩考核指标体系，充分发挥其对高质量发展目标的引领和保障支撑作用

高质量公共服务供给，需要政府治理结构转型来予以保障，即需要政府从建设型转向服务型。为此，应将公共服务纳入政府的政绩考核之中，明确政府是公共服务尤其是基本公共服务供给的责任主体，让公共服务水平影响官员升迁。如此，才能有效克服“重经济轻服务”的偏向，确保各级政府被赋予相匹配的财力保障，促进公共服务供给逐渐从不平衡、不充分转向平衡、充分。

应充分发挥考核评价体系的重要导向作用，以高质量的“标尺”引领和驱动公共服务高质量发展。高质量公共服务考核评价体系，需要做到以下几点。一要健全完善财政的公共服务投入指标，保障财政投入的充足供给。二要更加注重反映公共服务质量、结构和效益的指标，将群众反映强烈、亟待解决和能满足多样化美好生活需求的指标纳入进去，全面展现公共服务的质量变革、动力变革。三要更加注重反映公共服务动态发展变化情况的指标，以此展现公共服务的效率变革，让相同类别的对象在同一起点上比赛，推动各市各部门拉长长板、补齐短板。四要将农民工市民化率作为考核的重要指标，以提升城市化质量，促进形成内需型增长动力。

应创新考核方式，扩大考核评价主体。考核公共服务的质量如何，关键看

有没有解决实际问题、群众的评价怎么样。应将公共服务对象的满意程度作为重要标准，确立政府行为导向。要注重引进第三方评价，委托社会调查机构进行满意度调查，增强考核评价结果的公认性。要强化群众参与和监督，加大群众满意度在考核评价中的分量。

应强化高质量考核评价结果的综合运用，充分发挥考核评价的导向功能和监督功能。一要将考核评价与奖惩激励有机结合起来，奖勤罚懒、赏优罚劣。二要将考核评价与干部管理有机结合起来，在公共服务考核评价中识别发现干部、培养监督干部。三要将考核评价与干部任用有机结合起来，形成激励担当作为、干事创业的干部考核机制。

（二）要坚持问题导向，聚力解决群众满意度低和新冠肺炎疫情暴露出的问题

应准确判断和把握高质量发展的公共服务短板和群众之关切，以问题为导向，进一步深化供给侧改革。

1. 围绕公共服务各领域的短板加大工作力度，以体制机制创新破解老大难问题

应聚力解决公共服务的短板。卫生健康领域中的看病难、医疗费用过高问题，公共教育领域中的“入园难、入园贵”、学生课业负担较重问题，社会保障领域中的城乡居民养老待遇水平过低、灵活就业者的社会保障不健全问题，养老服务领域中的社区养老服务机构数量过少问题，公共安全领域中的外卖餐饮食品安全问题，公用事业领域中的居住小区物业收费和服务水平不匹配问题，公共交通领域中的道路维护保养问题，公共文化体育领域中的场地设施数量少、设施常态化利用率过低问题，政务服务领域中的投诉渠道少、投诉反馈和办理进度较慢问题，这些都是群众反映意见较大、服务满意度较低的问题，应继续下大力气，驰而不息地聚焦聚力加以解决，以满足群众对高质量生活的需求。

应注重以优质的公共服务吸纳集聚人才。户籍制度的改革，不仅仅打破了人口流动的桎梏，也引发了公共服务之间的竞争。只有高质量的公共服务，才能吸引人才和资金的集聚。高质量的公共服务供给要注意与产业集聚协同，各市在依托产业集聚吸纳人口的同时，要充分发挥公共服务特别是民生类公共服务供给对城市人口规模增长和人才集聚的作用。通过加大对民生类公共服务的

支持和倾斜力度，解决教育资源分配不均、基础设施不完善、环境质量差等问题，以切实增强城市的宜居性，吸引更多的人才来齐鲁大地创新创业。要围绕济南都市圈和青岛都市圈一体化发展，推动都市圈内公共交通、社会保障一卡通行，推行住房公积金转移接续，以公共服务的更高统筹层次，为这两个都市圈的一体化发展提供强有力支撑。

应聚力解决公共服务的体制机制问题。公共服务质量监测表明，各重点领域的服务短板具有一定的长期性和顽固性，群众反映意见较为集中，影响人民的获得感、幸福感和安全感。2020 年应以体制机制创新来破解这些老大难问题，探索用新办法、巧办法解决老问题、大难题。例如，破解“入园难、入园贵”问题，要建立政府投入为主的学前教育经费保障机制，将教育管理部门纳入同级城乡规划委员会，以便进一步落实幼儿园布局规划。城镇居住区配套幼儿园应优先建立公办幼儿园，并与居住区建设项目的土地供应、规划设计、建设施工、竣工验收、交付使用同步进行，让每一个学前儿童都上得了、上得起幼儿园。在医保方面，伴随着全民医保的实现，医保改革要及时地从过去着重解决从“无”到“有”的问题，转变到解决从“有”到“好”的问题，要进一步健全完善重特大疾病医疗保险和救助机制，进一步筑牢托底保障防线。再如，要统筹解决好满足群众医疗保障需求与医疗费用持续增长之间的矛盾引发的医保基金运行风险问题，需在筹资、待遇、支付、监管等关键环节，建立管用高效的制度机制。应以医药集中带量采购的常态化减少中间环节，降低群众的医药费用；要对医保目录实行科学动态调整，满足群众对新药特药和中医药的需求；要持续严厉打击欺诈骗保行为，用机制保障来确保百姓的每一分“救命钱”都花在刀刃上；社会保障制度改革要兼顾重点与全面，协调处理常态与非常态、稳定性与灵活性的关系。要正视和解决公共服务产品与老百姓需求脱节的问题，进一步深入城镇、乡村居民中调查了解民之所需，实现公共服务项目决策模式转型。目前，特别是在农村，有一部分公共服务供给达不到预期的效果，其原因在于这些服务项目并不是根据群众急需和市场需求提供的。公共服务的决策依据，要从供给导向转为需求导向，要深入基层真正弄清楚影响群众满意度的关键因素是什么，真正把握基层群众的所需所盼。要利用多种方式广泛吸纳群众参与到公共服务提供的决策中来，确保政府公共服务更加高效地满足群众之所急所需。

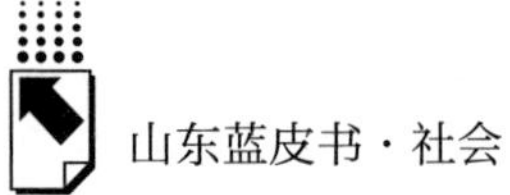

2. 围绕新冠肺炎疫情冲击所暴露的公共服务问题，着力补短板、强弱项

（1）改革完善重大疫情防控救治体系，健全重大疫情应急响应机制

改革完善重大疫情防控救治体系。首先，应加大公共卫生投入力度、优化结构，提高重大疫情防控能力。基本公共服务能力必须与城市的人口规模呈正比例关系。目前山东省城市常住人口占比已超过 60%，必须正视基本公共服务与人口总量快速增长不相适应的问题。有些基本公共服务设施是标配，千万省不得。在经济增长放缓和减税降费使财政收入增速较低、财政支出过“紧日子”的大背景下，大幅提高政府医疗卫生支出规模存在较大困难，应适度提高公共卫生在医疗卫生支出中的占比，优化公共卫生支出结构，加强疾病监测系统建设、疾控中心标准化建设、传染病医院和感染性疾病科等硬件建设，加强疾控中心专业人才配备、应急复合型公共卫生人才培养、基层公共卫生服务体系等软件建设。应实行社会资源下沉，完善基层社区卫生服务中心的布局，使基层卫生机构能够对居民需求快速响应，能进行预检、分诊、筛查，构筑起第一道防线，缓解大医院压力，减少区域分布上的医疗资源差异。应加快公共卫生体制机制改革，提高财政支出绩效。努力解决公共卫生人才队伍不稳定、发展乏力的问题，着力在公共卫生人才队伍梯队建设、专业能力配置、管理系统规划上进行突破，解决公共卫生机构人员和基层公共卫生人员职业获得感和物质激励不合理匹配问题，确保基层公共卫生队伍的稳定性。其次，应提升重大疫情救治能力。要建立健全重大疫情应急处置中西医协作机制，完善重大疫情医疗救治费用保障机制。在突发疫情等紧急情况时，确保医疗机构先救治后收费。将因灾、因疫等参保患者治疗基础病、并发症的费用全部纳入医保支付范围，落实异地就医即时结算制度，实行定点救治医疗机构医保基金预付制度。

健全重大疫情应急响应机制。应针对重大突发公共卫生事件应急响应中存在的不系统、轻预防、粗管理、缺保障问题，下大力气解决。一要着力解决组织架构的系统性问题，健全应对重大突发公共卫生事件的工作保障机制，构建重大突发公共卫生事件分级调控应对机制，明确政府、市场和社会组织各方的权利和职责，建立统一的重大突发公共卫生事件协作机制，强化应急物资保障能力，加快应急物资储备库建设。二要着力解决轻预防问题，尽快完善重大突发公共危机事件应对预警机制，加强危机预警的行政协调能力，形成科学管用的危机信息收集、监测、评估、分析、处置、预警的各部门全流程协作机制，完善预警信息发布主体、方式及内容，提高疫情预警系统的可操作性。三要着力细化中后期的治理，要创造更多公众参与危机应对的渠道和平台，实现政府、企业、社会组织、公众在重大突发公共危机事件应对中的共治。要构建区域—产业—生活分级调控体系，运用大数据手段，对区域、人群、生产生活进行分级调控，实现疫情防控和经济发展的两手抓、两战赢。四要着力解决缺保障问题，完善应对重大突发公共卫生事件的法规修订机制，及时修订地方防疫预案，提高疫情防控的针对性和实效性。

（2）减负稳岗扩增量精施策，下大力气确保就业局势稳定

第一，应加强对就业形势的监测预警。加强失业预警系统建设，及时监测受疫情及经济急剧变化影响的行业、地区和人群，尤其是弱势群体的就业情况，完善失业风险预警和快速响应工作机制。

第二，应加大援企稳岗力度。综合运用减负、缓缴、返补措施，如阶段性减免社保费，阶段性降低失业保险费率、工伤保险费率、职工基本医保单位缴费率，对受疫情影响未按时办理社保缴费业务的可延期补办，返还不裁或少裁员企业上年度实际缴纳的失业保险费，给予疫情防控重点物资生产企业、及时复工复产企业用工补贴和吸纳就业补贴，以此援助企业纾解困难。

第三，应努力扩大就业空间。要努力启动补短板、强弱项、培育新的经济增长点的重点项目，以投资和产业发展带动就业；要通过培育发展“四新经济”（新技术、新产业、新业态、新模式）、功能性服务平台，释放“宅经济”新潜能，努力开发就业新岗位；要倡导“互联网 + 就业服务”新模式，促进劳动者与用工企业精准对接；要扩大企业和各类组织吸纳就业、就业见习的规模，拓宽毕业生就业渠道；要大规模开展职业培训，增强培训的针对性和实效性。

第四，应实行失业援助兜底就业保障。可以适度提高失业保险金标准，延长下岗失业人员临时生活补助时间，为贫困户开发公益性岗位，对困难群体实施紧急援助；应建立全省统一的农民工“点对点”用工对接服务平台，及时发布用工信息，支持农民工返岗复工，引导农民工安全有序转移就业。

（3）加快解决农民工的城市落地问题，实打实地推进乡村振兴和城乡融合发展

应赋予农民进入城市、生活在城市、通往未来城市的权利。要实现观念的

转变，城市化绝不仅仅是城市物理形态的塑造，如果农民工被边缘化，其市民权利被剥夺，那么这样的城市化是低质量、不可持续的。在“进入城市的权利”方面，在国家户籍制度不断放开的背景下，不能把“进入城市的权利”简单地理解为落户。除了要为这些城市新移民提供必要的就业机会外，还要为他们保留一定的居住空间，帮助他们尽快在工作地定居下来。在“生活在城市的权利”方面，要让更多的农村转移人口真正成为“新城市居民”，享受跟本地城市人一样的公共交通、医疗卫生、基础教育、文化体育、养老服务等方面的权益，实现同城同待遇。这里涉及农村转移人口市民化成本分担机制问题。如摊大饼式发展，则土地供应不出去难以贡献地方财政，不如下大力气把基本公共服务和基础社会保障工作做好。如此不但能留住已经进城的人，也能吸引外面的人前来。在“通往未来城市的权利”方面，要注重新市民价值观念、素质行为的改造提升，使其实现从身份标识到观念行为的深层次转变。高品质城市由高素质市民组成，高素质市民成就高品质城市，两者互相改造、共同成长，是城市发展的规律。要注重吸引新市民参与到城市治理中来，通过参与满足其差异化、多样化的利益需求，使其在城市发展的同时实现自身的发展。这样农村转移人口才能够完全融入城市生活。

应实打实地推进乡村振兴，大力发展都市圈，促进城乡融合发展。要提高乡村产业的多样化、复杂化程度，提高乡村产业的报酬，让乡村有更多的发展机会、更大的发展空间。为此，要聚力打开要素在城乡之间流动的通道，促进资本、人力流向乡村，使要素进入乡村以后有回报，形成城市和乡村之间的相对平衡。要大力发展都市圈，通过都市圈将城市和乡村连接起来，以此促进城乡的融合发展。

（4）及时启动“生活治理”，深入开展“讲文明讲卫生、改陋习树新风”文明实践活动

新冠肺炎疫情的冲击，在社会上形成了强大的生态文明观念启蒙、对卫生观念的认同，产生了生态保护动员的效应。应充分利用新冠肺炎疫情形成的“集体记忆的社会框架”，科学利用“疫后窗口期”，培养文明健康、绿色环保的生活方式，摒弃不文明行为和不良陋习，形成“讲文明讲卫生、改陋习树新风”的浓厚氛围。要及时开展全民健康普及专项行动，通过多种媒体的宣传和普及，增强居民主动健康意识、防病意识、体育健身意识，倡导全民健身

新时尚，推动居民养成健康向上的生活习惯；要及时开展人居环境改善专项行动，深化爱国卫生运动，对城乡环境“脏乱差”开展专项整治，加强对城乡卫生死角的排查治理，倡导养成垃圾分类新风尚，提升城乡环卫一体化工作水平，推动居民养成清洁干净爱护环境的卫生习惯；要及时开展文明行为养成专项行动，查找不文明、不卫生行为，找准对公共卫生和社会风尚危害严重、群众深恶痛绝的陋习，推动形成全社会文明礼仪的新风尚；要及时开展公筷公勺推行专项行动，实行分餐制、公勺公筷双筷制，鼓励大型聚餐及红白宴席推行自助分餐，让公筷公勺成为生活常态，坚决杜绝食用野生动物的陋习，推动养成良好健康的饮食习惯。

（三）应持续推进思想解放，以“流程再造”为牵引，善用数字化治理工具推动公共服务延伸扩面、提质增效

应将此次疫情作为提高治理体制和治理能力现代化水平的一个契机，主动总结疫情防控过程中的经验和教训，不断提高社会治理效能。

要持续推进观念“再造”，用刀刃向内的勇气、自己跟自己较劲的精神，“动自己的奶酪”，真刀真枪地解决审批事项、公务运转、民生老大难等方面的“中梗阻”，真正“把该放的权力放出去放下去，把该管的事情管好，提高服务企业、服务群众的效能”。为此，一要强化大局观念，打破部门利益，破除固化的“条条块块”“坐地自划”，树立全局思维。二要坚决避免重办结率、轻实效性的倾向。服务绩效的考核、督导，应以解决了多少高频疑难问题、补了哪些关键短板作为最重要的标准，而不应仅仅关注走了多少单位、转交了多少事项，要让服务成果真正得到企业和群众认可。

要继续深入推进“一窗受理・一次办好”“流程再造”，加快公共服务领域延伸扩面步伐。要真正变复杂的服务步骤为简便易操作的流程。在健康服务领域，加快整合省、市级医院号源池，开放网上号源，实行门诊和病区智慧结算，推广“刷脸就医”、电子发票。在教育服务领域，将“一窗受理・一次办好”改革引入入学报名、学籍管理、教育缴费、教育资助、评职评优等多领域。同时，要将“一窗受理・一次办好”“流程再造”改革推向机关和事业单位内部的服务之中，通过提升内部工作效率，提高整体的公共服务效能。

要善用数字化治理工具，打造协同高效的数字政府，建设智慧便民的数字

社会。互联网和数字化工具稳定和丰富了社会公众在特殊时期的生活，缓解了公众的心理压力，为应急状态下的治理与民生服务提供了重要支撑。在未来的治理和公共服务中，要善于利用数字化工具，推动公共服务延伸扩面、提质增效。首先，应建设统一共享的大数据平台。充分发挥大数据在优政、兴业、惠民中的基础支撑和创新驱动作用，围绕社保、健康、教育、就业、交通、住房、城管等基本公共服务领域，开展政务服务和创新应用，建设统一共享的大数据平台，更好地统筹政府公共服务的目标、主体、客体和具体过程。以整体协同、高效运行的数字政府，互联互通、智慧便民的数字社会，助推全省经济社会高质量发展。其次，利用互联网和数字化工具，准确预判发展趋势，识别问题与需求，强化风险预警，实施早期干预，提高治理和服务的整体效能。

分 报 告

Topical Reports

B.2 2019~2020年山东省城镇就业形势分析与预测

陈建伟*

摘 要： 2019年，面对新旧动能转换进入胶着期和经济下行压力，山东省坚持就业优先政策，采取有效措施稳定和扩大就业。本文通过对就业统计数据进行分析发现，山东省经济活动人口和就业人口数量出现前所未有的大幅减少，但就业总量矛盾和结构性矛盾并存的局面依然没有改变。通过支持小微企业发展，鼓励创业促进就业，大力加强职业技能培训，山东省的就业形势基本保持稳定，结构性就业矛盾得到一定缓解。在劳动力供给结构发生重大变化和新技术革命使就业形态改变的大背景下，做好今后一定时期的就业工作，需要深入清除劳动力流动障碍，提高劳动力配置效率；深化高等教育内

* 陈建伟，山东社会科学院省情与社会发展研究院助理研究员，主要研究方向为社会分层、就业与工作质量。

涵式发展，做好与职业培训的衔接；大力加强就业公共服务，推动人力资源高效匹配；强化就业制度体系建设，依法保护劳动者就业权益。

关键词： 就业重点群体　就业渠道　职业技能培训　和谐劳动关系

2019 年，面对经济下行压力，山东省坚持就业优先战略，以稳就业为主要政策取向，着力稳定和扩大就业：通过多项降费措施减轻企业负担，加大援企稳岗力度；抓好高校毕业生、农民工和失业人员等重点群体就业工作，保持城镇零就业家庭动态清零；以更大力度鼓励创业带动就业，设立省级创新创业示范综合体，优化全方位公共就业服务，统筹抓好去产能分流职工就业安置工作；健全终身职业技能培训制度，开展职业技能提升行动，全面提升劳动者职业技能水平和就业创业能力；打造公平就业环境，完善劳动人事争议调解仲裁制度和多元处理机制，构建和谐劳动关系。

一　实施就业优先政策，稳定和扩大就业

近年来，山东省就业形势基本保持稳定。2018 年底，山东省城镇累计新增就业人数 136.8 万人，完成年度计划的 126.2%，比 2017 年增长 6.63%，是 2013 年以来新增就业人数最多的一年；城镇登记失业率为 3.4%，与 2017 年持平，比同期全国平均水平低 0.4 个百分点。但随着人口老龄化的不断加剧，山东省劳动力供给形势发生较大变化，劳动年龄人口数量和经济活动人口数量日益减少的态势非常明显（见表 1）。2008 年，山东省劳动年龄人口占比出现自 1980 年之后的首次下降，在经过 2010 年的短暂回升之后，劳动年龄人口占比年均下降 0.94 个百分点，至 2018 年已下降至 66.9%，低于 1990 年的水平（67.2%）。与劳动年龄人口占比下降相对应的是人口抚养比的上升，山东省总的抚养比已从 2013 年的 37.1% 上升至 2018 年的 49.5%，其中老年抚养比上升了 7.5 个百分点。同样，在经过多年的持续增长后，山东省经济活动人口数量在 2017 年开始回落，2018 年回落到 6498.6 万人，比 2013 年减少 142.9

万人，比2017年减少197.7万人；就业人口数量在2018年回落到6180.6万人，比2013年减少399.8万人，比2017年减少380.0万人，相对于之前年份而言，这是前所未有的大幅减少。随着人口红利的逐步消失，预计山东省的经济活动人口和就业人口数量将继续减少。劳动力市场形势的新变化，意味着未来的就业政策和制度安排不仅要关注劳动力总量问题，还要特别关注劳动力的迅速老化和新生劳动力的大幅减少等结构问题，需要采取有效措施充分挖掘劳动力供给潜力和第二次人口红利。

表1 2013~2018年山东省就业人口总量情况

单位：万人，%

年份	年末总人口	劳动年龄人口	劳动年龄人口占比	经济活动人口	就业人口
2013	9733	7095.4	72.9	6641.5	6580.4
2014	9789	7048.1	72.0	6699.3	6606.5
2015	9847	7011.1	71.2	6737.5	6632.5
2016	9947	7002.7	70.4	6775.6	6649.7
2017	10006	6884.1	68.8	6696.3	6560.6
2018	10047	6721.4	66.9	6498.6	6180.6

资料来源：《山东统计年鉴2019》，山东省统计局、国家统计局山东调查总队相关数据。

在城镇就业结构方面，山东省城镇就业人员主要集中在私营企业、个体、有限责任公司以及国有单位。2018年底，在这四种类型单位中就业的人员数量分别达到503.2万、492.7万、461.6万和359.9万（见图1）。从就业人员数量增长情况来看，除私营企业就业人员和个体就业人员数量增加外，国有企业、城镇集体单位、股份合作单位、联营单位、有限责任公司、股份有限公司、港澳台投资单位和外商投资单位的就业人员数量均出现不同幅度下降。具体来说，私营企业就业人员数量从2013年的428.5万人，增加到2018年的503.2万人，增加了17.4%；个体就业人员数量从2013年的333.5万人，增加到2018年的492.7万人，增加了47.7%；其他类型单位就业人员数量的下降幅度则从0.67%到87.2%不等，其中，联营单位就业人员数量下降了87.2%，城镇集体单位就业人员数量下降了51.0%，股份合作单位就业人员数量下降了45.9%，外商投资单位就业人员数量下降了35.7%，港澳台投资单位就业人员数量下降了23.4%，国有单位就业人员数量下降了12.6%，有限责任公司就业人员数量下降了 2.2%，股份有限公司就业人员数量下降了 0.67%。从上述数据来看，近年来山东省经济结构转型升级节奏加快且经济下行压力增大，民营经济和小微企业充分发挥了就业主渠道的作用。

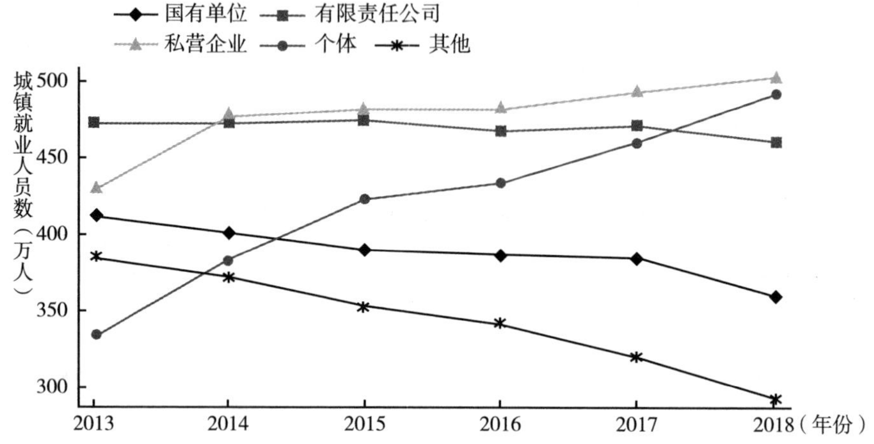

图 1 山东省城镇就业人员在各类型单位中的分布（2013～2018 年）

资料来源：根据《山东统计年鉴 2019》相关数据计算得到。

总的来看，山东省劳动力市场中劳动力短缺和就业结构性矛盾并存，即一方面是招工难和人工成本上升，另一方面是劳动力素质与企业需求不匹配。因此要继续加强就业工作，特别是要抓好稳就业工作。2018 年底，山东省人民政府出台了《山东省人民政府关于进一步稳定和扩大就业的若干意见》。该意见把支持企业稳定就业放在首位，通过多项降费措施减轻企业负担，稳定企业就业存量。一是降低失业保险费缴费比例，稳定企业缴费预期。按照要求，用人单位和职工失业保险缴费比例总和调低至 1%，比之前降低了两个百分点。二是鼓励企业招用自主就业退役士兵和登记失业人员。该意见要求对于招用这两类人员的小型企业实体且符合条件的，3 年内按一定标准定额扣减增值税、城市维护建设税、教育费附加、地方教育附加和企业所得税，即自主就业退役士兵每人每年 6000 元、登记失业人员每人每年 5200 元。三是对于生产经营困难、坚持不裁员或少裁员的企业，通过缓缴社会保险等措施稳定企业就业岗位。主要措施包括允许缓缴养老、医疗、失业、工伤、生育 5 项社会保险，失业保险费返还标准由 30% 提高到 50%，等等。山东省稳定和扩大就业的措施取得了预期成效。根据山东省统计局统计，2019 年山东省就业形势总体稳定，城镇新增就业 138. 3 万人，比上年增长 1. 1%；城镇登记失业率为 3. 29%，比上年降低 0. 06 个百分点。

二　抓好重点群体就业，促进高校毕业生和农民工就业

就业重点群体主要包括高校毕业生、农民工和失业人员，前两者是每年新增就业人员的主力。就高校毕业生情况来看，2019 年山东省普通高等学校毕业生人数达到 61. 45 万人，占当年全国普通高等学校毕业生总数的 7. 4% 左右，排名全国前列。应该说，山东省作为高等教育大省的地位非常巩固，但由此带来的高校毕业生就业压力也是非常大的。假设高校毕业生全部在本省就业，则 2019 年高校毕业生占山东省当年城镇累计新增就业人数的 44. 4%；按近年来的毕业生就业率和留鲁就业比例（两者均为 80% 左右）估算，高校毕业生留鲁就业人数在 39. 3 万人左右，占山东省当年城镇累计新增就业人数的 28. 4%。就农民工情况来看，2019 年山东省农民工监测调查显示，2019 年山东省农民工总量为 2350 万人，比上年增加 6 万人，增长 0. 26%。其中，外出农民工 983 万人，增长 0. 6%；本地农民工 1367 万人，与上年持平。山东省外出农民工以省内就业为主，占 81. 8%；乡外县内就业占 41. 5%，成为农民工的首选。农民工的产业分布有所变化，2019 年，山东省农民工从事第二产业的比重为 50. 4%，比 2018 年下降 1. 9 个百分点，从事第三产业的比重为 49. 5%，比 2018 年提高 2. 1 个百分点，此外还有不足 0. 2% 的农民工从事第一产业。随着人口老龄化，老龄农民工占比呈现上升态势。2019 年，山东省农民工平均年龄为 42. 5 岁，比全国农民工平均年龄大 1. 7 岁，其中 50 岁以上农民工占比达 30. 7%，比全国平均水平高出 6. 1 个百分点。

高校毕业生和农民工群体充分体现了当前就业总量矛盾和结构性矛盾并存的特点。一方面，由于课程设置、教学方式等原因，高校毕业生仍然面临就业难的问题；另一方面，随着农民工数量的减少，企业开始面临招工难、用工贵的问题。做好就业重点群体工作，需要在总量和结构两方面同时发力。在高校毕业生就业服务方面，2019 年 5 月，山东省委组织部、省人力资源和社会保障厅等六部门联合印发了《山东省高校毕业生基层成长计划实施方案》。该实施方案从能力素质培育、岗位锻炼成才、职业发展支持、成长环境营造、服务

体系建设、后备人才选拔六个方面提出了具体计划，推出了全链条扶持措施，鼓励引导高校毕业生到基层就业创业。此外，该实施方案还扩大了高校毕业生职业培训补贴范围，由毕业学年高校毕业生扩大至在校大学生。在农民工就业服务方面，山东省着重于提高农民工劳务输出的组织化程度和加强农民工公共就业服务。一方面积极运用就业创业服务补助政策，动员各类市场主体和公共就业服务机构开展有组织的劳务输出，提高劳务组织化程度；另一方面在农民工较为集中的地区，加强对农民工的公共就业服务，帮助农民工留在当地、稳定就业。此外，针对离校未就业高校毕业生和就业困难青年，《山东省人民政府关于进一步稳定和扩大就业的若干意见》提出要实施青年见习计划，对象为毕业之日起3年内离校未就业的高校毕业生，以及16~24周岁未就业或失业的青年。从2019年1月1日至2021年12月31日，将对计划实施对象发放就业见习补贴，就业见习期限一般为3~12个月。青年就业见习系统的积极探索，将有助于增强就业困难青年的就业能力，增加其就业机会。

三　以创业促进就业，多渠道创造就业机会

应对和缓解就业总量矛盾，主要措施是大力发展第三产业，扶持小微企业发展，鼓励大众创业，同时多渠道创造就业机会。第三产业一直是吸纳就业能力比较强的产业。随着山东省新旧动能转换工程的逐步推进，传统的制造业和工业的就业容量变小，发挥第三产业吸纳就业的作用就显得特别重要。国民经济各行业就业人员数量的增加或减少，一定程度上反映了经济产业结构的变化及其给劳动力供需结构带来的影响。从2014~2018年的累计情况来看，山东省各行业就业人员数量有明显的增减变化（农、林、牧、渔业的就业人员减少了305万人，由于这里主要讨论城镇就业情况，因此没有将其包括进来），其中减少最多的是制造业，5年累计减少了101.5万人，其次是批发和零售业，5年累计减少了32.1万人，此外采矿业，住宿和餐饮业，租赁和商务服务业，教育业，公共管理、社会保障和社会组织等行业的就业人员数量也有不同幅度的下降。交通运输、仓储和邮政业，水利、环境和公共设施管理业等行业的就业人员数量有了一定增加，但增加幅度相对来说并不大（见图2）。只就累计就业人员数为正的行业（即图中横线以上的部分）来看，作为现代服

务业的重要代表，科学研究和技术服务业，信息传输、软件和信息技术服务业，以及金融业的就业人员数量都有增加，三个行业5年来累计增加了20.5万人，占增加就业人员总量的34.2%，而剩下的行业就业人员累计增加了39.5万人，占增加就业人员总量的65.8%。这些数据表明，在新旧动能转换加速推进和经济下行压力等背景下，山东省的第三产业在创造就业机会、稳定就业上发挥了重要的作用。而从长期趋势来看，第二产业的就业规模将基本稳定甚至有一定的减少，第三产业的就业规模则将有较大幅度的扩大。

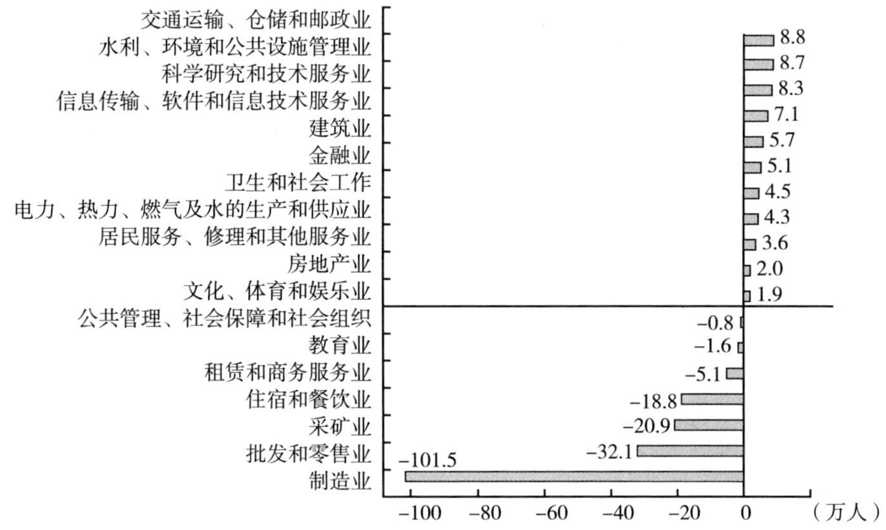

图2　山东省各行业累计就业人员增加或减少情况（2014~2018年）

资料来源：根据《山东统计年鉴2019》相关数据计算得到。

近年来，扶持小微企业发展，促进创业带动就业，支持灵活就业和新就业形态发展，成为解决就业问题并且增强经济活力的重要政策措施。2019年，山东省继续加大工作力度，支持小微企业，促进创业环境升级，推动创新创业高质量发展。《山东省人民政府关于进一步稳定和扩大就业的若干意见》要求，从2019年起，省政府每年从失业保险基金结余中安排不少于10亿元的创业带动就业扶持资金，支持创业带动就业。该意见中的创业带动就业政策措施主要包括创业金融支持、创业示范基地建设以及创业税收优惠和补贴三个方面。第一，在加大创业金融支持方面，主要是增加小微企业的贷款机会，由各地政府性融资担保机构为符合条件的小微企业提供低费率的担保支持；此外，新招用创业人员符合一定条件的小微企业，还可申请最高不超过300万元的创业担保贷款。第二，在建设创业示范基地和创业孵化载体方面，在省级层面建设创业创新示范综合体，在地市层面建设重点群体创业孵化载体，除了为创业者提供低成本场地支持、指导服务和政策扶持，还给予创业孵化载体最长3年奖补。第三，在创业税收优惠和补贴政策方面，该意见提出降低一次性创业补贴、创业岗位开发补贴申领门槛，取消社会保险费缴费时限要求；2019年12月31日前，对自主就业退役士兵和持就业创业证或就业失业登记证人员中从事个体经营的，按规定扣减当年实际应缴纳的增值税、城市维护建设税、教育费附加、地方教育附加和个人所得税，标准为每户每年9600元限额依次扣减。

随着供给侧结构性改革的推进，山东省在重点领域（主要是钢铁、煤炭和煤电行业）化解过剩产能过程中，产生了一批需要分流安置的职工。对于包括分流安置职工在内的就业困难人员，政府主要采取鼓励企业吸纳、公益性岗位安置、社会政策托底等多种渠道帮助就业。根据山东省有关部门发布的关于去产能企业职工安置工作的通知，做好职工安置工作主要是在使用专项奖补资金、拓宽安置渠道和优化指导服务这三个方面发力。按照要求，专项奖补资金主要流向职工安置任务较重、困难较多的企业，以帮助企业妥善安置职工。去产能企业可以统筹使用稳岗补贴、中央和省级专项奖补资金为内部转岗安置职工开展技能培训、缴纳社会保险、发放一定期限的生活费。拓宽安置渠道方面，主要是通过转型转产、主辅分离、设立人力资源公司和创业孵化基地等措施，鼓励企业内部挖潜创造岗位。对于下岗失业人员，将其纳入就业创业服务和相关就业创业政策扶持范围，加强职业指导和职业介绍，开展整建制购买就业技能培训，为每位分流职工至少提供1次职业指导、3次岗位推荐。在优化指导服务方面，主要是强化企业主体责任，妥善处理劳动关系，做好社会保障衔接，并且尽量避免与全国及省（部）级劳动模范、高技能领军人才、烈军属及残疾军人、残疾人解除劳动合同，避免与夫妻双方同时解除劳动合同。

四 大力开展职业技能培训，提高劳动者素质

职业技能培训是保持就业稳定、缓解结构性就业矛盾的关键举措，是经济

转型升级和高质量发展的重要支撑。现在中国科技进步和创新的速度越来越快，由此创造的新的就业形态层出不穷，而很多劳动力的技能和素质难以适应这些新就业岗位和新就业形态的要求。职业技能培训的重要性越来越多地得到强调，2013 年党的十八届三中全会提出“构建劳动者终身职业培训体系”，2015 年党的十八届五中全会提出“推行终身职业技能培训制度”，2017 年党的十九大提出“大规模开展职业技能培训”，2018 年国务院出台《国务院关于推行终身职业技能培训制度的意见》。2019 年 5 月，国务院办公厅印发《职业技能提升行动方案（2019—2021 年）》，提出要大力推行终身职业技能培训制度，大规模开展职业技能培训，2019 ~ 2021 年持续开展职业技能提升行动，全面提升劳动者职业技能水平和就业创业能力。同年 8 月，山东省人民政府办公厅印发了《山东省职业技能提升行动实施方案（2019—2021 年）》。该实施方案提出，2019 ~ 2021 年，山东省将开展补贴性职业技能培训 300 万人次以上。

根据近年来的政策文件规定，职业技能培训主要包括三种形式，即就业技能培训、岗位技能提升培训以及创业创新培训。其中就业技能培训主要面向高校毕业生、农民工、失业人员、转岗职工、新型职业农民、城乡未继续升学的初高中毕业生、退役或即将退役的军人、建档立卡贫困家庭、农村“低保”家庭、困难职工家庭、残疾人，以及服刑人员、强制隔离戒毒人员，等等。岗位技能提升培训主要面向企业职工、企业新招用和转岗的技能岗位人员，通过岗前培训、学徒培训、在岗培训、脱产培训、业务研修、岗位练兵、技术比武、技能竞赛等方式，提升他们的技能水平。创业创新培训主要面向有创业意愿和培训需求的人员，包括高等学校和职业院校毕业生、科技人员、留学回国人员、退役军人、农村转移就业和返乡下乡创业人员、失业人员和转岗职工等群体。据有关部门统计，2014 ~ 2019 年上半年，山东省共组织各类职业培训 569.9 万人，其中培养高技能人才 114.7 万人，就业技能培训 361.7 万人，创业培训 91.9 万人。① 照此计算，山东省每年参加就业技能培训的就业者在

① 山东省人力资源和社会保障厅：《省政府新闻办召开新闻发布会解读〈山东省职业技能提升行动实施方案（2019—2021 年）〉》，2019 年 8 月 8 日，http://hrss.shandong.gov.cn/articles/ch00702/201908/55500021-8104-4ea8-94ef-ea5a3fdf0f01.shtml，最后访问日期：2020 年 3 月 20 日。

60.3万人左右。而按照《山东省职业技能提升行动实施方案（2019—2021年）》的要求，2019年山东省职业技能培训计划为77万人次以上，比近年来的平均培训人数增加不少。职业技能培训的一个后续内容就是参加培训的就业者应通过职业技能鉴定，从而对职业技能培训效果起到检验作用，进而对职业技能培训起到重要的引导作用。根据《中国劳动统计年鉴2018》各地区职业技能鉴定综合情况数据，山东省2017年全年职业技能鉴定考核人数达到111万人，仅少于江苏省（126万人），位居全国第二，比广东、浙江、四川等人口经济大省都要多（见图3）。不过从职业技能鉴定机构数来看，山东省的鉴定机构数量明显偏少，仅有176个，排在全国第11位。从职业技能鉴定机构平均鉴定考核人数来看，山东省每个职业鉴定机构平均鉴定人数为6331人，多于江苏省的2192人，也远多于四川省的1031人。

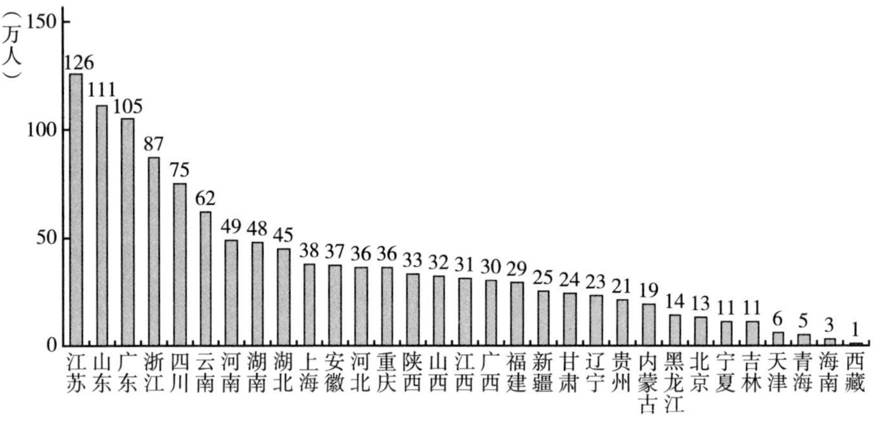

图3　各省（区、市）职业技能鉴定考核人数（2017年）

资料来源：根据《中国劳动统计年鉴2018》相关数据计算得到。

推动职业技能培训的一个重要抓手就是落实职业培训补贴政策。职业培训补贴主要包括给予个人的培训费补贴、给予企业的培训费补贴、职业技能鉴定补贴、生活费补贴等。按照现有政策规定，职业培训补贴的发放分为若干情形：一是免费职业培训，针对贫困家庭子女、贫困劳动力、新生代农民工、城乡未继续升学初高中毕业生、农村转移就业劳动者、下岗失业人员和转岗职工、退役军人、残疾人；二是职业培训补贴或参保职工技能提升补贴，针对高校毕业生和企业职工，特别是参加岗前培训、安全技能培训、转岗转业培训或初级工、中级工、高级工、技师、高级技师培训的企业职工；三是生活费补贴，针对贫困劳动力、就业困难人员、零就业家庭成员、新生代农民工以及城乡未继续升学初高中毕业生中的农村学员和城市低保家庭学员；四是给予企业职业培训补贴，针对职工参加企业新型学徒制培训的情形，由企业自主用于学徒培训工作；五是最长不超过6个月的职业培训补贴，针对企业、农民专业合作社和扶贫车间等各类生产经营主体吸纳贫困劳动力就业并开展以工代训，以及参保企业吸纳就业困难人员、零就业家庭成员就业并开展以工代训的情形。《山东省职业技能提升行动实施方案（2019—2021年）》要求各地统一职业培训补贴标准，实行同类工种、同一等级同等补贴。对开展项目制培训的，培训实施后可先行拨付60%的培训补贴资金，培训后就业率达到85%以上的，全额拨付项目补贴资金。

五　打造公平就业环境，稳步提高工资收入水平

劳动关系是最基本的社会关系之一，构建和发展和谐劳动关系是做好就业工作的重要任务。打造公平就业环境涉及加强人力资源市场监管和强化就业权益保障的方方面面工作，如消除劳动力流动的体制机制障碍，规范招人用人制度，推进同工同酬，解决农民工工资拖欠问题，依法保障职工基本权益，加强劳动保障监察执法，完善劳动人事争议调解仲裁机制，及时处理劳动关系矛盾纠纷，等等。随着小微企业就业和灵活就业的增多，促进就业环境公平显得越来越紧迫。特别是灵活就业形式越来越普遍，意味着用工方式和劳动关系的重大变革，对完善劳动力市场制度和加强社会保障工作提出了新的要求。2019年12月，山东省人力资源和社会保障厅等4部门出台了《关于加强劳动争议预防协商机制建设的指导意见》①，从健全预防协商工作格局、建立劳动争议内部协商机制、完善劳资双方对话沟通机制、建立风险防控和预警预报机制、规范争议信息共享

① 《〈关于加强劳动争议预防协商机制建设的指导意见〉政策解读》，山东省人力资源和社会保障厅网站，2019年12月23日，http://hrss.shandong.gov.cn/articles/ch00432/201912/1ea29c8d-7946-4f29-9be4-74d6be14f42a.shtml，最后访问日期：2020年3月20日。

和应急联动机制等多个方面，加强劳动争议预防协商机制建设。

打造公平就业环境的最终目的是消除体制机制障碍，提高劳动力配置效率，提高劳动者工资收入水平和就业质量。2013 年以来，山东省城镇居民的可支配工资性收入逐年提升。2013 年，山东省城镇居民人均可支配工资性收入为 17426.8 元，到 2018 年增长为 25041.0 元，增长了 43.7%（见表 2）。从工资来看，其 2015 年至 2018 年的增速分别为 8.9%、6.1%、7.3%、6.9%。城镇居民可支配工资性收入中的实物福利增速相对较快，如 2018 年的增速为 31.5%；但其他工资收入的增速有所下降，2018 年的增速为 4.1%。总的来看，山东省城镇居民可支配工资性收入的增速与地区生产总值（GDP）的增速比较吻合，但随着经济增速的持续放缓，加之近年来可支配工资性收入自身已显现增速下滑趋势，在未来一定时期内，城镇居民可支配工资性收入应该会以稳定为主，不会再有太大的增长。

表 2　2013～2018 年山东省城镇居民可支配收入情况

单位：元，%

年份	工资性收入	工资	实物福利	其他	工资增速
2013	17426.8	16205.4	95.7	1125.7	—
2014	18866.2	18105.5	51.4	709.3	—*
2015	20386.1	19708.7	45.9	631.5	8.9
2016	21812.3	20903.2	53.0	856.0	6.1
2017	23431.0	22422.7	59.3	949.0	7.3
2018	25041.0	23975.0	78.0	988.0	6.9

*《山东统计年鉴 2015》对 2013 年的可支配工资性收入进行了调整，并且调整幅度较大，因此这里进行增速比较时不再基于 2013 年的数据对 2014 年增速进行计算。

资料来源：根据 2015～2019 年《山东统计年鉴》相关数据整理计算。

六　结论和政策建议

本文从五个大的方面梳理和总结了 2019 年山东省的就业工作。面对新旧动能转换进入胶着期和经济下行压力，山东省坚持就业优先政策，采取有效措施稳定和扩大就业：着力于解决总量矛盾和结构性就业矛盾，促进高校毕业生和农民工等重点群体就业；积极鼓励创业促进就业，拓宽就业渠道；大力开展职业技能培训，启动职业技能提升行动，为经济转型升级和高质量发展提供重要支撑；打造公平就业环境，健全劳动关系协调机制，构建和谐劳动关系。随着人口红利的消失，劳动力供给结构发生重大变化，同时人工智能、大数据等新技术革命日臻成熟，催生了大量崭新的就业形态。做好今后一定时期的就业工作，可以从以下几个方面完善政策措施。

一是深入清除劳动力流动障碍，提高劳动力配置效率。尽管劳动力无限供给的基础不复存在，劳动力总量持续减少的趋势不可避免，但通过劳动力资源在产业间、行业间的重新配置，仍可以提高全要素生产率。目前，山东省第二产业中的就业人员数量大幅下降，但第三产业的就业人员数量增幅不大，在考虑人口自然减少的因素后，保障第二产业分流出的就业人员顺利转入第三产业，应该是就业政策的一个重要着力点。

二是深化高等教育内涵式发展，做好与职业培训的衔接。在劳动力供给减少的背景下，高校毕业生就业难的问题仍将长期存在，反映了高等教育还不能完全满足经济社会发展的要求。深化高等教育内涵式发展，要优化学科专业结构，调整课程设置和教学方式，形成人才培养和产业发展之间的良性互动，培育满足新技术革命要求的人力资源。针对不同类型的高校定位，加强教育教学与职业培训的统筹衔接，切实提高大学生的职业技能和就业能力，让从学校到工作的转换更加顺畅。

三是大力加强就业公共服务，推动人力资源高效匹配。就业公共服务要突出公平性和精准性，一方面要加强覆盖城乡的公共就业服务体系建设，为各类劳动者提供完善的职业培训政策信息咨询、职业指导和职业介绍等服务，协助就业者落实相关就业扶持政策，促进其实现就业；一方面要加强就业统计工作，完善就业统计指标体系，善于利用统计分析发现就业市场变化趋势和苗头性信息，精准发布劳动力市场供求信息，建立完善就业预警机制。

四是强化就业制度体系建设，依法保护劳动者就业权益。要适应经济结构转型升级和新技术革命带来的崭新变化，研究制定适应新形势的就业制度和政策。当前要特别加强涉及小微企业就业和灵活就业的各方面制度建设，依法保护相关就业人员在劳动关系、工作强度、工作保障、社会保险等方面的权益。

参考文献

本书编写组编著《党的十九届四中全会〈决定〉学习辅导百问》，党建读物出版社、学习出版社，2019。

都阳、贾朋、程杰：《劳动力市场结构变迁、工作任务与技能需求》，《劳动经济研究》2017 年第 3 期。

李建民：《中国人口发展四十年（1978～2018）》，载张车伟主编《中国人口与劳动问题报告 No. 19——中国人口与劳动经济 40 年：回顾与展望》，社会科学文献出版社，2018。

张车伟主编《中国人口与劳动问题报告 No. 20——面向更高质量的就业："十四五"时期中国就业形势分析与展望》，社会科学文献出版社，2019。

赵文、向晶：《创新经济的就业创造和就业消失》，《财经智库》2018 年第 5 期。

B.3

2019~2020年山东省基础教育阶段的家校对接现状分析

吴　真*

摘　要： 自2018年9月全国教育大会召开以来，加快基础教育的高质量发展成为现阶段的一项重要任务。因此，优化学校的教育供给、满足家庭的教育需求、实现家校的良性对接将十分关键。本文通过对统计数据和调研资料的分析发现，2019年山东省在学校教育供给公平化、优质化和健康化方面进展显著，基本符合家庭对教学品质、育人环境和服务内容的需求，也初步构建了一套家校共育的合作体系。但由于教育需求的日益增长和现实情况的复杂多元，供需偏差、分工不明、阶层区隔在家校对接的过程中依然存在。因此，今后亟须从政策和实践层面进一步理顺供需关系、明确家校职能、推进教育公平。

关键词： 基础教育　家校对接　家庭教育指导　教育公平

2018年9月，习近平总书记在全国教育大会上指出，“办好教育事业，家庭、学校、政府、社会都有责任”①，强调了家校对接、协同合作在立人、育人中的重要作用，也对基础教育高质量发展提出了新要求。在贯彻落实会

---

* 吴真，博士，山东社会科学院助理研究员，主要研究方向为教育社会学、家庭社会学。

① 《习近平出席全国教育大会并发表重要讲话》，2018年9月10日，http://www.gov.cn/xinwen/2018-09/10/content_5320835.htm，最后访问日期：2020年3月20日。

议精神的基础上，山东省将“家校对接”的思路纳入基础教育的改革工作。一方面，根据《山东省“十三五”教育事业发展规划》，借助深入、广泛的调研，对学校的教育供给进行统筹和调整，力求达到公平化、优质化、健康化的目标，以满足广大学生和家长的教育需求；另一方面，成立和推广家长委员会，邀请家长来参与和监督学校教育，并利用学校、社区和社会资源，对家长的教育方式实施引导，逐渐纠正当前权威主义、放任主义、精英主义、功利主义的家庭教育理念，努力搭建相互呼应、彼此融合的家校共育模式。本文基于山东省教育厅提供的数据资料、山东师范大学基础教育课程研究中心于2018年发布的“山东省教育公众满意度调查报告”①，以及在山东多地收集的实地调研资料，对学校教育供给、家庭教育需求、家校对接实施情况加以描述和分析，同时挖掘其中存在的问题，尝试提出相应的对策建议。

一　山东省基础教育阶段的家校对接现状

基础教育的高质量发展有赖于学校和家庭的沟通与协作。就此而言，“家”与“校”的对接，既是教育供给与教育需求的契合，也是双方互动关系的搭建。

（一）学校的教育供给情况

与以往相比，《山东省教育厅（中共山东省委教育工委）2018年工作要点》《山东省教育厅（中共山东省委教育工委）2019年工作要点》更加突出供需对接、家校共育的理念，从宏观教育需求出发，将合理配置教育资源（公平化）、全面提升教育质量（优质化）、构建“绿色”教育生态（健康化）作为重点任务，以家长关心的具体教育问题为切入点，梳理工作清单，力图增强政策导向、学校落实与民众期待的耦合性。

① 此调查面向青岛、济南、德州三市的中小学生家长发放问卷1300份，回收有效问卷1113份，有效率为85.6%。

1. 教育供给的公平化

基础教育资源配置的公平化涉及“扩充”“均衡”“补缺”三个方面。

首先，资源“扩充”主要包括加强校园建设、扩建师资队伍、改善办学条件。以学前教育为例，2019 年山东省独立设置幼儿园共 23588 所，比上一年增加 3357 所，学前教育三年毛入园率升至 90%，较 2014 年提高了 8.4 个百分点，同时普惠性幼儿园覆盖率达到 80% 以上，比全国平均数高出约 4 个百分点。此外，教职工人数也有扩充，2019 年在园教职工共计 33.69 万人，较上一年增加了 4.77 万人，其中专任教师 21.94 万人，比上一年多了 2.91 万人。从办学条件来看，2019 年山东省幼儿园占地面积、运动场地面积、园均图书藏量分别为 9.12 万亩、2168 万平方米、1346 册，与往年相比整体呈增长态势。在义务教育阶段，根据生源数量的变动，2019 年全省小学共 9646 所，同比减少 28 所；初中 3151 所，同比增加 100 所。小学和初中的平均班额分别为 39.8 人和 46.3 人，比上一年略增 0.5 人和 0.2 人。通过 2015 年 9 月到 2019 年 10 月采取的扩建学校、新增学位、补充师资等措施，中小学大班额比例由 2014 年的 23.49% 降至 2019 年的 7.3%，预计 2020 年底前基本消除 56 人以上的教学班。在教师队伍建设方面，2019 年小学与初中专任教师人数分别为 44.27 万人和 29.28 万人，同比增加 1.20 万人和 1.08 万人；小学与初中生师比分别为 16.68∶1 和 12.32∶1，均符合小学 19∶1 和初中 13.5∶1 的国家标准。① 在办学条件方面，普通小学和普通初中占地面积分别为 26.93 万亩和 22.36 万亩，比往年略有增加；生均图书数分别为 27.6 册和 43.5 册，与上一年基本持平；生均教学仪器设备值分别为 1533 元和 2739 元，较上一年增加 107 元和 226 元。在高中教育阶段，全省普通高中数、专任教师数也均有增加，学校占地面积、生均图书数、生均教学仪器设备值增长显著。由此可见，在 2015～2019 年这五年间山东省基础教育资源得到明显扩充，经费、人力、物质条件也有了较大改善（见表 1）。

① 根据《国务院办公厅转发中央编办、教育部、财政部关于制定中小学教职工编制标准意见的通知》，中小学教职工编制标准为小学学生与教职工之比应低于 19∶1，初中学生与教职工之比应低于 13.5∶1。

表1 2015～2019年山东省基础教育资源供给情况

	2015年	2016年	2017年	2018年	2019年
学前教育阶段					
幼儿园园数(千所)	18.65	18.85	19.02	20.23	23.59
幼儿园专任教师数(万人)	15.46	16.42	17.39	19.03	21.94
学前教育专业专任教师数(万人)	9.85	10.57	11.70	12.83	14.28
幼儿园占地面积(万亩)	6.73	6.99	7.35	8.07	9.12
幼儿园运动场地面积(万平方米)	1656	1700	1745	1920	2168
园均图书藏量(册)	1097	1184	1284	1347	1346
义务教育阶段					
小学生均一般公共预算教育事业费(元)	8135.32	8790.76	9151.57	9383.81	—
初中生均一般公共预算教育事业费(元)	13408.97	14630.28	15227.84	15493.97	—
小学生均一般公共预算公用经费(元)	2053.95	2192.00	2242.74	2219.55	—
初中生均一般公共预算公用经费(元)	3526.70	3602.23	3608.72	3555.89	—
小学数(所)	10404	10027	9738	9674	9646
初中数(所)	2891	2924	2968	3051	3151
小学平均班额数(人)	43.4	42.6	41.6	39.3	39.8
初中平均班额数(人)	49.9	48.9	47.8	46.1	46.3
小学专任教师数(万人)	39.64	40.89	42.19	43.07	44.27
初中专任教师数(万人)	26.49	26.78	27.59	28.20	29.28
小学生师比	17.02:1	16.91:1	16.79:1	16.86:1	16.68:1
初中生师比	11.74:1	11.79:1	11.94:1	12.26:1	12.32:1
普通小学占地面积(万亩)	24.64	25.38	26.12	26.55	26.93
普通初中占地面积(万亩)	19.48	19.98	20.66	21.48	22.36
小学生均图书数(册)	24.7	26.6	27.7	27.7	27.6
初中生均图书数(册)	41.2	43.1	43.8	43.4	43.5
小学生均教学仪器设备值(元)	954	1044	1236	1426	1533
初中生均教学仪器设备值(元)	1775	1908	2162	2513	2739
普通高中教育阶段					
普通高中生均一般公共预算教育事业费(元)	11182.55	12546.04	13483.70	14842.94	—
普通高中生均一般公共预算公用经费(元)	2631.76	2711.17	2640.64	2886.26	—
普通高中数(所)	555	580	592	620	640
普通高中专任教师数(万人)	12.52	12.96	13.44	13.79	14.30
普通高中生师比	13.51:1	12.84:1	12.31:1	11.90:1	11.70:1

续表

	2015 年	2016 年	2017 年	2018 年	2019 年
普通高中占地面积(万亩)	9.41	9.82	10.22	10.72	11.21
普通高中生均图书数(册)	33.28	34.86	35.93	37.73	38.16
普通高中生均教学仪器设备值(元)	2390.0	2597.0	2918.0	3262.0	3423.0

资料来源：2015～2019 年《山东省教育事业发展统计公报》，2015～2018 年《教育部、国家统计局、财政部关于全国教育经费执行情况统计公告》。

其次，在扩充的基础上，教育部门还对资源供给进行了机构间和区域间的调配。

机构间的资源调配集中体现在学前教育阶段。伴随二孩政策的出台和城镇化进程的推进，“入公办园难”“入民办园贵”的矛盾在民生领域越发凸显，反映出公办机构紧缺、民办机构膨胀的不均衡状态。为此，自 2011 年起，山东省连续实施了三期学前教育三年行动计划。一方面，依照《山东省人民政府办公厅关于城镇居住区配套教育设施规划建设的意见》，在新建城镇居住区规划建设配套幼儿园，并优先办成公办园或资产国有的普惠园。在农村地区，将中小学闲置校舍改建或附设幼儿园，并要求每个乡镇至少建设 1 所公办园。截至 2019 年，全省新建、扩建幼儿园 5537 所，新增学位 59.7 万个，公办幼儿园覆盖率达到 55.20%。另一方面，针对民办园的高收费，《山东省学前教育条例》规定，虽然“营利性民办幼儿园收费标准实行市场调节”，但必须“公布收费依据、收费项目和标准”，并受市场监管部门的监督。对于普惠园，全省制定出台了不低于 710 元的生均补助标准。同时，通过减免租金、派驻公办教师等办法，吸引更多的民办园提供普惠性服务。

区域间的资源调配主要反映在城乡义务教育的一体化建设上。就经费保障来说，2016 年春季学期起，山东省将城乡义务教育学校生均公用经费基准定额进行了统一：普通小学年生均额度为 710 元，普通初中为 910 元。同时，从 2017 年开始，“两免一补”政策①逐渐在城镇和农村地区推广。至 2018 年底，困难寄宿生的补助范围由在校寄宿生的 15% 扩大至 30%，并且该补助可随学

① 指向农村义务教育阶段的贫困家庭学生免费提供教科书、免除杂费，向寄宿生提供一定的生活补助的政策。

生流动。此外，在人力资源的统筹上，为解决农村教师的结构性紧缺问题，一方面教育部门利用职称制度改革和“2贴、2房、1体检、1荣誉、1特岗”等惠师政策，提升农村教师待遇，让优秀教师流向农村且留在农村；另一方面增加学区间、城乡间的交流轮岗，在补充农村师资力量的同时，提高当地教学与管理水平。在设施配备上，根据《山东省普通中小学校办学条件标准》，全省各市还通过“全面改薄”“化解班额”，进行了一系列城乡义务教育学校标准化建设，逐步扭转“乡村弱、城镇挤”的局面。

再次，教育资源的“补缺”，也就是向易被忽视的困难群体、特殊群体提供额外的关照，以确保他们拥有平等的受教育权利。一方面，针对残疾儿童，山东省继续扶持特殊教育的发展。据统计，全省30万人口以上的县（市）已全部完成特教学校建设。2018年，独立设置的特殊教育学校共有149所，特教专任教师5352人，同比增加了169人，其中86.68%接受过特教专业培训。① 至2019年，山东省残疾儿童、青少年入学率超过95%。另一方面，针对随迁子女和留守儿童，全省各市将优化入学制度、加强“控辍保学”作为工作重点。从2017年起，省内开始实施以居住证为主要依据的入学政策。为便于随迁子女融入当地，山东省还制定了混合编班管理和在流入地参加升学考试的办法。数据显示，2018年，山东省义务教育阶段共有74.86万进城务工人员随迁子女顺利入学，比上一年增加了1.10万人。② 同时，教育部门在中小学学籍管理系统内开发出专门模块，为留守儿童、特困儿童等建档，定期排查疑似未入学适龄儿童。截至2019年底，教育部门劝返复学学生共计10839名。③

2. 教育供给的优质化

随着民众生活水平的提高，现今大多数家庭的教育需求已从子女“有学上”转变为“上好学”。于是，办学质量、教学水平、校园管理等“软性”服务逐渐代替了校舍、设施、器材、师资等“硬性”条件，成为当前家长关注的焦点。对此，教育资源的供给也将优化教师队伍和强化校园服务作为工作重心，从“质”上推进基础教育的发展。

---

① 数据来源：《2018年山东省教育事业发展统计公报》。

② 数据来源：《2018年山东省教育事业发展统计公报》。

③ 山东省教育厅提供数据。

首先，在优化教师队伍方面，根据2018年初印发的《中共中央、国务院关于全面深化新时代教师队伍建设改革的意见》，山东省主要从强化师德师风、提高专业素质、改革管理体制、提升教师待遇四个方面入手，全方位推进基础教育人力资源的优质化。在师德师风建设方面，自2017年起，全省各市开展了教师有偿补课专项治理行动，对家长反应强烈的“上课不讲，课后讲”和教师“微腐败”问题进行了遏止。在提高教师专业素质方面，安排专项资金，通过提升补助标准、免除学费杂费等方式增加公费师范生培养数量；同时，面向在职教师加大培训支持力度，依托“互联网＋教师专业发展”工程，建立培训基地，并遴选“优课”“名师”，由此搭建省、市、县三级骨干教师培养体系。在改革管理体制方面，各市根据生源变动情况，尝试进行教职工编制统筹配置和跨区域调整，在公益二类幼儿园实行人员控制总量备案管理，并通过政府购买服务的方式解决临时性的缺员。在提高教师待遇方面，各地基本建立了中小学教师工资与当地公务员工资的长效联动机制，并取消了基础性绩效和奖励性绩效工资比例要求，尽可能地从收入分配上体现教师的工作量和工作成绩，力求将优秀人才留在教师队伍中，以保证基础教育质量的稳步提升。

其次，关于校园服务的强化，近两年间应家长要求，中小学生课后托管备受重视。2017年5月，按照教育部办公厅《关于做好中小学生课后服务工作的指导意见》，各地开始制定政策措施。但由于顶层设计不足，政策不易落实，直至2019年3月，山东省小学课后服务开展率仅为31.73%。① 为进一步解决“三点半”看管问题，2019年5月省教育厅联合省发展改革委、省人力资源和社会保障厅、省财政厅印发了《关于全面推进小学课后服务工作的指导意见》，对服务时间、内容、形式，以及经费筹措和教职工激励方式均做了规定，指导各地因地而异地探索“政府主导＋学校组织”“学校主导＋自愿参加”“家长主导＋学校配合”“社区主导＋志愿参与”“部门联合＋社会参与”等多元化模式。调查显示，到2019年10月底，山东省16市小学课后服务开展率已提升至94.63%，惠及小学生365.63万名。②

3. 教育供给的健康化

如果说“软性”教育资源的优质化是基础教育高质量发展的要素，那么

① 山东省教育厅提供数据。

② 山东省教育厅提供数据。

打造健康化的育人环境则是高质量发展的内涵。基础教育的健康化实际上是回归基础教育的本质，即在保障学生身心健康的同时，使其拥有健全的人格、齐备的素养、良好的社会适应力和终身学习的习惯。但在当前，为了适应“独木桥”式的选拔模式，学校教育往往注重训练学生的应试技巧，导致超前教学、过量学习成为中小学生沉重的负担。对此，教育部门围绕“减负”“考试制度改革”出台了一系列措施。

首先，针对“减负”，山东省主要做了三方面的工作。一是开展校内办学行为规范治理专项行动。近些年，幼儿园“小学化”现象十分普遍，不少小学也加快了教学进度，人为地拔高教学要求。为此，2018 年 8 月出台的《山东省教育厅关于做好小学一年级“零起点”教学工作的通知》，对小学一年级语文、数学学科的“零起点”教学标准做了规定，用以遏止课外、校外的提前教学冲击正常的教学计划。同时，通过落实教育部减负“三十条”工作方案，各级部门还对中小学课程标准、作业总量、考试次数、评价方式加以督察。二是开展校外培训机构专项治理行动。根据 2018 年 2 月教育部办公厅、民政部办公厅、人力资源和社会保障部办公厅、国家工商总局办公厅联合下发的《关于切实减轻中小学生课外负担开展校外培训机构专项治理行动的通知》，山东省教育厅起草实施方案，对“超纲教学”“提前教学”“强化应试”进行了重点整治。截至 2018 年底，经过排查，全省共发现 25343 家校外培训机构存在以上问题。① 2019 年，依据教育部办公厅印发的《禁止妨碍义务教育实施的若干规定》，各市又对 186 家存在全日制培训和虚假招生宣传的机构进行了清理整改，力求由校内到校外全方位地落实减负政策。② 三是对家庭的教育理念加以引导。借助专题讲座、专家访谈，向社会推广科学、理性、长远的育儿观，从而缓解广大家长的“集体性焦虑”。

其次，通过“考试制度改革”，从根源上重塑健康的教育环境，减轻基础教育的内在压力，让“鸡娃”找回自主学习的乐趣。改革的主要策略是改变“只见分不见人”的招生录取办法。自 2015 年起，山东省教育厅在以潍坊为试点的实践基础上，制定了《关于完善初中学业水平考试和综合素质评价制

① 山东省教育厅提供数据。

② 山东省教育厅提供数据。

度的指导意见》，从 2017 年秋季学期开始全面进入新的高考综合改革周期。自此，中考与高考制度融合了更多对学生综合素质的评价标准。以中考为例，学生的体质健康监测和艺术素质测评均被纳入综合素质评价档案，作为高中录取的部分依据。针对高考，2017 年山东省统一开发了“普通高中学生综合素质评价管理系统”，将学籍管理信息、学业水平考试数据、学生体质健康测试数据、课程管理数据进行同步和共享，最终形成综评数据，实现了对学生素质的长期观察。

（二）家庭的教育需求情况

教育资源供给的不断优化是对家庭教育需求的回应。但在物质生活逐渐富足的今天，家长对子女的期盼和对高质量教育的追寻也是前所未有的。因此，教学资源的品质化、育人领域的全面化、教育服务的人性化、教育分工的明确化都从以往的“奢侈品”变为现在的“必需品”，充分体现了新时代家庭对教育内涵的新解读。

1. 教学资源的品质化需求

调研发现，家长对教育资源品质的关注主要集中在教师素质和教学方法的优化上。《山东省教育公众满意度的调查研究报告》显示，超过七成的受访者对教师的道德素养较为认可（见图 1）。这表明，近些年山东省教师队伍建设工作取得一定成效，符合多数家长的期待。但同时，仍有接近三成的受访者不甚满意。调查了解到，这些受访家长对个别教师提出的意见主要包括：忙于应付各类检查和考核，心思难以放在备课上，致使课堂效率不高；教育观念陈旧，不能完全适应新课改要求，特别是在启发学生的创造力和学习兴趣方面做得不够；流动性过大，更换岗位或流向外校的情况较多，导致教学缺乏连贯性。关于教学方法，不少家长对当前提倡的研究性学习课程表示欢迎；但也有人指出，迫于升学压力，一些中小学依然以“题海战术”“应试训练”“灌输式授课”为最主要的教学手段，令学生在被动的学习中产生厌学心理，无法发掘自主求知的乐趣，因此亟待改进。可见，继续推进教师管理体制改革、转变课堂教学方式、提升学业教育质量仍是今后满足家庭教育需求和提升基础教育软实力的重要抓手。

2. 育人领域的全面化需求

近些年，家长对全面素质教育和心理健康教育越发重视。《山东省教育公众满意度的调查研究报告》显示，有约五成的家长对子女的综合素质和健康

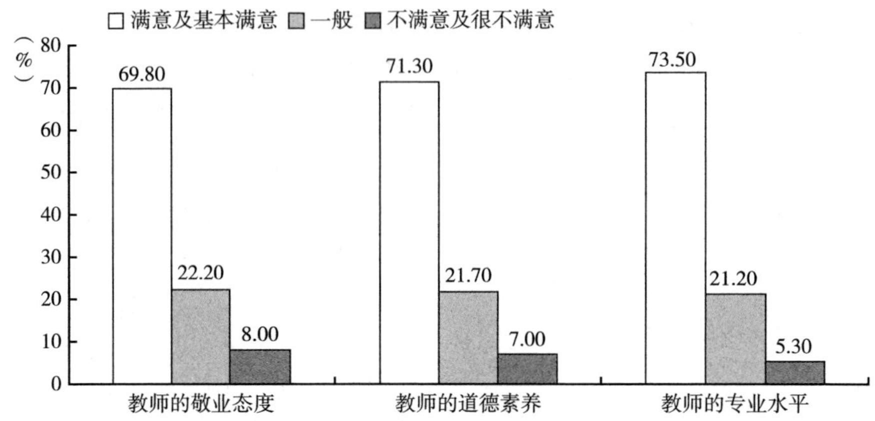

图1　家长对教师的满意度评价

资料来源：《山东省教育公众满意度的调查研究报告》中的表9。

状况表示满意或基本满意，对课业负担情况的评价则相对较低（见图2）。走访调查发现，大多数家长认为，学校应对课业学习、道德培养、审美熏陶、体质训练和劳动教育加以平衡，从而实现学生的全面发展。2015年起，山东省编制完成了《中小学生德育课程一体化实施指导纲要》，通过传统文化课程、社会实践活动、家校合作育人等方式构建道德教育体系；2018年又出台了《山东省初中体育科目学业水平考试指导意见》，将体育测试成绩纳入中考的最终成绩，督促学生加强日常锻炼。这些举措均得到了家长的广泛认可。但较之德育和体育，学校对美育和劳动实践教育的关注还不够。一方面，部分学校仍会占用美术课、音乐课的时间来补习语、数、外；另一方面，目前中小学课程中贴合实际生活的内容较少，导致许多学生缺乏生活常识与劳动经验。为此，山东省正在根据《中共中央、国务院关于深化教育教学改革全面提高义务教育质量的意见》，制定与全面发展素质教育相关的政策，以期尽早将“五育并举”落实到位。

与“五育”相比，更多的家长担忧子女的心理健康状况。调查中，许多家长感到，自己与青春期子女的沟通愈发困难，常常无法理解他们的行为和想法，只能将心理开导的任务交给学校和教师。但同时，又有教师表示，目前很多学校对儿童、青少年的心理问题重视不够，既缺乏心理辅导教师岗位，又极少开设专业的心理辅导课程，而班主任尝试对学生进行的安慰和疏导往往收效甚微，难以

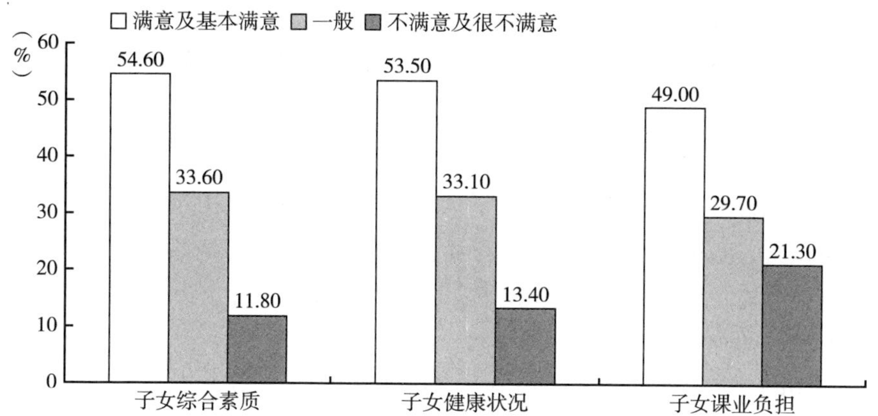

图2 家长对子女综合素质的满意度评价

资料来源：《山东省教育公众满意度的调查研究报告》中的表10。

替代家庭的情感支持。另外，现在单亲、再婚家庭越来越多，而且大部分家长不具备专业的教育学和心理学知识，无法及时地发现子女的心理问题，再加上孩子成熟早、学业压力大，因此在中小学生当中，过激行为的出现和负面情绪的滋生越发普遍。许多家长意识到心理健康教育的必要性，呼吁在教学体系的设计中尽早加入心理健康的内容，并在学校配备专业的心理辅导团队，为学生提供实时的咨询服务。2019年12月，12部委联合印发了《健康中国行动——儿童青少年心理健康行动方案（2019—2022年）》，预计2020年各级教育部门和学校将按照规划和要求开展中小学心理健康教育工作。

3. 教育服务的人性化需求

在基础教育阶段，家庭的教育需求还涉及对各类教育服务的需求，主要包括校园服务和监管服务两类。

走访中，多数家长表示，校园服务水平在近几年有了显著提升，其中最突出的是校园安全管理、环境卫生维护、多媒体教学系统的配置和信息化平台的建设。然而，午餐午休和课后服务仍是部分受访家长忧虑的问题。针对午间服务，2019年，山东省教育厅等4部门联合印发了《山东省学生营养健康与学校食品安全提升实施意见》，有望在2020年底前基本解决中小学生集中就餐需求。针对课后服务，虽然全省服务开展率已达到94.63%，但由于各地各校环境条件、基础设施、师资力量均有差异，所以家长对服务质量评价不一。为

此，仍需要从服务项目到服务内容的设计上、从人员配备到服务方式的筹划上加强与家长的沟通和协商，因地而异地进行探索和实践，以便使校园服务更加符合人性化的需求。

对于监管服务，一些家长提到了校外培训机构的“入校”宣传问题。当前，部分学校为了丰富学生的课外活动，常与校外教育机构建立合作关系，通过免费试听、赠送礼物的方式吸引学生到培训机构报名付费课程，无形中增加了家庭的教育支出。虽然自 2018 年起山东省就针对校外培训机构进行了摸排和整改，其治理重点是存在安全隐患、证照不全、超前超标教学的机构，但对培训机构的“入校”宣传行为还鲜有关注。对此，不少家长认为，教育部门应对政策法规进行及时补充，规范校内与校外机构的合作行为，进一步加强教育市场的监管，以遏止变相收费、内外合营的现象。

4. 教育分工的明确化需求

除了优化教育服务外，不少家长还要求明确家校之间的教育分工，尤其呼吁给家庭“减负”。虽然在应试教育改革和素质教育落实的过程中，中小学纷纷减少家庭作业，改用等级化分数呈现考试成绩，在招生政策上也增加了对学生综合素质的评价，但许多家长表示感受不到负担的减轻。《山东省教育公众满意度的调查研究报告》显示，对应试教育改善情况满意和基本满意的家长只占45.64%，对推行素质教育成效满意和基本满意的只占47.80%（见图 3）。该

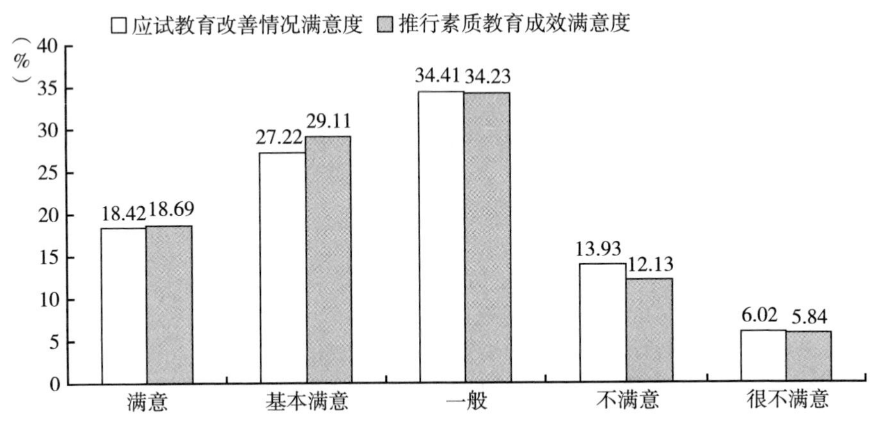

图 3　家长对应试教育改善和素质教育成效的满意度评价

资料来源：《山东省教育公众满意度的调查研究报告》中的图 15。

调查还发现，中小学生课业负担过重、升学压力过大、择校过热等问题仍未得到缓解。据了解，在不少小学，虽然教师尽可能不布置或少布置作业，但他们会以表扬优秀学生等方式督促家长重视子女的学习。为此，许多家长有辅导和检查作业的长期经历。另外，学校遵守“减负”规定，严格按照大纲教学，不超量、超前开课，使许多家长更为焦虑，开始在校外寻找补习班、兴趣班，以填满子女的课余时间。这些现象表明，本应由学校承担的学业教育，却通过“减负”转嫁给了家庭。所以，有家长提出，除了继续推进考试制度改革，从根源上减轻学生负担，学校教育和家庭教育还须进行更加明确的分工，以免为学校“减负”的同时给家庭“增负”。

总体来看，家长对基础教育服务的需求与教育政策的调整、教育资源的供给方向一致，但由于具体细节和现实情况的复杂性，要使家庭需求与学校供给实现良好对接，仍要从微观和宏观层面进行磨合与调节。

（三）家校对接的实施情况

1. 回应家长需求，鼓励家长参与

早在2009年，山东省教育厅就开始着手家长委员会的建设工作，其目的是为家长提供发声渠道，协调家校关系，实现学校教育和家庭教育的整合。2009年出台的《山东省普通中小学家长委员会设置与管理办法（试行）》和2011年印发的《关于进一步加强中小学家长委员会工作的意见》明确了家长委员会的活动章程和职责任务，鼓励家长参与学校或幼儿园的事项决策和校内管理。至2019年，全省16个城市在辖区内学校及幼儿园均建立了家校合作机制，92.39%的中小学成立了家长委员会。其中，有的学校与家长共同组织了“教育理念大讨论”，针对教师教学、校园服务等问题征求家长意见；还有的学校开展了家长“校访”活动，邀请家长旁听课程、参观校园，了解子女的学校生活。此外，为了更好地掌握家庭的教育需求，发挥家长的监督作用，教育部门围绕课程设置、招生办法、学位供给、师德师风、课业负担等事项，每年向10万名家长收集意见，并实时对政策进行调整，力求逐渐形成一种与家长交流沟通的常态化机制。

从现实情况来看，家长委员会的建立仍处于初期阶段，在参与学校管理和监督教学工作方面发挥的作用还未充分显现，加上家长与学校的身份角色、任务分工有待界定，因此家庭的教育需求和家长的教育参与能否得到切实的体现，还需进一步的研究与实践。

2. 引导家长需求，改进家庭教育

尽管家庭的教育需求理应得到回应，但由于目前家长素质参差不齐、教育观念存在误区，所以对教育需求的引导和对家庭教育的指导在家校对接的过程中十分必要。

按照教育部《关于加强家庭教育工作的指导意见》和《关于做好全国家庭教育实验区工作的通知》要求，山东省教育厅会同省妇联、省文明办等部门联合印发了《山东省关于指导推进家庭教育的五年规划（2016—2020 年）》，对构建家庭教育指导服务体系进行了设计。2017 年，山东省教育厅又出台了《山东省家庭教育实验区实验方案》，就开展实验区工作提出了具体要求，并在济南、烟台、潍坊多市多部门的联合参与下成立了市级家庭教育工作领导小组，吸收家庭教育工作协调员 25747 名，负责落实工作规划，统筹区域或学校内的家庭教育指导服务。同时，教育部门还依托教科院、教育学会、高校等研究机构创立了家庭教育专业委员会和专家指导委员会，在学校组建家庭教育骨干队伍 16148 个，在社会上吸纳家庭教育指导服务志愿者 19 万名。在服务体系建设方面，除了借助热线电话、电视节目、微信公众号等渠道宣传家庭教育知识，全省还在中小学设立家长学校 23989 所。2018 年，《山东省中小学（幼儿园）家长学校课程指南》出台，为家庭教育课程体系的建构提供了理论与实践参考。

走访发现，所有家长都通过不同渠道接触过家庭教育指导服务。其中，绝大多数用微信公众号和其他网络平台学习相关知识，也有部分家长上过家长课堂，少数几位进行过咨询服务。从效果来看，多数家长对家庭教育指导服务体系的构建评价较高，认为能够有助于改善亲子间的沟通方式，解决他们在教育中遇到的一些难题。同时，有的心理辅导课程可以缓解家长的焦虑情绪，帮助他们形成更加科学、健康的家庭教育观念。

当然，引导家庭的教育需求、优化家长的教育理念离不开对考试选拔制度、资源分配方式、社会文化环境等结构性因素的改革和完善。只有从经济、社会、文化层面宏观、系统地对各个环节加以调整，梳理教育供给与需求之间的关系，才能将理性的教育理念输入每个家庭，为实现良好的家校对接打下基础。

二　山东省基础教育阶段家校对接中的矛盾与问题

以上分析显示，在当前学校供给与家庭需求对接的过程中，既有进展和成效，又存在矛盾和欠缺。其中，最主要的问题集中体现在供需偏差、分工不明和阶层区隔三个方面。

（一）教育供给与教育需求之间存在偏差

虽然教育部门在把握民众教育需求的基础上不断调整和补充政策，但随着社会文化环境越发个体化、差异化，家庭对子女的教育期待也变得更加全面和多样。因此，在推进家校对接之前，首先要面对的就是家长、学校、教师之间教育目标和利益诉求的差异，以及由此导致的供给与需求的偏差。

首先，家校之间存在标准化供给和个性化需求的矛盾。对于学校来说，作为制度化的教育机构，必须按照统一的规定分配教育资源、执行教学任务、安排学业考试。所以，在基础教育阶段，学校的主要教育目标就是在严格遵守政策规定的前提下，完成学业教育内容和其他教学工作，尽可能地提高全校的升学率。对于教师而言，必须根据大纲安排进行标准化的教学和管理。调研中，有班主任提到，教师与学生是“一对多”的关系，很难事事关心、面面俱到，只能重点关注中上游和一些垫底的学生，以提高全班的平均成绩。而在一些学校，任教班级的及格率和平均分能够影响教师个人的绩效和晋升，因此“拔尖”“托底”“抓整体”是当前许多教师的工作方式。然而对于家长来说，全方位、个性化的教育服务是他们对学校和教师的要求。如上所说，当今大多数父母除了关心子女的学习成绩，还注重孩子的心理健康情况、素质的全面性和校园生活质量。因此，他们认为学校和教师应当秉持健康化育人、全面化育才的原则，为学生提供更多元的选择和更宽容的环境。有家长就表示，目前一些小学的学业教育仍以重复性的练习和背诵为主，习惯用同一套标准制定教学方案，极少根据不同学生的天赋和资质灵活地安排教学内容，缺乏自主化的研学过程，不适于培养年青一代的创新能力。从学校、教师、家长的表述中可以发现，在教育供给和教育需求上，家校之间有各自的态度立场和行动期望，这就造成了双方对教育导向和教育方式的不同理解，从而导致供需的对接不良。

其次，家校之间还存在大众化供给和精英化需求的矛盾。在基础教育阶段，学校教育的目标是使所有学生拥有同等的受教育机会和相对均衡的教育资源。然而，中国的教育体系是由讲求公平的义务教育和讲求竞争的高等教育组合而成。两个阶段在教育宗旨上的差异迫使许多家庭在为子女制订长远规划时，不得不采取与基础教育目标不同的教育策略，尽可能多地获取优质教育资源，以精英主义的思路实现“密集化”教育，以期为子女争得更大的发展空间。另外，在社会竞争压力加大的情况下，中小学“一刀切”式的“减负”很难从实质上减轻学生的课业负担，反而会因为教育供给的统一减量让家庭的教育需求更加急迫和失序。据调查，越来越多的富裕家庭开始选择学费贵却学生少、质量好、个性化的私立学校和幼儿园，有的家庭还会送子女出国游学；中产家庭则纷纷涌向各类兴趣班、补习班；而家庭条件一般或较差的学生却因无力承担高昂的费用而难以获取校外的教育资源。在家庭用市场化的方式满足自身教育需求的过程中，阶层的代际传递越发严重，这就与大众化的基础教育资源供给相互抵触。

（二）家庭与学校的角色和分工仍不明确

家校对接的实现不仅包括供给与需求的契合，还涵盖不同教育主体的合作。有学者认为，较低层次的合作常常表现为形式化的交流、单边化的服务和不对等的关系。[①] 在当前的家校互动中，以上特征均有所体现，尤其是家长与学校在角色地位和功能分工上的不明晰极易使二者的合作浮于表面。

从双方目前的角色来看，学校在合作中是名义上的“服务者”，实质上的“领导者”，而家长是名义上的“监督者”，实质上的“服从者”。其原因在于，一方面，在学业教育领域，学校是专业机构，因此无论是教育资源的供给，还是与家庭的对接，都处在主导地位。同样，作为教学领域的专家，教师扮演着指导者的角色。虽然有赖于家校合作体系的初步构建和信息化平台的应用，教师与家长的交流越发频繁，但他们的日常联络和沟通往往是教师讲、家长听的单向信息输入，家长的意见反馈和双向交流仍相对较少。在课

---

① 田澜、龚书静：《积极参与：家校结合新样态——以西方教育中的家长参与转向为鉴》，《中国教育学刊》2017 年第 1 期。

外活动方面，学校与教师也把握着主导权，一旦有活动任务，往往将组织工作交给家长委员会，并由家长承担联络、宣传、记录等大部分职责。而另一方面，家长对自己在家校合作中的角色定位较为模糊。有的家长认为，学校和教师在子女的教育上更加专业，所以家长应完全遵从其意见，不该质疑和干预其教学工作；还有的家长认为，对学校进行监督、向教师提出改进意见虽然是家长的权利和责任，但这种做法容易产生家校矛盾，不仅解决不了问题，还会影响老师对子女的态度，最终不利于子女的学业发展和在校生活。这两种想法分别隐含着“尊师”和“中庸”的传统意识，尽管各有道理，但都限制了家长的教育参与，也无益于明确家校双方的角色关系，更加难以建构有效的家校对接模式。

从双方的教育功能来看，学校与家庭应既有分工又有衔接，但现实情况与理想模型还有一定差距。特别是在学校实施“减负”之后，中小学生作业量大幅减少。但为了巩固课堂知识，有些教师不得不采取让家长出题或推荐课外练习的方式，将一部分学业教育责任转移给家长，由此使家庭的功能逐渐开始“学校化”。而对于家庭来说，有的家长保有“消费者”的心态，认为学校和教师作为“服务提供方”和“专业教育者”除了应保证孩子的校园生活质量，还须负责其身心健康的维护、兴趣特长的开发和道德品行的培养。但在学校与教师看来，除了在校期间，学生大部分时间是与家长度过的，所以家庭本该承担更多的德育、体育、美育、劳育任务。于是，家校之间在界定各自的教育职责时产生了分歧，而分工不明的矛盾也日益凸显。另外，在家长委员会方面，虽然其成立的初衷在于增强家校沟通、维护家长权益，但现实中它更多地扮演着教师“助理”的角色，通过协助组织课外活动，为学校分担一部分素质教育的工作，极少能代表家长群体平等地与学校对话。在注重人情关系的社会文化环境中，家长委员会很难像欧美国家那样起到监督学校工作、调解家校矛盾的作用。因此，还须通过法治化的途径，以政策法规为依据平衡学校与家庭的关系，否则便容易出现教育责任相互推诿、教育功能部分缺失、教育主体产生倦怠的现象。

（三）家校对接的功利性有碍教育公平

从理论上讲，家校对接有利于教育需求与教育供给的调节，能够推进教育资源的公平配置，但在现阶段，受社会文化因素的影响，家庭与学校、家长与教师的互动存在一定的功利性，有碍于教育公平的实现。

调查发现，学校和教师会选择性地与某些家长对接。以家长委员会的组建为例，除少数家长自愿报名之外，由教师指派或邀请家长参与工作的居多。根据所掌握的学生家庭信息，教师通常倾向于筛选文化程度高、社会资源丰富、工作单位或职业技能可为学校提供便利的家长。相比之下，教育水平和社会地位偏低的家长则较少有机会成为家长委员会的一员。对于家长委员会的成员来说，虽然组织校内校外活动、管理班级财务、发布通知等事务会占用其工作时间和个人精力，但在为学校提供协助的同时，这些家长能够及时了解子女的学业表现和校园生活情况，还可以借此请教师对子女多加关照。如果说教师的功利性表现在利用优质的家长资源维护学校利益、转移教学任务，那么家长的功利性则反映在利用自身的有利条件为子女争取更多的优质教育资源。二者的“强强联合”形成了一种利益共同体，这使家长委员会很难成为所有家长的“代言人”，也无法发挥监督学校的作用。而且，带有功利性的家校对接进一步加剧了对弱势家庭的排斥，扩大了阶层差距在教育领域的影响力。

教育问题实际是社会问题的显现。在社会不断分化、财富分配差异显著的环境中，强化家长的参与和家校的联结，容易将家庭背景及其所拥有的经济、社会、文化资源带入标准统一的学校教育体系中，以致削弱基础教育供给的公平性。从这个意义上讲，在缺少宏观规划和制度约束的情况下，仅追求微观层面的家校对接不一定有利于促进基础教育的优质均衡发展，反而会通过教育资源的“向上流动”形成家庭社会阶层的代际复制，使弱势家庭的子女更难获得学校和教师的关注。

三　山东省基础教育阶段优化家校对接的对策建议

党的十九大报告指出，新时代中国社会主要矛盾已经转化为人民日益增长的美好生活需要和不平衡不充分的发展之间的矛盾。在基础教育领域，这种矛盾表现为学校教育供给和家庭教育需求的对接偏差。所以，在今后为了实现教育的高质量发展，完成《中国教育现代化 2035》的目标，就须从政策和实践层面进一步理顺供需关系、完善家校共育机制、推进教育公平。

（一）增加政策的灵活度，兼顾供给的统筹性

当前，社会文化环境日益复杂，家庭的教育需求也随之趋于多元化。这就给基础教育政策的制定和执行提出了新要求。在保证教育供给公平的基础上，建议研究和设计更加切合家庭实际需要的措施，增加政策的灵活度和资源供给的统筹性，尽量避免“一刀切”和“头痛医头，脚痛医脚”的做法。

以“幼小衔接”为例，虽然政策上严禁幼儿园“小学化”且要求小学“零起点”教学，但在现实环境中，绝大多数家长会抱着“不输在起跑线上”的心态，通过幼小衔接班或其他能力开发课程，提前让子女接触小学知识。于是，在小学低年级的课堂上，由于大部分学生已在校外进行了超前学习，所以教师就会加快教学进度，扩展教学内容。但同时，有少部分孩子因为家庭条件不允许而从未上过衔接班，由此导致他们难以迅速适应小学的学习环境，从而逐渐与其他学生拉开差距。这说明，在处理幼儿园“小学化”的问题上，不能一味地禁止学前预备课程，而应从统筹的角度考虑幼小衔接的现实需求。一方面，在幼儿园大班，幼教内容可根据大纲，加入部分语文、算术等基础知识，并让儿童初步了解小学生活和学习方法；另一方面，改变小学低年级的教学方式，增加具有游戏性、创新性、综合性的能力开发课，减少应试性的内容，从而填补幼小之间的“断层”。另外，建议充分利用现有的幼教资源，制定统一的衔接标准，以免将幼小衔接的需求推向市场，加重家庭的经济负担。

同样，对于中小学“减负”来说，严控作业量、杜绝周末补课等“一刀切”、局部性的调整无法从根本上解决课业负担问题，反而在一定程度上有违于目前家庭的教育需求。在这种情况下，就应改变“减负”的思路。首先，在教学上，需减少重复性、应试性的内容，避免用硬性的规定简单地压缩学时，而要通过把握不同学生的兴趣、特长，增设主题丰富的研学课和讨论课，由此逐渐取代以灌输、背诵、做题为主的学业教育方式。另外，也可适当减少大纲的限制，提高学习内容的可选择性和学习方法的灵活度。其次，在改革考试制度方面，除了添加综合素质评价，还须转变学业考核的方式，增加试题的创新性，逐渐从对知识点和记忆力的评估过渡到对知识面和创造力的考察上。再次，对于不同教育阶段的衔接，最关键的是要淡化高校排名，从经费支持和师资建设上缩小高校间的差距，以此来重建基础教育与高等教育的连贯性。同

时，还须重新思考教育的宗旨和未来国家对人才的需求，逐步以多元化、个性化的培养取代单一化、标准化的选拔，借助更加灵活的政策和更具有统筹性的策略，全面地改进教育的整体架构。这样，才能逐渐转变精英化的家庭教育观念，在给家长和学生“减负”的同时，打造“绿色化”的育人环境。

（二）梳理家校关系，明确教育分工

基础教育阶段的供需对接离不开对家校关系的重塑和对教育分工的明确。有学者提出，家庭应从教育领域的旁观者、服从者转变为合作者、监督者，而学校须从权威的指导者转变为教育服务的提供者。[①] 所以，建立双方平等的对话关系是实现家校对接的基石。从其他国家的经验来看，这种关系的确立须有法律和政策的保障。早在 1994 年，美国就出台了《2000 年目标：美国教育法》，对家庭与学校的教育角色、合作关系进行了规定。中国也须对《义务教育法》和各项政策法规加以修订，在明确家长义务的同时，对其参与和监督学校教育的权利加以保护，并对其在教育中的角色、职能和与学校的教育分工做出更加细致的界定。只有在法治的前提下，家校对接才能摆脱人情的干扰，形成平等、规范的互动模式，从而建立有效的合作共育关系。

在具体政策的制定上，应使学校与家庭在各类教育领域中各司其职：学校不能将学业教育、素质教育的工作转嫁给家庭；家庭也不能把应尽的教育义务推给学校。首先，须规定学校作为专业的教育机构，应承担主要的学业和素质教育任务，同时负责保持与家长的交流沟通，积极回应家长委员会的监督和意见。其次，家长委员会作为代表家长行使职能的组织，须根据已有的设置与管理办法对其工作内容、权利义务进行细化，尤其要对其知情权、监督权、教育参与权加以明确。此外，还需构建家长委员会网络，从班级层面的管理和“家长—教师”的沟通逐步延伸到校级层面或校际层面的交流，扩大家长委员会的代表性和覆盖面，让更多的家长加入有关家校分工与合作机制的探讨，并借助家长之间的互动来宣传家庭的教育责任。在梳理家校关系的过程中，要随时听取家长和学校的意见，深入考察二者在对接中产生的分歧和矛盾，从政策

① 田澜、龚书静：《积极参与：家校结合新样态——以西方教育中的家长参与转向为鉴》，《中国教育学刊》2017 年第 1 期。

上不断调整家校分工的方式和导向，尽可能地形成一致的目标和统一的立场。再次，在教师队伍建设方面，不仅须减少形式化的考核和检查，还要加强对教师综合素质的培养。尤其应让年轻教师熟悉家校合作的内涵和方式，鼓励他们走进学生家庭，与不同阶层的家长进行交流，主动了解他们的需求和反馈，在提升自身业务素养的同时，学习适应其作为服务者的角色分工，以更加平等、谦虚的姿态践行家校共育的职责。

（三）完善家校对接，维护教育公平

家与校的对接也是需求与供给的对接。从这个意义上讲，一方面要从微观层面梳理家校关系及其角色分工；另一方面应从更加系统、宏观的角度设计二者的合作模式，以避免不良的社会文化因素削弱基础教育的公平性。

首先，建议对家长委员会的组建方式做适当改进。在吸收家长委员会成员时，既要考虑热心学校教育、有组织能力的家长，也要考虑各个阶层的代表性，鼓励普通工薪家庭、个体经营者家庭、随迁子女家庭、特困儿童家庭的家长参与组织管理工作，力求消除家长委员会的阶层特征。同时，督促学校切实按照家校共育的原则和家校合作的有关规定公平公开地进行家长委员会选举，切勿带着目的性、倾向性筛选拥有较多社会资源的家长。其次，学校和教师应更多地关注和接触文化程度偏低的家长和经济状况较差的家庭，通过强化交流，更积极地倾听这些家长和家庭的需求和意见，并按政策规定提供必要的帮助。再次，还应继续借助家庭教育指导服务向家长普及健康的教育观，尽可能地针对不同的家长类型、家庭情况给予相应的家庭教育实践指导。一方面，针对部分文化程度不高的家长，须特别留意其教育方法和教育观念，及时纠正他们对子女的忽视或放任，重申其作为父母的教育义务；另一方面，针对一些高学历的家长，要对他们过高的期待和过度的教育需求加以疏导，使其学会尊重孩子的成长规律和学校的教育安排，克服拔苗助长的焦虑情绪。最后，无论是家庭、学校，还是家长委员会，都应增加各自内部和彼此之间的沟通与互动，通过多样化的活动，交流思想并分享解决教育问题的经验，在此过程中逐渐消解家庭社会阶层对基础教育的影响。

总之，基础教育资源的均衡供给和公平分配不仅关乎未来国家教育体系的高质量发展，还牵涉千家万户和整个社会的和谐共生。因此，推进学校与家庭

的对接既要进行教育系统内部的结构性调整，将基础教育与高等教育的宗旨和内涵加以整合，也应对社会系统开展结构性优化，从就业、收入、福利、保障、身份待遇等多个领域缩小阶层差距，以回应全社会对公平正义的诉求。基础教育中的家校对接仅是社会领域中供需对接的一个缩影，只有合理、有序地分配社会资源，才能从根本上实现良性的和高质量的家校共育。

参考文献

周兴国、朱家存、李宜江编著《基础教育改革研究》，安徽师范大学出版社，2010。

吴遵民等：《基础教育公平论——中国基础教育公平与均衡发展的政策研究》，上海教育出版社，2014。

黄河清：《家校合作导论》，华东师范大学出版社，2008。

吴重涵：《家校合作：理论、经验与行动》，江西教育出版社，2013。

王欣双：《中国教育供给的公平与效率问题研究》，东北财经大学出版社，2016。

许世红：《基础教育质量监测研究》，广东高等教育出版社，2016。

B.4

2019~2020年山东省医疗服务发展现状与对策建议

纪亚楠*

摘　要： 高质量的医疗服务不仅提供高效的医疗系统，也提供令人满意的服务功能。2019年，山东省在清除服务顽疾、创新技术应用、净化行业环境三个领域持续发力，不断推动实现医疗服务行业的质量升级和能力升级，切实改善居民的看病就医体验。在医疗服务行业高速发展的同时，山东省还存在地区差异明显、特色医疗服务发展滞后、就诊流程仍需优化等问题。要进一步提高医疗服务的发展质量，应深入了解居民对医疗服务的新需求，持续强化医疗服务行业的综合监管能力，不断提升医疗水平的附加值，构建更为和谐的医患关系。

关键词： 医疗服务　患者满意度　健康山东

拥有获取适当医疗服务的能力是实现“健康公平”的第一要务。医疗服务的发展质量不仅关系到全民健康，更关系到全面小康。但医疗服务不同于一般的服务行业，它是以患者满意度为中心，由医疗机构为患者及特定人群提供核心、形式和附加三个层次的服务内容，从而实现从缓解基本病痛到提升服务过程的外在质量，再到获得更高层次满足的服务延伸。高质量的医疗服务不仅需要为居民提供高效的医疗功能，也需要提供令人满意的服务功能。

---

* 纪亚楠，山东社会科学院省情与社会发展研究院助理研究员，主要研究领域为医学社会学、网络社会学等。

进入中国特色社会主义新时代，人民的健康需求随之发生新变化。2019年恰逢医药卫生体制改革实施10周年，作为医疗大省，山东省的卫生健康工作也迈入了新的发展阶段。山东省卫生健康系统在2019年认真贯彻省委、省政府的决策部署，以落实“健康中国”“健康山东”建设新任务为统领，以健全生命全周期健康服务保障机制为导向，着力释放医药卫生体制改革政策红利，不断提升医疗服务领域的高质量发展及共享水平，并准确把握人民群众对医疗服务工作的新期待，在“互联网+”和医疗技术人才的“双保障”下，持续深化医药卫生体制改革，健全分级诊疗制度，不断提高医疗服务行业综合监管能力，使群众看病就医更加方便快捷，对医疗服务的满意度也持续升高。

本文以山东省医疗服务的高质量发展为视角，以国家卫生健康委员会、山东省统计局和山东省卫生健康委员会公布的最新数据资料为主要数据支撑（因山东省行政区划调整，莱芜市并入济南市，所以文中关于济南市的数据皆为原济南市与莱芜市数据的加总），并结合网络平台中有关山东省的医疗热点事件及山东省居民对医疗相关服务政策、服务过程的情感评价，从投入、过程和感知三个维度来展现山东省医疗卫生服务行业发展的现状，探讨山东省在提升医疗服务质量中的薄弱环节和主要问题，为进一步提高医疗服务发展质量提供数据支撑和对策建议。

一　山东省医疗服务政策及法规建设状况

为切实改善群众看病就医体验，2019年，山东省从清除服务顽疾、创新技术应用、净化行业环境三个领域持续发力，不断推动实现医疗服务行业的质量和能力升级。

在清除服务顽疾方面，山东省参照上一年度《问政山东》栏目曝光的医疗服务问题及相关的患者满意度调查，制定发布《进一步改善医疗服务60条措施（2019年）》，深入开展“进一步改善医疗服务行动计划”，对预约挂号、就诊引导、服务态度、服务效率、隐私保护、健康宣教、就医环境等12个方面的服务内容、服务标准和完成时限进行精细化规定，实现了患者就医过程全覆盖，有效推进了全链条、全周期优质医疗服务模式的建立。2018年7月，山东省多部门联合制定印发《关于推进县域医疗共同体建设的意见》。截至

2019 年 3 月，山东省已实现 81 县（市、区）的医疗共同体全覆盖，进一步释放了深化医药卫生体制改革的基层活力，使县域内就诊率达 90%，显著提升了县域综合医疗服务质量。2019 年 11 月，山东省卫生健康委员会印发《关于持续提升医疗服务效率缓解群众“看病难”十条措施的通知》，回应群众对优质诊疗服务的旺盛需求，通过设置专病门诊、推行知名专家团队预约、扩大多学科门诊规模、设立延时门诊和延时检查等措施，不断优化配置名医、名科资源，加强医疗机构的服务能力建设。

在创新技术应用方面，山东省积极推进信息化便民惠民服务，创新技术应用，丰富医疗的服务供给。2019 年初，山东省集中开展了“互联网 + 医疗健康”百日行动，遴选和推开“切口小、见效快”的 30 件实事，优先满足与群众健康服务最密切相关的需求。2019 年 8 月，山东省政府印发《山东省推进“互联网 + 医疗健康”示范省建设行动计划（2019 – 2020 年）》，开展“互联网 + 医疗健康”行动计划，参照“数字山东”的规划部署，加强全民健康信息平台的建设，推动医疗、妇幼、疾控、康复等信息系统的功能融合和互联互通。山东省还聚焦群众就医难点问题，基于新技术再造医疗服务流程，稳步开放电子健康档案，推进电子健康卡创新应用，完善远程医疗服务体系，在全国创新性地推出了单病种限价收费、先诊疗后付费等服务模式，采取了检验结果“一单通”、预约诊疗、优质护理病房等便民惠民措施。按照山东省卫生健康委员会统计数据，截至 2019 年 9 月，山东省实现远程医疗基本覆盖，65 家医院创建互联网医院，289 家医院实现检查检验结果线上自动查询，14 市绘制并向社会发布了卒中中心急救地图，474 家医院可通过银联、电子健康卡、微信、支付宝等四种以上途径实现“一站式”移动网络支付，二级以上公立医院占比高达 82.43%。

在净化行业环境方面，山东省在 2019 年开展了多项医疗服务专项整治行动，不断促进医疗行业健康发展，持续改善群众看病就医体验。2019 年 4 月，山东省卫生健康委员会、山东省市场监督管理局、山东省医疗保障局等多部门联合制定印发《医疗乱象专项整治行动实施方案》，对不规范收费、乱收费、诱导消费和过度诊疗等行为开展专项整治。2019 年 4 月，山东省卫生健康委员会召开全省卫生健康综合监督工作视频会议，听取并通过了关于 2019 年度综合监督深化落实年活动方案的汇报。2019 年，山东省卫生健康委员会在全省组织开展“卫监亮剑”行动，开展重点针对基层医疗机构和民营医疗机构的执业专项监督检查，严肃查处各类非法医疗美容行为，强化事中、事后监管，建立“黑名单”制度。山东省还聚焦解决人民群众“看病贵”问题，山东省市场监督管理局在2019年围绕医疗卫生机构是否合规、按标准进行医疗服务项目收费，在全省部署开展为期5个月的医疗服务价格重点治理工作，切实加强医疗服务行业的价格行为监管，保障和改善民生。山东省政府深入推进“放管服”改革，制定印发《山东省人民政府办公厅关于改革完善医疗卫生行业综合监管制度的通知》，逐步建立起更加严格和规范的行业综合监管制度，以制度化推进医疗卫生治理体系和治理能力现代化。此外，山东省改善医疗服务监管平台已于2019年8月13日正式上线，山东省的医疗服务质量监管开始进入互联网数据监管时代。

二　山东省医疗服务发展的基本情况

医疗服务领域一直是民生领域的关注重点，民众对不断提高医疗服务行业的发展水平有热切的期望。从有限理性理论的角度出发可以发现，医疗服务作为特殊的服务行业，它的服务供给方和需求方之间存在严重的信息不对称。这缘于医护人员与患者之间在掌握医学知识和专业信息上具有无法消除的不平等性。患者对医疗服务的技术、设备、质量等诸多方面的认知及判断能力有限，容易受到情绪、社会环境等非理性因素影响，以致在评价医疗服务时，难以对获取到的医疗服务价格、质量、技术等方面做出理性正确的评价。因此，要想更为全面、准确地呈现山东省医疗服务的发展现状，需要首先从投入的角度来衡量医疗系统中的财政资金、基层设施和人员配置，再结合多媒体平台中居民对医疗服务的情感评价和医疗热点事件，从过程和产出角度发掘现行的医疗服务在政策施行和服务过程中的现实困境和群众最迫切的医疗服务需求。

（一）山东省医疗卫生与计划生育支出占一般公共预算支出比重提升至8.96%，高于全国平均值

财政部国库司2019年1月23日公布的最新数据显示，2018年，全国医疗卫生与计划生育支出为1.57万亿元，同比增长8.5%，占全国一般公共预算

支出的比重为7.1%（《2018年财政收支情况》）。而山东省统计局公布的最新数据显示，2017年，山东省医疗卫生与计划生育支出为8292714万元，同比增长4.94%，医疗卫生与计划生育支出占一般公共预算支出的比重为8.96%（见表1），高于全国平均值，财政对医疗卫生的支持力度持续加大，医疗服务能力不断提升。

表1　2017年山东省医疗卫生与计划生育支出状况

单位：万元，%

城市	一般公共预算支出	医疗卫生与计划生育支出	医疗卫生与计划生育支出占一般公共预算支出的比重
济南	9228279	799201	8.66
青岛	14030252	861562	6.14
淄博	4460258	428274	9.60
枣庄	2452853	260828	10.63
东营	2776720	205747	7.41
烟台	7080657	568817	8.03
潍坊	6783951	630430	9.29
济宁	5696170	645150	11.33
泰安	3559560	408930	11.49
威海	3595607	271102	7.54
日照	2322639	271056	11.67
临沂	5896115	742678	12.60
德州	3605225	395516	10.97
聊城	3806735	423979	11.14
滨州	3302785	367380	11.12
菏泽	5102594	663462	13.00
合计(平均)	92583984	8292714	8.96

注：表中数据均引自《山东统计年鉴2018》，各市数据加总不等于年鉴中的全省总计数。《山东统计年鉴2018》对此未提供相关说明。下文如出现各市加总数据与全省总计数不符的情况，均与此处情况相同，特此说明。

资料来源：《山东统计年鉴2018》。

然而，从城市数据来看，各地医疗卫生与计划生育支出及其占一般公共预算支出的比重仍然存在差异，11个城市的医疗卫生与计划生育支出占一般公共预算支出比重超过全省平均值，15个城市超过全国平均值，占比最高的三个城市是菏泽（13.00%）、临沂（12.60%）和日照（11.67%）。全省医疗卫生与计划生育总支出为8292714万元，平均为518295万元，7个城市的医疗卫生与计划生育支出高于全省平均值（见图1、图2）。

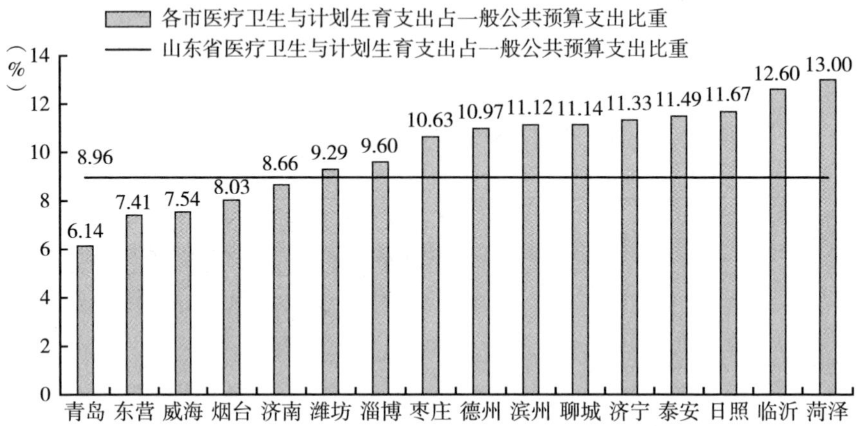

图1　山东省16个城市医疗卫生与计划生育支出占一般公共预算支出比重

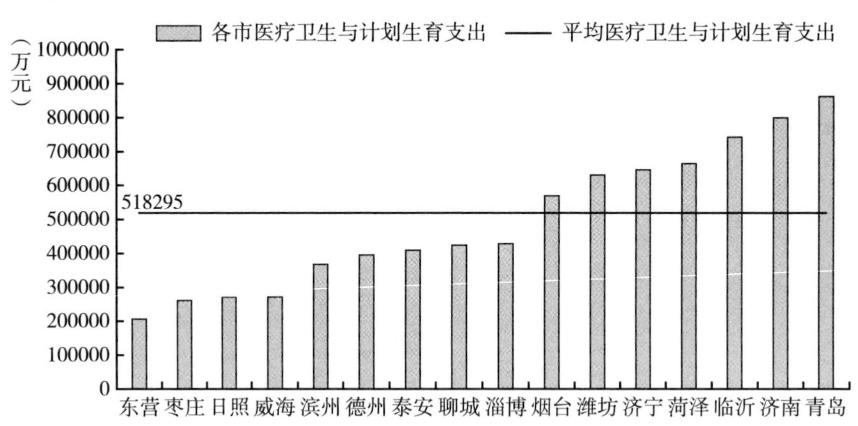

图2　山东省16个城市医疗卫生与计划生育支出

总体而言，经济欠发达地区更为重视医疗卫生与计划生育投入，医疗卫生与计划生育支出占一般公共预算支出的比重较高，但经济较发达地区的医疗卫生与计划生育支出金额更高且差异更大。支出最高的是青岛市，医疗卫生与计划生育支出为861562万元，是最低的城市（205747万元）的4.2倍。值得关注的是，临沂市在医疗卫生与计划生育支出中排名第三，在医疗卫生与计划生育支出占一般公共预算支出的比重中排名第二，均处在高位，医疗卫生的基础资金投入更为均衡。与之相对，东营市在医疗卫生与计划生育支出中排名第十六，在医疗卫生与计划生育支出占一般公共预算支出的比重中排名第十五，均处在低位，医疗卫生的基础资金投入较为失衡，这也制约了其未来医疗服务水平的持续提升。

（二）山东省医疗人才队伍建设进展明显，2017年每千人口拥有执业（助理）医师2.65人、注册护士2.93人，超过全国平均值

国家卫生健康委员会公布的医师队伍管理情况显示，截至2017年底，全国执业（助理）医师共339万人，每千人口拥有执业（助理）医师2.44人；截至2018年底，全国执业（助理）医师共360.7万人，每千人口拥有执业（助理）医师2.59人。而山东省统计局公布的最新数据显示，2017年，山东省的执业（助理）医师数为26.47万人，每千人口拥有执业（助理）医师2.65人，超过全国平均值。山东省的医师队伍不断壮大，医疗服务水平也得到提升，但仍存在地区布局不均衡的问题。城市数据显示，各城市每千人口拥有执业（助理）医师数存在较大差异，每千人口拥有执业（助理）医师数超过3人的城市有济南（3.72人）、青岛（3.32人）、淄博（3.07人）、东营（3.01人），超过2017年全国平均值（2.44人）的有10个城市，超过全省均值（2.65人）的有6个城市（见表2）。

表2　2017年山东省执业（助理）医师数

城市	年末总人口（万人）	执业（助理）医师数（人）	每千人口拥有执业（助理）医师数（人）
济南	868.72	32328	3.72
青岛	929.05	30867	3.32
淄博	470.84	14452	3.07
枣庄	392.03	9536	2.43
东营	215.46	6482	3.01
烟台	708.94	18097	2.55
潍坊	936.30	25432	2.72
济宁	837.59	21557	2.57
泰安	564.54	13535	2.40
威海	282.56	8097	2.87

续表

城市	年末总人口(万人)	执业(助理)医师数(人)	每千人口拥有执业(助理)医师数(人)
日照	291.65	6200	2.13
临沂	1056.34	21287	2.02
德州	579.58	13010	2.24
聊城	606.43	12979	2.14
滨州	391.23	9695	2.48
菏泽	873.60	21360	2.45
合计(平均)	10005.83	264732	2.65

资料来源：《山东统计年鉴 2018》。

国家卫生健康委员会公布的护理事业发展情况显示，截至2017年底，全国注册护士数超过380万人，每千人口拥有注册护士2.74人；截至2018年底，全国注册护士数超过400万人，每千人口拥有注册护士3人。山东省统计局公布的最新数据显示，2017年，山东省的注册护士数为29.37万人，每千人口拥有注册护士2.93人，超过2017年的全国平均值。山东省护士队伍在数量上有所增长的同时，在专业素质和服务能力上也得到显著提升，相应的服务理念也随之发生变化，逐渐从“以疾病为中心”转向“以病人为中心”，更加关注被护理人员的“身心健康”。山东省护理服务也在“互联网+医疗”的技术支撑下不断扩大时空范围，定制化、网约化的服务模式也开始试行。但山东省依然存在地区分布不均衡的问题。城市数据显示，各城市每千人口拥有注册护士数存在较大差异，排名第一的城市是济南（4.27人），每千人口拥有注册护士数超过3人的城市除济南外，还有青岛（3.66人）、威海（3.50人）、东营（3.42人）、淄博（3.20人）、潍坊（3.02人）和济宁（3.00人），超过2017年全国均值（2.74人）的有10个城市，超过全省均值（2.93人）的有8个城市（见表3）。

表3　2017年山东省注册护士数

城市	年末总人口(万人)	注册护士数(人)	每千人口拥有注册护士数(人)
济南	868.72	37137	4.27
青岛	929.05	33985	3.66
淄博	470.84	15061	3.20
枣庄	392.03	11638	2.97
东营	215.46	7360	3.42

续表

城市	年末总人口(万人)	注册护士数(人)	每千人口拥有注册护士数(人)
烟台	708.94	18453	2.60
潍坊	936.30	28244	3.02
济宁	837.59	25132	3.00
泰安	564.54	16023	2.84
威海	282.56	9901	3.50
日照	291.65	7072	2.42
临沂	1056.34	24601	2.33
德州	579.58	12360	2.13
聊城	606.43	13863	2.29
滨州	391.23	11238	2.87
菏泽	873.60	21325	2.44
合计(平均)	10005.83	293663	2.93

资料来源：《山东统计年鉴2018》。

（三）山东省公立医疗机构由粗放式发展转向精细化质量提升，社会办医发展迅速

2016年发布的《医疗机构设置规划指导原则（2016－2020年）》（以下简称《规划指导原则》）规定，医疗机构的发展应遵循公平可及、科学布局、协调发展等原则，应符合当地医疗机构的设置规划和卫生资源配置标准，从地区医疗服务的实际需求出发，严控各类公立医疗机构的总体数量和单体规模，严控公立医院床位审批和大型医用设备配置，规范引导社会力量参与兴办民营医疗机构。长期以来，大型公立医院的虹吸作用导致医疗资源集约化发展，大医院的门庭若市、一号难求与社区医院的无人问津形成鲜明对比，严重挤压了社区医院、基层医院的发展空间。医疗人才和医疗资源的不均衡发展，也造成了社会资源的严重浪费。山东省在近几年大力推进医疗共同体发展，推动区域医疗中心建设，加快建立分级诊疗制度，不断强化基层医疗机构的能力建设和服务建设，倒逼公立医院转变服务重点，从“大而全”的服务覆盖转向服务质量提升，聚焦疑难杂症诊治和专科能力建设，同时进一步放宽社会办医准入，引导社会办医补充现有医疗体系，满足居民多样化、差异化的医疗服务新需求。

《中国卫生和计划生育统计年鉴（2016）》《中国卫生和计划生育统计年鉴

(2017)》《中国卫生健康统计年鉴(2018)》《中国卫生健康统计年鉴(2019)》数据显示，2015~2018年，山东省的公立医院数量呈现整体略有下降的趋势，2018年的公立医院数量为809个，比2015年（821个）下降了1.46%，而与之相对，民营医院的数量呈现大幅上升的趋势，2018年的民营医院数量为1771个，比2015年（1106个）增长了60%（见表4、图3），公立医院的数量得到严格控制，社会办医持续加速发展。山东省还在2019年开展了多项针对民营医院规范行医的行业监督检查，进一步促进社会办医的规范、健康发展。

表4　2015~2018年山东省公立医院与民营医院数量

单位：个

年份	公立医院数	民营医院数
2015	821	1106
2016	800	1218
2017	869	1582
2018	809	1771

资料来源：《中国卫生和计划生育统计年鉴（2016）》《中国卫生和计划生育统计年鉴（2017）》《中国卫生健康统计年鉴（2018）》《中国卫生健康统计年鉴（2019）》。

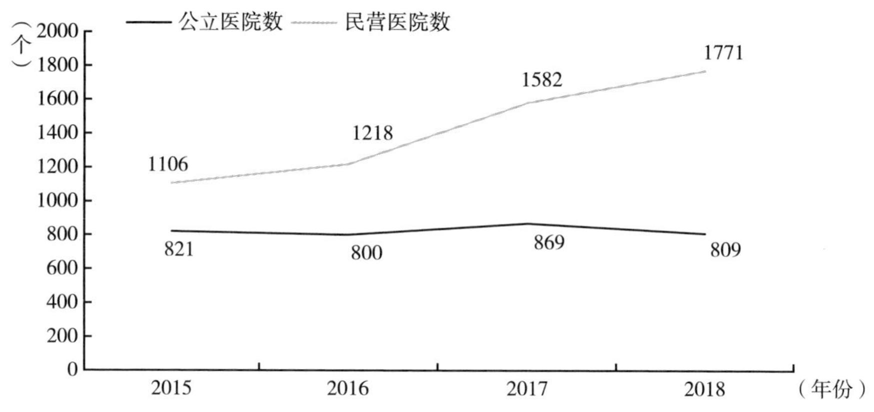

图3　2015~2018年山东省公立医院与民营医院数量变化

按照《规划指导原则》，在2020年全国每千常住人口医疗卫生机构床位数应达到6张。山东省统计局最新公布的数据显示，截至2017年底，山东省每千常住人口医疗卫生机构床位数为5.85张。综上来看，尽管山东省已接近

《规划指导原则》提出的目标，但仍存在较大的区域间差异。从城市数据来看，有7个城市超过全省平均值，每千常住人口医疗卫生机构床位数最多的城市是济南，为7.15张，远超《规划指导原则》提出的标准，超过《规划指导原则》提出的标准的城市有济南（7.15张）、淄博（6.72张）、威海（6.51张）、烟台（6.05张）、青岛（6.01张）和潍坊（6.01张），而每千常住人口医疗卫生机构床位数较低的德州和日照分别为4.57张和4.88张（见表5），医疗资源的基础设施配置仍有较大提升空间。

表5　2017年山东省医疗卫生机构床位数

城市	年末总人口（万人）	医疗卫生机构床位数（张）	每千常住人口医疗卫生机构床位数（张）
济南	868.72	62074	7.15
青岛	929.05	55798	6.01
淄博	470.84	31648	6.72
枣庄	392.03	22622	5.77
东营	215.46	12643	5.87
烟台	708.94	42883	6.05
潍坊	936.30	56227	6.01
济宁	837.59	48701	5.81
泰安	564.54	31834	5.64
威海	282.56	18383	6.51
日照	291.65	14237	4.88
临沂	1056.34	60356	5.71
德州	579.58	26467	4.57
聊城	606.43	32183	5.31
滨州	391.23	20315	5.19
菏泽	873.60	48471	5.55
合计（平均）	10005.83	584842	5.85

资料来源：《山东统计年鉴2018》。

（四）“互联网+医疗健康”遍地开花，山东省加速进入“5G+智慧医疗”时代

山东省在2019年积极实施医疗服务领域的新旧动能转换工程，开展“互联网+医疗健康”示范省建设，发布《山东省推进“互联网+医疗健康”示

范省建设行动计划（2019－2020年）》，以人工智能、5G等新技术升级为发展助力，推进医疗服务与互联网的深度融合，大力发展“互联网＋医疗健康”服务模式，尤其关注群众反映强烈的医保结算流程问题，着重发展“互联网＋就医结算”服务，对已有在线支付功能的医疗机构进行系统对接和信息整合，有效简化排队付费流程。在济南，济南市妇幼保健院互联网医院于2019年6月1日正式推出，标志着山东省首个5G互联网医院建成。该医院在线诊疗、送药到家、VR远程探视等功能相继上线，构建出覆盖就诊前中后全流程和线上、线下一体化的服务模式，是对技术改进就医体验的创新应用。在威海，威海市中心医院在威海移动的协助下，上线试行新型远程手术机器人系统，能够有效打破医疗资源的空间限制，降低居民就诊费用、减少居民就诊时间，是平衡区域医疗资源的有力尝试。在青岛，青岛大学附属医院与安顺市西秀区人民医院在两地运用自主研发的国内手术机器人，借助5G技术低延时、高速率的网络传播特点，合作完成了全球首例5G超远程机器人腹腔复杂手术，为远程医疗帮扶和医疗人工智能应用探索了新的发展空间。

三　山东省医疗服务发展存在的问题和面临的挑战

（一）医疗资源投入存在地区差异，基础投入不均衡制约医疗服务的均衡化发展

将医疗卫生领域的财政经费投入（医疗卫生与计划生育支出占财政支出比重）、医疗人才队伍建设［每千人执业（助理）医师数、每千人注册护士数］和基础医疗设施（每千人卫生机构数、每千人床位数）三个维度的数据标准化处理后进行加总，构建出山东省16个城市医疗服务综合发展排名。山东省医疗服务综合发展得分的平均值为77.72分。得分较高的城市是济南（90.72分）和淄博（87.65分），紧随其后的是青岛（80.86分）、威海（80.25分）和济宁（79.83分）（见表6）。从这5个指标数据来看，得分最高的两个城市尽管医疗卫生与计划生育支出占财政支出比重不高，但绝对值高，且每千人的医护数、卫生机构数和床位数都处在高位，相对而言，分值较低的3个城市都存在至少三类短板。由此可见，只有强劲的财政支持力度、扎实的

医疗设施建设和充足的医护人员储备，才能使医疗系统的服务供给持续、均衡发展。

表6 山东省医疗服务综合发展状况

城市	医疗卫生与计划生育支出占财政支出比重(%)	每千人执业(助理)医师数(人)	每千人注册护士数(人)	每千人卫生机构数(个)	每千人床位数(张)	标准化后综合得分(分)
济南	8.66	3.72	4.27	0.81	7.15	90.72
淄博	9.60	3.07	3.20	1.03	6.72	87.65
青岛	6.14	3.32	3.66	0.85	6.01	80.86
威海	7.54	2.87	3.50	0.80	6.51	80.25
济宁	11.33	2.57	3.00	0.83	5.81	79.83
东营	7.41	3.01	3.42	0.76	5.87	77.76
潍坊	9.29	2.72	3.02	0.77	6.01	77.73
泰安	11.49	2.40	2.84	0.76	5.64	76.67
聊城	11.14	2.14	2.29	0.98	5.31	76.30
滨州	11.12	2.48	2.87	0.74	5.19	75.01
枣庄	10.63	2.43	2.97	0.64	5.77	74.57
菏泽	13.00	2.45	2.44	0.62	5.55	74.21
临沂	12.60	2.02	2.33	0.71	5.71	73.65
烟台	8.03	2.55	2.60	0.74	6.05	73.54
日照	11.67	2.13	2.42	0.84	4.88	73.30
德州	10.97	2.25	2.13	0.86	4.57	71.50

资料来源：《山东统计年鉴2018》。

（二）特色医疗服务需求旺盛，优势中医服务品牌亟待打造

山东省各地都在积极探索推广中医诊疗和传递中医文化核心内涵的路径。在滨州，市中医院不断提升中医学科的影响力，推进骨伤等优势病种的收费方式改革，借助“中医讲堂”“中医进校园”“膏药节”等活动，宣传中医药特色优势，展示中医药的文化魅力；在青岛，政府多措并举，持续强化中医药的内涵建设，将居民的中医健康素养水平与基层政府的目标责任考核结合起来，率先在公立医院的绩效考核中纳入“中医药资源配置”，并实施中医行业的质量信誉等级评定制度。

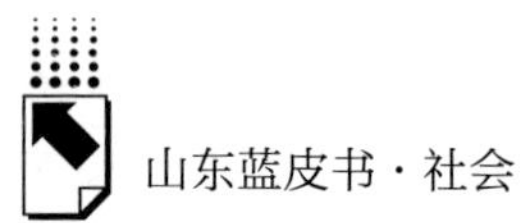

调查显示，在多媒体平台上，“中医”“中医药”是医疗卫生领域的高频热点词语。这从侧面反映出2019年山东省居民对中医诊疗的关注度较高，且对这类特色医疗服务项目有旺盛的需求。在医疗新旧动能转换工程的实施过程中，中医诊疗服务有较大的发展潜力，它不仅具有悠久的传承历史和稳固的群众基础，更具备在慢性病治疗、疾病预防方面的传统优势。然而山东省的中医诊疗服务还存在服务内涵不够深化、创新能力不足、年轻群体信任度不足等诸多问题。提升中医药现代化研究水平，尽快推进中医服务的品牌化、标准化发展，是当前挖掘中医药健康服务业潜力的有效途径。

（三）“违规收费”等网络负面声音频发，行业环境仍需加强整治

尽管山东省在2019年广泛开展了多项聚焦医疗乱象的专项整治行动，严厉打击各类违法、违规的医疗执业行为，查处医疗虚假信息，但在多媒体平台上，“医疗乱象”“违规售药”“违规收费、超量用药”“收费坐地起价”等负面声音还是频频出现在医疗服务领域。医疗信息的不对称性和频发的医患纠纷使得公众对医疗行业的信任度难以在短期内快速提升且极端脆弱，更易因为一次负面的医疗舆情而大幅下降。健康无小事，医疗关乎民生，在严格执法、净化医疗行业的同时，也应关注舆情事件的信息透明度和居民参与度，以每一次迅速、专业和规范的回应来培养、呵护民众对医疗行业的信任度。

四　山东省医疗服务发展的对策建议

（一）深入关注医疗服务满意度呈现的显著人群差异，向“滴管式”精准服务供给模式发展

从服务人群来看，尽管特定群体对医疗服务的高期望值导致了他们相对较低的评价，但也反映出山东省居民对医疗服务的需求正从单纯的医疗需求转向医疗与非医疗并重的服务需求。随着经济社会的发展、健康观念的更新和疾病图谱的变化，不同年龄、收入水平和文化水平的居民在医疗服务的需求上已经开始呈现越来越多样化的趋势，“一刀切”“保基本”等基础性的服务供给已难以满足居民的多元化医疗服务需求，推行差异化的医疗服务模式将是未来的

发展趋势。

对此，应深入了解医疗服务在供给和需求上的差异，使医疗服务供给内容更加精准。一是应借助大数据分析和一体化的医疗服务平台，收集把握多元化服务项目的供给现状和相应的居民期望、需求状况。二是应畅通供需沟通途径，在提供基本医疗服务的基础上丰富服务项目，逐步向“滴管式”供给的精准医疗服务模式发展，以满足不同年龄、收入水平和文化水平群体的医疗服务需求，提高各群体的医疗服务满意度。

（二）加速提升中医诊疗等特色医疗项目的服务质量和服务水平，发挥中医特色优势

从服务项目来看，山东省居民对中医药服务存在旺盛的需求，中医药服务虽然在2019年发展势头良好，但整体的服务水平仍存在较大提升空间。因此，首先应继续深化服务内涵，逐步改变居民的就医习惯，加强对中医诊疗服务内容的宣传，传承并创新中医经典，构筑更具中医特色的基层医疗服务平台，发挥中医药特色优势在慢性病治疗和预防疾病方面的作用。其次应围绕居民全生命周期以及全保健维度的健康需要，聚焦特色医疗服务的难点、痛点和堵点，发展更规范和更高质量的特色就医服务，最大限度地引导居民根据病情需要，合理、有序地选择相应的服务项目。

（三）持续强化医疗服务行业的综合监管能力，以“软环境”建设提升医疗水平的附加值

从服务流程来看，首先，应继续强化综合监管能力，提高医疗行业的监管水平，在加强日常监管及基层监管、提高监督覆盖率、规范执法行为、定期开展专项整治的同时，不断提高办案质量，强化源头监管和事中、事后监管，落实监管主体责任，增加信息透明度和医疗舆情回应的专业性与及时性，接受社会各界的监督，坚决打击散布违法医疗广告和虚假医疗信息的行为，严肃查处诱导消费、违规收费、坐地起价和过度诊疗等医疗乱象行为，落实医疗卫生行业“黑名单”制度，促进严格规范的执法制度落到实处。

其次，应重视医疗机构的软环境建设，关注居民全流程的就医体验。调查显示，居民对就诊流程的满意度远低于其他监测项目。就医感受与医疗服务满

意度密切相关，尽管信息不对称是医疗领域的常态，且无法完全避免，但可以通过加强医患沟通、提升便民服务水平、完善评价反馈机制等措施减少信息不对称的危害性。因此，第一，应进一步优化就医流程，改善服务环境，以“互联网+医疗”和“5G+智慧医疗”的技术升级为契机，以互联网的优势来促进医疗信息的查阅共享，提高就诊流程的便捷性；第二，应协助提升老年人、低收入群体、低文化水平群体等信息弱势群体的适应能力，让科技进步带来的就诊便利性真正惠及最需要的人群；第三，对于已经开发推出的相关医疗信息平台和开放端口，以用户保留率、活跃用户数量等衡量指标来评价其发展水平，避免“花架子”工程；第四，重视人文关怀，以人性化服务来提升医疗水平的附加值，以良好的医患沟通来提高医疗服务的感知质量，构建和谐医患关系，从而不断提升医患信息不对称前提下的医疗服务满意度。

（四）补齐健康教育短板，普及全民急救教育，推广公共场所的急救设备

从健康教育来看，应积极回应近期公众对急救设施和急救教育的需求。2018 年末公布的山东省首次启用大数据开展的全省健康状况调查显示，心脑血管疾病是山东省居民健康的“头号杀手”，对于心脏骤停等突发情形，救护车到来之前的紧急救治十分重要。因此应加强院前救助设施建设，加速在地铁站、火车站、体育场和学校等公共场合投放紧急呼叫装备和应急医疗器械（自动体外除颤器），推广位置信息共享平台，对见义勇为行为制定相关免责条款，保障医疗急救的规范化发展，改变居民对 AED“没得用”“不会用”“不敢用”的现状，把急救教育作为全民健康教育中的必修课，开展急救知识和急救技能的培训，让急救教育进校园、进社区，不断提高公众对应急设备使用、心脏复苏、人工呼吸救助的认知度。

参考文献

曹现强、林建鹏：《城市公共服务满意度评价及影响因素研究——以山东省为例》，《山东大学学报》（哲学社会科学版）2019 年第 4 期。

邓璐、胡银环、鲁春桃：《低价值医疗的识别与治理》，《医学与社会》2019 年第 7 期。

钱宇、王小合、陈雅静、张双竹、于彩勇、谷雨：《医疗服务患者满意度研究进展及问题思考》，《中国卫生事业管理》2015 年第 2 期。

王震：《中等收入群体的“医疗焦虑”》，《人民论坛》2019 年第 18 期。

张琪、王德永：《医疗服务满意度影响因素实证研究》，《卫生经济研究》2019 年第 7 期。

B.5
2019~2020年山东省社会保障的新成就、问题与对策

侯小伏*

摘　要： 高质量发展对高质量社会保障提出了新要求。2019年，山东省尽力用情做好社会保障：降低社保费率，通过基本医保、大病保险、医疗救助、特困供养等织密社会保障网，开展医疗保障领域打击欺诈骗保行动；在就医购药方面实行“一卡通行”，深化社保“一次办好”改革，提升服务质效，进一步提升群众对社会保障服务的满意度。2020年，社保扩面应从简单追求速度转向重视风险较高和最需要覆盖的法定参保人群；应采取有效措施缓解降低养老保险费率后的基金收支矛盾，保障社保基金的安全；脱贫攻坚应在聚焦重点区域和重点人群的基础上，适时建立减少相对贫困的社会保障机制，创新管理机制，以提升社会保障服务质效。

关键词： 社会保障　社保降费　大病保险　医疗救助

社会保障是国家和社会为保证公民基本生活权利、提高公民生活水平而为社会成员提供的各种规范化保障，是政府基本公共服务的重要内容。作为基本公共服务的社会保障，一般包括社会保险、社会救助和社会福利三大类。第一类是最重要、最具有普适性的社会保险，为参保人员提供养老、医疗、失业、

* 侯小伏，山东社会科学院省情与社会发展研究院研究员，主要研究领域为发展社会学、农村社会学、组织社会学。

工伤、生育等基本保障，核心是基本养老保险和基本医疗保险；第二类是起“托底”作用的社会救助，通过最低生活保障制度、医疗救助制度、特困人员供养制度和服务，对弱势群体进行帮扶；第三类是社会福利制度。如果说社会保险强调的是“投桃报李”，那么社会救助则是“雪中送炭”，起到兜底保障作用。随着中国经济发展阶段由高速发展进入高质量发展，人民对于美好生活有了新的期待，对于风险保障的需求自然也就随之增加。2020 年要打赢脱贫攻坚战、全面建成小康社会，人们对基本保障公平性的诉求也随之提高，社会救助的作用更加突出。所以说，高质量的社会保障，是适应经济从高速度增长转向高质量发展的必然要求，是山东省在全面建成小康社会进程中“走在前列”的题中应有之义。

一　2019年山东省社会保障的主要成就

2019 年，山东省委、省政府认真贯彻落实习近平总书记关于社会保障重要指示批示精神和党中央、国务院重大决策部署，着力完善社会保障体系。年初的政府工作报告将社会保障作为“落细落实‘六个着力点’”“精心做好民生工作”的重点任务之一。在省委、省政府部署的 20 项民生重点实事中，涉及社会保障的有 7 项：特殊群体关爱服务保障、社会救助体系建设、医疗保障、城镇住房保障体系建设、乡村医生养老保障落实、收入水平略高于建档立卡贫困户群体政策支持、破产困难企业和中小微企业职工社会保障。社会保障服务相关的政府部门，按照省委、省政府“担当作为、狠抓落实”的工作要求，主动对号入座落实任务。牵头责任单位发挥联系协调作用推动相关工作有力有序开展，其他责任单位根据职能分工配合工作形成合力，市、县担负主体责任抓细抓实。全省社会保障政策的满意度、社会保障管理服务的精细度、群众办理社会保险事宜的便捷度进一步提高，群众日益增长的高质量社会保障服务需求更好地得到满足。

（一）降低社会保险费率，减轻企业缴费负担，进一步优化营商环境

面对经济下行的压力，山东省认真贯彻落实党中央、国务院从全局和战略高度出发提出的降低社会保险费率的决策部署，降低社保费率，减轻企业缴费负担。

1. 降低社会保险费率的主要政策

（1）降低养老保险单位缴费比例。从 2019 年 5 月开始，山东省城镇职工（包括企业和机关事业单位）基本养老保险的单位缴费率，由原来的 18%（这个比例在全国也处于相对较低的水平）下调至 16%。

（2）将降低失业保险费率和工伤保险费率的政策，再次延长一年。具体是将自 2017 年起实施的失业保险费率 1% 的政策（此费率处于全国最低水平，其中单位缴纳 0.7%，个人缴纳 0.3%）延长一年；延长 2018 年开始实施的降低工伤保险费率政策，延长期限为一年。

（3）调整完善了社保缴费基数。一是以“全口径平均工资”（城镇非私营单位平均工资 + 城镇私营单位平均工资）来核定个人缴费基数的上下限。就业人员“平均工资”计算口径的扩大，既合理地反映了参保人员的实际工资水平，减轻了收入较低职工的缴费负担；又降低了企业缴费成本，对小微企业或劳动密集型企业的减负作用尤其显著。二是实行在“全口径平均工资”的 60% 和 300% 之间选择缴费基数的政策，方便了参保人员的自主选择。低收入人员和高收入人员都可以根据自己的具体情况选择适合自己的缴费标准。这既能减轻低收入人员的缴费负担，也有利于高收入者保持退休后的较高养老金水平。无疑，这将进一步提高养老保险制度的科学性和可持续性。

（4）加快推动企业养老保险省级统筹进程。在完成统一全省养老保险制度和主要政策大量基础性和准备性工作的基础上，山东省提出了企业养老保险基金统筹使用的范围自 2020 年 1 月 1 日起由市级提升到省级。这一时间节点比国家的要求提前了一年。企业养老保险基金全省统收统支，增强了基金的统筹互济能力，将有效解决有些市企业养老基金支出负担过重问题，进一步增强制度抵御风险的能力。

（5）稳步推进社保费征收体制改革。社保费征收体制改革到位前，除医疗保险、生育保险交由医疗保障部门征收，企业职工基本养老保险及其他险种的费用，由人社部门继续征收；机关事业单位和城乡居民的社保费征管，则划转税务部门。

2. 降低社会保险费率的重要意义

（1）有利于减轻企业社会保险缴费负担。根据测算，“2019 年降低社保费率将为山东企业减轻社会保险缴费负担 171 亿元左右，其中减轻企业养老保险缴费负担86亿元，减轻企业失业、工伤保险缴费负担85亿元”①。单位养老保险缴费比例的下降，由于有制度设计的保障，不会影响到退休职工的待遇保障水平。

（2）有利于优化营商环境。社保费率的差异直接关系到企业负担的轻重，养老费率越低越能吸引企业前来投资，越是老工业基地、人口老龄化程度越严重、养老负担越重，越难以吸引企业投资。对正处于新旧动能转换关键期的山东来说，把社保费率降至国家要求的最低水平，对“双招双引”、激发企业活力、实现高质量发展，将起到极大的促进作用。

（3）有利于健全完善社保制度体系。这次社保降费，降低单位缴费率、调整缴费基数，有力地提升了社保制度的公平性和灵活度；对企业与机关事业单位一视同仁、推进省级统筹，体现了社保制度和规则的公平。这套“政策组合拳”，使社保缴费负担有实质性下降，将会显著提升参保单位和职工的缴费积极性，进而推动企业与社保制度的良性循环发展，促进社保制度更公平、更可持续。

（二）提高城镇退休职工养老金、基本医保、大病保险、医疗救助、特困救助供养水平，进一步织密扎实社会保障网

1. 提高城镇退休职工基本养老金标准

2019年，山东省城镇退休职工基本养老金实现了“十五连增”，总体上调了5.07%，共惠及全省675万退休职工，获得了退休职工的普遍肯定。

2. 提高基本医保筹资标准和保障水平

2019年，全省居民医保筹资标准进一步提高，每人不低于770元。其中，人均财政补助标准新增30元，达到每人不低于520元，个人缴费250元。有些城市的标准远超省标，例如，青岛市一档居民和二档居民（含少年儿童）筹资标准分别达到每人每年1160元和1005元，其中财政补助标准分别提高到730元、650元。

提高大病保险报销比例。居民大病保险最低报销比例由50%提高到60%，

① 山东省人民政府新闻办公室新闻发布会：《降低社保费率，退休养老金会变少吗？官方解读》，2019年4月30日，http://www.dzwww.com/2019/ssqy_165218/，最后访问日期：2020年3月20日。

最高段报销比例达75%；进一步降低居民大病保险起付线，按统筹地区上一年度居民人均可支配收入的50%确定，全省有5个市平均降低了3000元左右；大病“二次报销”起付标准由1.2万元降低至1万元，取消40万元的报销限额，改为上不封顶。

进一步完善了门诊保障制度。社区医院门诊报销比例由70%提高到80%；将高血压、糖尿病慢性病门诊费用纳入居民医保门诊规定病种范围，实行限额动态管理，减轻了居民医疗费用负担。

首次开展抗癌药集中带量采购，对常用的100余种抗癌药实行全省专项集中采购，用以量换价方式有效降低抗癌药价格，25种药品价格平均下降59%。将国家谈判的17种抗癌药纳入医疗保险基金支付范围，采取医院和特药药店双渠道供药方式，使患者尽早买得到、用得上、可报销，切实享受降价实惠。

不断扩大按病种付费的病种数量，加快医保支付方式改革。全省各市实行按病种付费的病种数不少于150个。即使是菏泽这个经济发展基础在全省排位靠后的市，按病种付费病种数也达到168种，远超省里规定的病种数量。

3. 针对特殊群体实施医保扶贫和关爱保障

提高贫困人口居民大病保险待遇，对于建档立卡贫困人口、低保对象、特困人员、重度残疾人“四类”贫困人口，实行“一降（大病保险起付线由6000元降低到5000元）一提（分段报销比例提高到65%～85%，比普通居民每段高出5～10个百分点）一消（取消原来50万元的报销封顶线）”的倾斜政策。

针对各市对脑瘫等残疾儿童、孤独症儿童、严重精神障碍患者在保障范围界定、门诊待遇保障水平上的不完善问题，2019年山东省共下发了相关疾病医疗保障工作的三个通知，对保障范围、保障水平、支付方式等提出了具体要求，加以规范完善，补齐了政策短板。通过扩大年龄范围、取消户籍限制、加强医保扶贫、提高待遇水平等新举措，山东省扩大了受益人群，全省共有9.3万余名残疾儿童和孤独症儿童纳入医疗保障。脑瘫等残疾儿童和孤独症儿童，门诊政策范围内平均报销比例接近65%，截至2019年底已为21979名患儿支付了2.6亿元。[①] 对严重精神障碍患者，山东省落实居民大病保险倾斜性政策，切实有效对这些困难人员实施医疗救助。

① 张春晓、张依盟：《改革创新，民生答卷暖人心》，《大众日报》2020年1月2日。

4. 提升特困人员救助供养水平和救助温度

农村五保户供养、城市"三无"人员救助，是特困人员救助供养的重点。针对特困人员救助供养的标准制定、照护服务水平、照护能力等问题，山东省民政部门对特困人员集中供养需求的调查、救助供养标准的确定、协议的规范化签订、集中供养率等方面，都提出了明确要求。全省各市、县（区）广泛开展调查，摸清特困人员"保障"底数，摸清"自理状况"底数，摸清"供养需求"底数，做到底数精准、动态管理、精准救助。科学确定保障标准，以不低于当地低保标准1.3倍的水平，确定特困人员基本生活保障标准。建立照料护理标准自然提高机制，全省有5个市将照料护理标准与最低工资标准挂钩，有的市将照料护理标准与居家养老服务标准挂钩。统筹用好"政府"和"市场"两个力量，加大区域性中心敬老院建设力度，提高失能人员集中供养率，确保其"愿进全进"。例如荣成市针对无依无靠的老人最头痛的吃饭和照护问题，充分利用村级组织的力量，建立村级月度入户探访机制，开办村级暖心老年食堂；政府购买养老机构社区居家养老服务，为失能、半失能和全自理的分散供养特困人员提供助洁、助浴、助残等服务。针对分散特困人员救助供养这个社会救助工作的弱项和风险点，山东省提出了"五有"的要求和标准（有照料护理协议、有服务标准、有定期巡访、有动态管理、有应急预案），细化照料护理。对于分散特困人员照料护理费用，或由县（区）级统筹统一购买服务，或由县（区）安排专项经费购买专业服务，并动员社会力量参与分散供养特困人员服务。"五有"要求和标准，提升了特困人员救助供养的"温度"。

（三）开展一系列打击医保欺诈骗保行动，保卫人民群众的"救命钱"

2019年，山东省医疗保障局在全省相继开展了打击欺诈骗保专项治理、"风暴行动"和"百日攻坚行动"。例如，针对《问政山东》节目曝光的医疗欺诈骗保问题，以及医院、医药机构违法违规行为时有发生问题，山东省医疗保障局联合各市，聚焦基金监管领域的重点、难点、堵点，于2019年6~7月开展了打击欺诈骗保的"风暴行动"。"风暴行动"将群众投诉举报与舆论监督作为发现问题的主要途径，检查医院和医药机构设立资质、人员执业资格、医疗设备审批手续、医保定点协议落实、医疗设备审批手续、诱导住院、挂床住院、超标准收费、虚构医疗服务 9 个方面的情况，通过曝光、解除、处罚、移交一批违法违规行为，堵漏洞、强监管、重处罚、严震慑，规范全省医保基金使用和医疗服务行为。“百日攻坚行动”检查重点由基层医院、民营医疗机构向公立二级及三甲医疗机构延伸；查处内容由容易发现、容易检查到的挂床住院、虚假发票骗保等行为，向隐蔽性较强的骗保行为（例如串换药品、过度检查、虚增诊疗项目、未经许可配置使用大型医用设备套取基金等）延伸；查处方式则由线下的人工审核向线上的智能监控延伸。据山东省医疗保障局的统计，截至 2019 年底，“全省共检查定点医药机构 72871 家，实现了对全省定点医药机构的全覆盖，共暂停医保协议 3026 家、解除医保协议 1560 家、行政处罚 357 家，追回医保基金 5 亿元、行政罚款 1605. 62 万元”①。

山东省打击医保欺诈骗保行动形成了有力震慑，医保领域“不敢违、不能违、不想违”的态势正在形成，为全省医保待遇标准不断提升、特殊救助群体和新药不断纳入医保支付范围提供了重要支撑。

（四）就医购药实行“一卡通行”，切实解决流动人口异地看病问题

异地安置退休、异地长期工作和居住人员的就医不方便，严重影响到流动人员幸福感和安全感。2019 年，山东省按照党中央、国务院尽快使异地就医患者在所有定点医院能持卡看病、即时结算的要求，将“首先实现医保个人账户省内异地就医购药一卡通行”②，作为一项重点民生实事加以推进。

1. 推动异地就医联网结算向基层医疗机构延伸，切实便利流动人口和随迁老人

2019 年，山东省在前几年开通的异地联网结算主要是二级及以上医疗机构的基础上，进一步向一级及未定级的乡镇卫生院、社区卫生中心等基层医疗机构延伸，将其纳入异地联网结算范围，实行就医即时结算。这一举措大幅提升了务工就业、创新创业、迁住旅游人员以及“双招双引”人才异地就医购药的便捷度。

---

① 山东省医疗保障局：《省政府新闻办举行 2019 年落实省委省政府医疗保障工作部署情况新闻发布会》，2020 年 1 月 16 日，http：//ybj. shandong. gov. cn/art/2020/1/16/art_65410_8725468. html，最后访问日期：2020 年 3 月 20 日。

② 《省委办公厅、省政府办公厅印发〈关于抓好 20 项重点民生实事落实的工作方案〉》，《大众日报》2019 年 2 月 16 日。

2. 推进医保个人账户省内异地就医购药“一卡通行”，切实减轻参保职工垫费负担

2019 年，山东省医疗保障局倒排工期，改造升级医保信息系统，加快推进“省内异地就医购药一卡通行”。截至 2019 年 4 月底，全省首批 920 家医院、497 家药店实现了省内联网。参保职工在这些医院、药店看病、买药，可以直接刷自己的社保卡。此项措施切实解决了职工异地就医购药需要先由个人垫付医药费用的问题，大幅提升了参保职工异地就医购药的体验感和获得感。

3. 大力扩展“社保一卡通”应用范围，实现部分定点医院“就医一卡通用”

山东省大力推进社保卡服务体系建设，不断扩大社保卡的应用范围，使社保卡不仅可以发挥身份凭证、信息记录的作用，还可以用来借阅图书、领取待遇等。山东省还推广电子社保卡在全省的应用，有些城市居民在就医时只要出示手机端电子社保卡，就可以直接线上结算、扫码支付。部分定点医院实现了社保卡直接挂号、就诊、结算、取药的“一卡通用”，大幅减少了排队缴费时间。60 多家医院的统计结果表明，平均减少就医时间达 40 分钟。

（五）租赁补贴和实物保障扩面增量，加大城镇住房困难家庭和新市民住房保障力度

2019 年，山东省下大力气解决城镇住房困难家庭和新市民的住房困难问题，进一步拓宽保障范围和渠道，完善保障方式。

1. 推动住房租赁补贴制度扩面增量

2019 年 5 月，山东省多个部门联合印发了《关于进一步推进城镇住房保障家庭租赁补贴工作的指导意见》。该指导意见首次明确将城镇中等偏下收入住房困难家庭、新就业无房职工、城镇稳定就业外来务工人员这三个群体纳入住房补贴范围，“实施分层级差别化住房租赁补贴，保障其基本住房需求”[①]。全省各市相继出台了住房租赁补贴扩面实施细则，将住房租赁补贴工作进一步落实、落细。2019 年，全省全年发放城镇住房保障家庭租赁补贴 4.1 万户，完成年度任务的 136%。

2. 加大公租房实物保障力度

该指导意见提出对六类群体实施住房的梯度保障。首先，对符合条件的特

① 赵小菊：《山东省印发意见推进城镇住房保障家庭租赁补贴工作》，《大众日报》2019 年 5 月 15 日。

困人员家庭进行住房的优先保障；其次，在第一梯度优先保障的基础上，对城市低保、低收入住房困难家庭，实施以实物配租为主的保障；最后，对城镇中等偏下收入住房困难家庭、新市民等群体，灵活实施实物保障。2019 年，全省列入国家计划的政府投资公租房累计分配 19 万套，分配率达 96.3%。

（六）落实落细“一窗受理·一次办好”改革，全面提升社会保障为民服务质效

2019 年是山东省的“工作落实年”。新年伊始的“担当作为、狠抓落实”工作动员大会，发出全省全面攻坚的动员令。山东省委办公厅、省政府办公厅制定的《关于抓好 20 项重点民生实事落实的工作方案》，也对社会保障相关部门的工作落实提出了具体要求。社会保障各领域各部门主动对号入座，将任务落到实处。为此，各部门对社会保障事项进行认真梳理，优化审批服务，委托下放审批权，清理歧视性政策，减事项、减程序、减次数、减材料，提高服务效率。例如民政部门将救助审批全面下放到乡镇（街道），人社部门全面取消社保待遇领取资格集中认证。另外，山东省推进社会保障服务“标准化”，再造业务流程；推进社会保障服务“信息化”，全面实现“网上办”“移动办”，建立人社、医保、救助大数据，为完善服务提供技术支撑；整合服务窗口，推行就业 + 社保“综合柜员”经办模式，实现“一链办理”“一窗办理”。

在聚焦短板、推动各项工作向深处、细处、实处落实中，《问政山东》节目发挥了重要作用。2019 年初，山东省创新“公开监督”机制，推出融媒体问政监督类节目——《问政山东》，作为“担当作为、狠抓落实”的舆论监督工作平台，推动各部门采取有力措施解决问题、建立完善工作机制和长效监管机制、推进工作落实。《问政山东》聚焦干部工作作风转变和营商环境改善，把群众生活中碰到的堵点、痛点、难点问题摆在台面上，以具体事例、具体问题，对省直部门一把手进行电视直播问政。节目动真碰硬、问政犀利，曝光了很多在办公室的数据报表上看不到的问题。这不仅令直播现场的厅局领导和 16 个市局一把手“脸红”“坐不住”，也令全省 130 多个县（市、区）的领导干部倍感压力。《问政山东》节目把每月跑 4 小时缴社保、民营医院虚假住院骗保、公立三甲医院违规收费、重大残疾致贫却无法申请低保等问题曝光，倒

逼相关的社会保障部门第一时间行动起来，立即整改落实，进一步推进“放管服”和“一次办好”改革，全面提升政务服务质效。

二　社会保障领域存在的问题及挑战

（一）不签合同、不缴社保的现象仍然存在，社会保障人群全覆盖尚未完全到位

《劳动法》明确规定，用人单位应当与劳动者签订书面劳动合同，按时支付劳动工资，并缴纳劳动保险。但无论是从《问政山东》栏目看，还是从论坛、微博等舆情看，没有缴纳五险一金的情况仍然存在，加强劳动监察和社保缴费工作的任务仍然艰巨。这一点从统计数据中也能反映出来。

统计数据反映的问题主要有两点。一是一些社会保险项目的实际参保率，与制度设计的“应保尽保”存在一定的差距。例如，根据《山东统计年鉴2018》，2017 年底全省城镇就业人员的失业保险、工伤保险、生育保险的实际参保率分别为 39.25%、48.56%、36.72%，说明仍有相当部分工薪劳动者没有参加这三类社会保险。无论是全省职工养老保险参保人数占城镇职工的比例（90.07%），还是基本医疗保险参保人数占总人口的比例（92.42%），或基本医疗保险参保人数占户籍人口的比例（92.88%），都说明了与职工养老保险全员覆盖和“全民医保”的目标仍有一定的差距（见表 1）。二是强制参保的规则在一些参保项目中未能得到有效落实。例如，2017 年底山东省职工养老保险参保人数为 2660.9 万人，而同期全省职工基本医疗保险参保人数仅为2013.1 万人。这反映出一部分应参加职工基本医疗保险的人实际并未参加。

表 1　2017 年底山东省基本社会保险参保情况

单位：%

城市	职工养老保险参保人数占城镇职工的比例	基本医疗保险参保人数占总人口的比例	基本医疗保险参保人数占户籍人口的比例	失业保险参保人数占城镇职工的比例	工伤保险参保人数占城镇职工的比例	生育保险参保人数占城镇职工的比例
济南	112.97	87.05	87.01	54.62	69.34	55.60
青岛	133.60	91.01	105.26	64.83	79.75	68.19
淄博	92.23	91.41	99.37	47.66	58.94	38.26

续表

城市	职工养老保险参保人数占城镇职工的比例	基本医疗保险参保人数占总人口的比例	基本医疗保险参保人数占户籍人口的比例	失业保险参保人数占城镇职工的比例	工伤保险参保人数占城镇职工的比例	生育保险参保人数占城镇职工的比例
枣庄	74. 17	94. 53	88. 65	38. 14	42. 27	32. 07
东营	65. 89	93. 43	103. 23	33. 87	74. 01	56. 15
烟台	108. 29	87. 92	959. 27	48. 67	52. 34	49. 5
潍坊	90. 32	88. 34	91. 09	45. 82	61. 66	41. 14
济宁	95. 49	95. 27	90. 35	51. 54	61. 23	46. 08
泰安	88. 03	93. 96	92. 83	44. 96	64. 83	57. 29
威海	107. 70	89. 18	98. 55	51. 66	64. 46	57. 03
日照	97. 01	92. 85	89. 17	37. 69	51. 02	41. 63
临沂	85. 97	95. 60	86. 92	36. 17	59. 36	34. 78
德州	81. 01	89. 05	86. 69	35. 78	57. 54	38. 93
聊城	81. 43	92. 13	87. 34	36. 63	52. 24	25. 61
滨州	27. 31	93. 23	95. 5	39. 69	47. 25	29. 57
菏泽	20. 55	103. 08	88. 39	32. 01	51. 98	32. 01
全省	90. 07	92. 42	92. 88	39. 25	48. 56	36. 72

资料来源：根据《山东统计年鉴 2018》整理。

（二）基本保障权益差距过大，城乡居民基本社会保险保障能力有限、保障质量不高

山东省基本社会保障权益人群分等、制度分设问题仍然突出。例如，生育保障项目，城镇职工有生育保障，城乡居民则没有；实施的社会救助项目，大部分是根据户籍来划定的，非户籍的常住人口难以享有；就业、职业伤害、住房等保障项目，不同群体仍有不小的差异；低保标准各城市之间不同，同一城市城乡低保标准也存在差别。例如，2019 年，青岛市一些区的城市低保标准是每人每月 660 元，一些区则是 600 元；一些区的农村低保标准是每人每月 660 元，一些区则是 490 元。泰安城市低保标准为每人每月 550 元，农村则为 390 元。

山东省基本保障项目待遇差距仍然过大，城乡居民的社会保障水平、低保水平过低。2019 年，山东省职工养老保险待遇实现了“十五连涨”，城乡居民基础养老金实现了“六连增”，但城乡居民养老金给付标准的增长速度远远慢

于离退休职工养老待遇的增速。2019 年，全省绝大多数城市的居民基础养老金只有每月 118 元，即使是标准最高的城市青岛也只有每人每月 168 元。如此低的养老金数额，与老年居民的实际需要差距较大，难以担当起保障老年人基本生活需要的责任。因此，增加居民养老金的呼声强烈。在最低生活保障方面，2018 年济南、淄博、烟台、泰安、滨州、东营、德州 7 个城市农村最低生活保障标准是年均4554 元/人，农村特困人员基本生活保障标准是年均4000元/人。2018 年，山东省城镇非私营单位就业人员年平均工资为 73593 元，而同期济南、淄博、烟台、潍坊、泰安、临沂、聊城、滨州、东营、德州 10 个城市城镇最低生活保障平均只有 544 元/月，不到城镇非私营单位就业人员年平均工资的 10%。山东省不仅最低生活保障水平较低，而且覆盖的人数较少。根据有限的资料统计，济南、淄博、烟台、济宁、德州 5 个城市享受城镇低保人数平均占城镇人口的比例为 2.40%，济南、济宁、德州 3 个城市享受农村低保人数平均占农村人口的比例为 2.98%（见表 2）。在脱贫过程中，有些地市存在将脱贫与最低生活保障混淆的现象，盲目脱保致使低保政策覆盖率逐年降低，降到 2019 年的 3% 左右。低保政策覆盖面不断缩小，显然不是中国设立低保制度的初衷。

表 2　2018 年山东省部分城市城乡低保情况

城市	城镇最低生活保障标准（月均/元）	城镇低保享受人数（万人）	享受城镇低保人数占比（%）	农村最低生活保障标准（年均/元）	享受农村低保人数（万人）	享受农村低保人数占比（%）	农村特困人员基本生活保障标准（年均/元）	享受农村特困人员基本生活保障人数（万人）
济南	616	1.33	2.03	4928	6.43	4.45	6406	—
淄博	526	0.70	2.15	4200	—	—	—	—
烟台	590	1.20	2.59	4932	6.68	—	—	1.33
潍坊	580	—	—	—	9.29（城乡合计）	— 1.02	10440（城） 6500（乡）	0.0389（城） 1.27119（乡）
济宁	—	2.30	4.68	—	15.50	4.51	—	2.10
泰安	550	—	—	4680	—	—	—	—
临沂	550	0.46	—	—	5.55	—	4740	—

续表

城市	城镇最低生活保障标准（月均/元）	城镇低保享受人数（万人）	享受城镇低保人数占比（%）	农村最低生活保障标准（年均/元）	享受农村低保人数（万人）	享受农村低保人数占比（%）	农村特困人员基本生活保障标准（年均/元）	享受农村特困人员基本生活保障人数（万人）
聊城	440	0.62	—	—	7.78	—	3800	1.53
滨州	555	—	—	4560	—	—	6000	—
东营	600	—	—	4800	—	—	—	—
德州	436	0.51	1.54	3780	4.79	1.92	4950	2.02
平均	544	—	2.40	4554	—	2.98	4000	—

资料来源：根据山东省 16 个城市 2019 年国民经济和社会发展统计公报整理。

在基本医疗保险方面，2019 年山东省各市居民医保补助标准尽管提高到每人每年不低于 520 元，但与满足城乡居民医疗保障需求和解决因病致贫、因病返贫问题的目标尚有距离。例如癌症治疗方面，拥有城镇职工医疗保险的人普遍好于参加居民医疗保险的人。同样是得病，患者和家庭的心态是不一样的，高昂的治疗费用会让参加居民医疗保险的人再三思虑，尽管医保卡会缓解一时，但依然会有相当一部分人选择放弃治疗，担心因一个人拖垮一个家庭。特别需要指出的是，“政策范围内报销比例”虽然可以有效地反映政府在基本医疗保障方面的政绩，却无法准确反映社会成员基本医疗保障的实际水平。2018 年，山东省经济社会综合调查的数据显示，由于现有医保政策难以覆盖居民医疗全负担，调查的重大疾病报销额占实际费用的比例仍然整体偏低。其中，尿毒症的实际报销额仅占全部医疗费用的 53.6%，急性心肌梗死为 43%，心脏搭桥术为 38.3%，重大器官移植为 36.5%，脑中风后遗症为 32.8%，恶性肿瘤为 32.3%，医药费用个人自负比例仍然较高。

（三）社会保障相关服务中还存在资源浪费现象

社会保障中的许多项目，例如医疗照护、住房建设，需要通过第三方的服务才能实现。但是，由于制度设计、信息传送、运行环境的原因，资源浪费现象在社会保障领域仍然一定程度存在。例如，在养老保障方面，养老机构的发展与实际需求相脱节，营利性养老机构快速增加造成大量床位闲置浪费，与此同时，廉价的普惠性养老机构却严重不足。《问政山东》节目曝光的泰安市总投资5.35亿元的泰山养老服务中心，仅有60多位老人入住，使用率仅为6%，其床位空置的重要原因就是收费标准过高。养老床位的供不应求和严重过剩问题并存，既不利于应对人口老龄化加剧的挑战，也对山东省康养医养结合的新养老产业健康发展形成桎梏。另外，不对称的医患信息、有漏洞的医药服务价格形成机制，也造成了医疗保障、工伤和生育保障的资源浪费现象。《问政山东》也曝光了定点医疗机构诱导参保人员住院、套取医保基金等行为。

（四）社会保障领域相关工作还存在落实不到位的问题

媒体还曝光了民众反映的社保转移时间过长（需要3~6个月）；医保报销政策的口径不统一，同一种药、同一个医保统筹的市，有的县（市、区）能报，有的县（市、区）则不能报等问题。医保报销的标准不一，民众不知道该听谁的；同样的药在不同的医院差价过大，而这些差价要由民众和医保基金来买单，这暴露了医药领域政府引导和监督作用发挥不够问题。媒体曝光的专业妇科医院里住满男性病人，且很多是心脑血管病等慢性病患者，交个三五百元就能包住院，这种典型的欺诈骗保行为，说明了打击骗保欺诈行为不力、存在形式主义作风的问题；舆情监测中发现有的地方人社管理服务机构不以解决问题为导向，只对被举报单位罚款了事，不解决单位缴纳社保的问题，并声称事主拿不到保险和人社部门没有关系；《问政山东》中曝光的多起重大残疾致贫却无法申请低保事件，说明低保工作还有落实不到位的问题。

（五）现有社保管理服务方式难以适应信息经济时代新业态、新就业和新型医保群体的需要

1. 社会保险参保信息不互通，参保人重复参保问题不同程度存在

由于制度的分设、城乡的不统一，两种养老保险之间、两种医疗保险之间，均存在重复参保的问题。例如，2017年菏泽市基本医疗保险参保人数占总人口的比例达103.08%，青岛、济南、威海3市职工养老保险参保人数占城镇职工的比例分别为133.60%、112.97%、107.70%（见表1）。社会保险参保信息不互通，流动就业者在多地参保，可能是同一人参保被多次计数，从而形成制度覆盖人数虚高的原因。而重复参保，其结果必然是财政的多支出。

2. 互联网技术的应用催生了一批新业态，现有的社保管理服务难以适应新情况

（1）随着用平台连接供需双方促进经济合作的平台经济出现，很多劳动者不再固守某个固定的工作单位，也没有与固定的工作单位签订长久的劳动合同。这种情况的出现，形成了对现有的、基于劳动关系的社会保障管理服务制度的挑战。目前针对自由职业者推出的参保政策，仅限于基本养老和基本医疗保险，完整的社会保险关系对他们来说仍然无法企及。

（2）很多新业态拥有平台化、大数据的特点，可以对数据进行综合分析，精准把握服务提供者的收入状况。如何适应大数据时代，借助相关平台精准的大数据，推进与收入关联的缴费方式，从而更加合理地识别和把握社保负担，都对社保管理服务提出了新挑战。

（3）云计算技术的应用使资源高效整合利用成为可能。互联网医疗服务新模式开始出现，群众到云医院平台看病成为现实。但这些新模式、新就医渠道因不符合现行医保结算制度，还没有纳入医保结算范围。如何满足新业态发展趋势、新群体的需要，更进一步运用医保的优势推动互联网医疗产业的发展，从而解决农村、基层医疗资源不足的难题，使医保在保障民生上有更大作为，是应引起重视的问题。

三　进一步完善社会保障服务的政策建议

（一）社保扩面应从简单追求速度转向重视风险较高和最需要覆盖的法定参保人群

从政策目标看，高质量的社会保障首先要确保《宪法》和其他法律所规定的公民权益，确保免除社会成员的生存危机和疾病恐惧，保障老有所养、幼有所育、弱有所扶、病有所医，解除最普遍的后顾之忧，促进社会公平，调节收入分配，提高低收入者的福祉，有效解决发展不平衡问题。

1. 要关注低收入边缘群体

当前突出的问题是，部分家庭月人均收入高于低保标准却低于最低工资标准的低保边缘群体，其生存发展或者社会融合仍较困难。这部分群体与目前的

社会救助标准还有点距离，游离于政府的救济政策之外。因此要加快构建适应困难群众需要、城乡统筹、制度衔接、兜底有力的社会救助体系，不让一个群体一个人掉队。

2. 提高城乡居民的养老保障待遇水平

针对当前城乡居民养老保险的待遇水平过低，难以担当起“保基本”的职责，应逐步提高城乡居民的养老保障待遇水平，促进城乡的真正“融合”发展。

3. 将新业态就业群体、灵活就业人员等纳入社会保障网

新业态就业群体、灵活就业人员、以农民工为主体的中小企业从业人员，仍有人没有参加社保，要探索各种有效方式进一步将这些人纳入基本社会保险之中。可以有条件放宽非户籍地新就业形态人员参加当地养老保险的限制，个体工商户及其雇工、网络创业人员、出租车司机等可以参照灵活就业人员缴费办法参加当地职工基本养老保险；用制度明晰网络平台公司与从业人员之间的劳动关系，保障出现风险时新业态从业人员权益得到有效保障；完善养老金计发办法，使其更多地体现多缴多得、长缴多得，激励新就业形态从业人员自觉参保；从新就业形态从业人员入手，建立重大职业伤害保险；针对其工作场所不固定、工作环境较复杂、伤亡概率较大等特点，优先建立其最迫切需要的重大职业伤害保险，织密扎牢全体社会成员共享的社会保障安全之网。

（二）采取有效措施缓解降费后的基金收支矛盾，确保养老保险制度健康发展

从社会保障制度的长期性看，高质量的社会保障也要体现在制度的可持续性上，以确保社会保险基金实现长期收支平衡。截至2019年底，山东省养老保险基金累计结余3342.8亿元，尽管总体上可以确保全省养老保险制度运行平稳，但是当期收入只比上年增长1.7%，支出却增长10.9%，当期结余-30.3亿元，个别地区基金收支的可持续性问题不容回避。特别是在养老保险费率下降的情况下，养老保险基金收支平衡和可持续性发展的压力必然加大。所以，降费后如何缓解基金收支矛盾，是一个不得不重视的问题。可采取的措施，除了通过盘活存量资金、保障财政预算安排、处置国有资产等多渠道筹措资金外，社保领域可采取的措施，一是要加大推进全省基金统收统支的力度，通过建立一整套科学的收支考核机制、责任分担机制，从而合理均衡各市的基

金负担；二是发挥国有资本补充社会保险基金的作用，持续推进划转国有资本充实社会保险基金制度，确保国有资本关键时刻能拿得出、用得上；三是努力做好社会保险基金的保值增值，增加基金收益。

（三）脱贫攻坚在聚焦重点区域和重点人群的基础上，适时建立减少相对贫困的社会保障机制

当前对贫困人口的识别主要是通过以收入为指标的绝对贫困线，满足最基本物质需要的“两不愁三保障”强调的仍是帮助贫困人口摆脱绝对贫困。2020年，山东省脱贫攻坚的重点仍然应该放在革命老区、黄河滩区等区域，以及特殊困难群体，帮助其改善发展条件，增强造血功能，全面解决其“两不愁三保障”问题，高质量打赢脱贫攻坚战。在此基础上，逐渐将脱贫攻坚的方向由绝对贫困转向个人收入与社会平均收入差距较大的相对贫困、多维贫困上。要建立健全缓解相对贫困的政策体系和工作机制，构建“相对贫困线+致贫原因”的精准识别机制，将乡村振兴与减少相对贫困有机衔接。特别要在农村义务教育、基本医疗、养老保障上下功夫，逐步提高保障标准，通过城乡公共服务均等化推进城乡真正融合发展，实现相对贫困人口高质量脱贫。

（四）创新社会保障管理体制机制，提升社会保障服务的管理效率和社会满意度

从社会保障活动的经济性看，高质量社会保障还体现在制度运行的高效性上，即要求社会保障资源配置集约高效，基金支付机制健全。

1. 系统优化社保政策和服务流程，坚决避免重办结率轻实效性的倾向

要着力破除“坐地自划”观念和“重管理”思想，树立“统筹全局”的整体思维和重服务的理念；要全面解决管理服务中摸查出来的难点、堵点等突出问题，多用新办法、巧办法解决老问题、大难题。以攻坚克难和更快更好服务企业和群众为导向，提升社会保障服务的群众满意度，让群众有更多获得感。

2. 加快社会保障信息化步伐，推动社会保障服务数字化转型

在对社会保障各类业务进行规范的基础上，加快形成全省统一的社保基础信息标准，加快实现“五险一金”业务办理从“同城通办”“同市通办”到“全省通办”。加强对社保数据的整理和分析，为社保政策的优化及重大决策

的制定，提供坚实的数据基础。充分利用社保大数据的特点和优势，制定个性化服务方案，满足参保人的多层次需求。

3. 健全完善社保服务价格形成机制，加大对医保基金使用的监管力度

医疗保障、职业伤害保障、生育保障、住房保障等，都要通过第三方的有效服务才能实现其制度目标。所以，社保部门必须与相关部门、相关行业加强合作，一方面，鼓励和支持相关行业通过行业自治的方式加强行业自律，建立社保服务项目的价格谈判和价格形成机制；另一方面，要特别重视供给机制创新，对于具有普遍意义的养老服务和医疗服务等的购买，应适度放开行业准入条件，以此改变服务成本扭曲和不公平竞争状况，尽最大努力保证购买的服务合适、满意，没有被欺诈。要继续保持打击医保骗保的高压态势，确保医疗行为持续规范、骗保乱象明显遏制、医疗费用有效控制、医保资金健康运行。

4. 加强社保知识普及与政策宣传，提高参保积极性和政策知晓度

应综合运用多种媒体、多种形式，做好社保制度和政策的解读。舆情监测显示，群众对社保政策宣讲服务的需求巨大。当前群众比较关心的社保政策，主要有低保对象的认定标准、审核审批低保待遇的程序、工伤的认定等，社保知识普及和政策宣传要在以上几个方面着力。要真正把社会保障政策解释清楚，提高社会保障政策的知晓度；要真正把社会保障的意义讲清楚，提高群众参保的积极性；要真正把社保多元化筹资的政策讲明白，推动社会形成合理理性的预期。

参考文献

鲍淡如：《新业态发展对社保管理的新要求》，《中国社会保障》2019 年第 5 期。

何文炯：《中国社会保障：从快速扩展到高质量发展》，《中国人口科学》2019 年第 1 期。

郑秉文：《中国社会保障 40 年：经验总结与改革取向》，《中国人口科学》2018 年第 4 期。

B.6 2019~2020年山东省养老服务发展现状、问题与对策

李　爱*

摘　要： 养老服务高质量发展不仅是实现经济高质量发展的重要前提，也是实现“老有所养”的必要保障。山东省以老年人现实需求为导向，不断调整政策和投入方向，推动养老事业发展。2019年，山东省养老服务体系框架初步建立，社会力量成为养老服务发展主体，医养结合服务省级样板打造初见成效。然而，山东省人口老龄化形势严峻，养老服务发展面临供需发展不平衡、政策体系不完善、服务人才匮乏等问题。因此，应从完善养老服务政策、发展养老服务产业、强化社区居家养老服务、打造专业人才队伍等方面促进养老服务高质量发展。

关键词： 养老服务　人口老龄化　社区居家养老

随着人口老龄化进程的加快，老年人如何养老成为重大的社会问题。党和政府历来高度重视老年事业，把增进人民福祉、促进人的全面发展作为发展的起点和落脚点，先后出台多项政策和措施促进养老服务事业发展。经过多年的努力，中国已初步建立起与经济社会发展水平相协调的社会养老服务体系。党的十八大以来，特别是近期召开的党的十九届四中全会强调，“必须健全……

* 李爱，山东社会科学院省情与社会发展研究院研究员，研究方向为社会保障理论与政策分析、农村社会学。

病有所医、老有所养、住有所居、弱有所扶等方面国家基本公共服务制度体系”，保障群众基本生活，不断加强普惠性、基础性、兜底性民生建设，让改革发展成果更多更公平惠及全体人民。这些论述为老龄化社会的健康发展赋予了新的使命和责任，是今后养老服务工作的总方针、总遵循。山东省是老年人口大省。面对日益严峻的人口老龄化形势，山东省委、省政府着眼全局，准确把握老年人健康养老需求，科学预判社会发展方向，坚持把抓好养老服务工作作为保障和改善民生、促进经济转型升级的重大策略，将其摆到优先发展地位，推动养老服务事业的发展。

一 2019年山东省养老服务发展状况

人口老龄化进程的加快，老年人口的急剧增长，对经济社会发展、产业结构调整以及社会创新能力提升等带来许多不利影响。[①] 只有积极应对人口老龄化，采取有效措施推动养老服务高质量发展，才能不断激发社会活力，提高经济发展能力，确保经济发展为养老服务发展提供坚实的物质基础。2019 年，山东省仍有部分老年人生活相对困难，失能、部分失能老年人口达 400 万人。[②] 老年群体由于身体机能的下降而长期处于患慢病状态，他们的晚年生活关系到千家万户的幸福。依据中共中央办公厅、国务院办公厅印发的《关于建立健全基本公共服务标准体系的指导意见》，2019 年 10 月 12 日，山东省政府提出围绕全省“八大发展战略”，构建高质量发展的标准体系，实施包括养老服务在内的基本公共服务标准保障工程。这就要求我们必须把相对贫困的老年群体，特别是残疾、失能、空巢等老年群体的基本生活放在首要位置，不断健全和完善养老服务体制机制，创新营造养老、孝老、敬老的良好的社会环境，推动养老服务高质量发展，把养老服务内容由满足温饱型物质需求向满足多层次多样化需求拓展和延伸，切实保障好老年人的基本生活。

① 刘静、冯文斌：《河北省应对人口老龄化问题研究》，《合作经济与科技》2019 年第 23 期。

② 张如意：《2019 山东 1.6 亿支持 20 个重点扶贫县开展集中居住养老试点》，《齐鲁晚报·齐鲁壹点》，2019 年 12 月 18 日，http：//www. qlwb. com. cn/detail/11139780，最后访问日期：2020 年 3 月 20 日。除注明外，本文数据均来源于此。

（一）山东省养老服务发展的主要政策

"十二五"期间，山东重点实施政府购买服务、养老机构规范化管理等政策，推动养老服务事业发展，相继出台《山东省社会养老服务体系建设规划(2011－2015年)》《关于加快社会养老服务体系建设的意见》《关于加快发展养老服务业的意见》等文件，重点保障孤老优抚对象、城市"三无"和农村五保老年人等特殊困难老年群体的基本生活。对那些孤寡老年人、部分失能或失能的贫困老年人，实施由当地政府给予购买居家养老服务或机构养老服务照顾的政策等。[①] 同时，出台《关于做好养老机构设立许可和管理工作的通知》等政策，通过"补、贴、奖、减、免"等组合优惠政策，鼓励社会力量参与养老服务业发展。"十二五"期间，山东省养老财政支持统筹一般性预算，福利彩票公益资金累计超过33.23亿元。

"十三五"期间，山东省统筹各项资源，重点建立统一的困难老人补贴制度，推动医养结合深度发展，相继发布《山东省养老服务业转型升级实施方案》《关于加快推进医养结合工作的实施意见》《山东省养老服务业省级专项资金补助项目实施方案》《关于贯彻国办发〔2016〕91号文件全面放开养老服务市场提升养老服务质量的实施意见》《关于加快养老服务标准化建设推动养老服务高质量发展的意见》《山东省养老和养老服务业发展资金管理暂行办法》等文件。山东省加强了基础性、兜底性民生建设，统筹合并了低保老人分类施保、高龄津贴、护理补贴、服务补贴，建立了统一的困难老人补贴制度。山东省养老服务事业发展中财政补贴、土地供应、税费优惠等各项扶持政策得到较好落实，养老服务优惠扶持政策逐步扩大到营利性养老服务机构和外资养老服务机构，养老服务业发展的市场环境得到极大改善。同时，山东省越来越重视高龄老年人的现实需求，针对60岁以上高龄老人中约20%处于失能、部分失能状态，急需医疗护理型养老的现状，重点加大医养结合养老服务机构的扶持力度，对内设护理院、康复医院等医疗机构并取得医疗机构执业许可证的养老机构，加大补助力度。对内设卫生所、医务室等医疗机构并取得医疗机构执业许可证的养老机构，也给予一定补助。符合条件的护理型养老机构

① 山东省人民政府：《关于加快社会养老服务体系建设的意见》。

比普通养老机构每张床位补助明显要多。“十三五”期间，东、中、西部普通养老机构每张床位分别补助4500元、5500元、6500元，护理型养老机构每张床位分别补助5400元、6600元、7800元。“十三五”期间，山东省每年安排10亿元支持养老服务业发展，多元措施引导和鼓励养老机构提高医疗服务能力，努力提升养老服务质量和服务层次。从要求养老机构与医疗机构协议合作到鼓励养老机构内设医疗机构以及实行长期医疗护理保险制度等，山东省不断对养老服务模式进行探索，走出了一条新路子。

2019年10月，国家卫生健康委员会等多个部委联合发布《关于深入推进医养结合发展的若干意见》，再次强调医疗卫生和养老服务的衔接，推进医养结合机构“放管服”的改革，对养老服务特别是医养结合服务的发展提出了更加具体的要求。11月，《国家积极应对人口老龄化中长期规划》出台，将“养老机构设立许可”等放开。2019年12月，山东省人民政府办公厅出台《关于推进养老服务发展的实施意见》，要求加大社区居家养老服务发展力度、扩大长期照护服务供给。山东省养老服务事业迎来蓬勃发展的春天。

（二）2019年山东养老服务发展取得的主要成效

1. 养老服务体系框架初步建成

近年来，山东省养老服务事业发展迅速。截至2019年底，全省正在运行的养老服务机构2221家，居家养老信息平台101家。配建社区养老服务设施大幅增长，城市新建、老旧住宅区养老服务设施配建率分别超过23%、11%。8个市被纳入国家社区居家养老试点城市。15个县（市、区）作为省级创新实验区，建设嵌入式社区综合养老中心400多处、社区老年人日间照料中心3500处、农村幸福院1.05万处、专业养老服务组织200余家。在全省养老服务机构发展的同时，养老床位增长较快。在70多万张各类养老床位中，护理型养老床位占比超过37%。2019年省级安排1.6亿元，支持20个重点扶贫县开展农村老年人相对集中居住养老试点，建设农村养老周转房3737套。

2. 社会力量成为养老服务发展主体

随着养老服务政策扶持力度的加大，山东省养老机构数量迅速增长，民营机构逐渐成为养老服务发展主体。在全省养老机构中，民营机构1315家，占养老机构总数的59%。一大批集养老、养生、旅游、医疗等服务于一体的社会办养老服务综合体建设完成并投入使用，养老服务基础设施得到改善。同时，调查显示，全省社会养老、敬老、爱老氛围浓厚。各地积极开展“孝亲敬老之星”“五好家庭”评选活动，通过表彰社会为老服务典型人物和事迹，将孝亲敬老传统美德进一步发扬光大；利用居家养老综合平台，鼓励老年人开展老年志愿服务活动；倡导传播积极老龄观，引导老人走出家门，参与社区各类活动；推动有技术、有经验的离退休老人二次就业，发挥余热，带动身边更多老人为创建平安和谐的社会环境贡献力量。

3. 全国医养结合省级示范样板初见成效

山东省实施健康医养发展战略，促使医养结合型养老服务得到快速发展。在全省养老机构中，内设医疗机构600家，纳入医保定点的内设医疗机构369家，与医疗机构合作的养老机构1303家，与周边医疗机构“嵌入式发展”或签订合作协议的城市日间照料中心2746家。截至2019年底，家庭医生签约服务已覆盖70%以上的常住老年人，90%以上的医疗机构建成老年人就医绿色通道，80%以上的养老机构提供医疗护理服务。

4. 养老服务从业人员素质得到全面提升

各级民政、卫健委、人力资源和社会保障等部门积极开展养老服务和管理人员能力的培训工作，把养老服务和管理人员能力培训工作纳入养老服务发展常规工作中。相关部门通过实施千人培训工程、开展养老护理员职业技能竞赛等方法，提升养老服务从业人员整体素质，促使持证上岗率达到60%。同时，相关护士学校、卫生学校、职业技术培训学校等增设了老年护理相关专业，为养老服务从业人员队伍储备了新鲜力量。截至2019年底，山东省设立养老服务专业的院校有29所，养老培训基地7处，累计培训养老管理服务人员9万人次。

5. 养老机构服务水平得到提升

针对部分养老院基础设施差、服务水平低等问题，山东省开展了对养老院服务质量进行检查整顿的专项活动。2016～2019年，山东省累计投入资金10亿元，对527家养老院服务质量进行检查整治，养老院服务质量合格率达到96%。同时，山东省编制省级养老服务地方标准22个，设立养老服务标准化试点单位47个。各市县民政部门全部设立公开监督电话。

6. 长期护理保险制度建设稳步推进

自2016年人力资源和社会保障部办公厅印发《关于开展长期护理保险制度试点的指导意见》以来，山东省各地探索建立了长期护理保险制度。截至

2019 年底，全省定点护理机构 1447 家①，长期护理服务床位 3.3 万张。2019 年累计有 5.7 万人享受了护理保险待遇，支付护理保险资金 7.36 亿元，长期护理保险制度保障了失能老人护理需求。

二　2019年山东省养老服务发展面临的挑战与问题

（一）山东省养老服务发展面临的挑战

1. 老年人口规模持续扩大

2019 年，山东省 65 岁及以上人口占总人口的比重为 15.77%，比 2010 年的 9.90% 提高了 5.87 个百分点（见图 1）；如果按 60 岁及以上为老年人口来计算，山东省老年人口全国最多，已经进入中度老龄化社会（老年人口占总人口的比重达到 20% ~30%）。早在 2018 年，山东省 60 岁及以上老年人口就

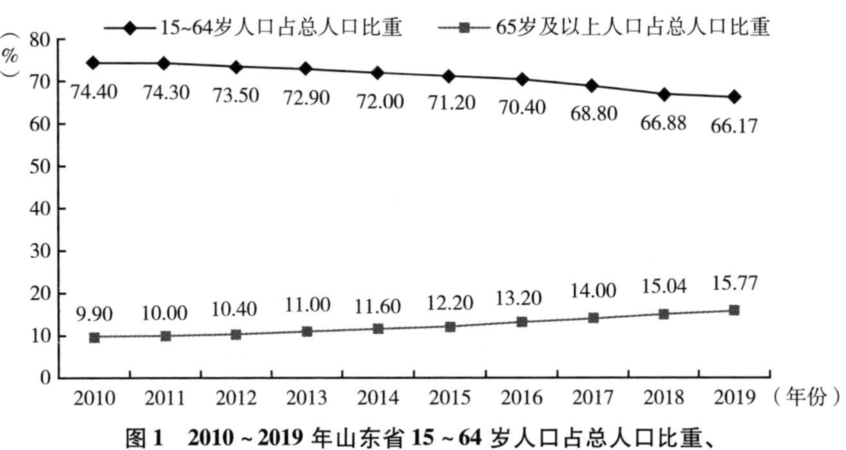

图 1　2010 ~2019 年山东省 15 ~64 岁人口占总人口比重、65 岁及以上人口占总人口比重

数据来源：《山东统计年鉴 2019》；《2019 年山东省人口及人口结构、人口自然增长率、出生人口及人口出生率、死亡人口及人口死亡率分析》，2020 年 3 月 6 日，http://www.chyxx.com/industry/202003/840453.html，最后访问日期：2020 年 5 月 20 日。

① 韩晓婉：《山东省医疗保障局副局长仇冰玉：我省将启动省级集中带量采购》，《齐鲁晚报·齐鲁壹点》，2020 年 5 月 24 日，https://3g.163.com/dy/article/FDDT8KM40530WJIN.html，最后访问日期：2020 年 8 月 30 日。

达2240万人，占总人口的22.4%，高出全国平均水平4.4个百分点，是全国老年人口唯一超过2000万的省份。

2. 劳动适龄人口逐渐减少，影响社会经济发展

统计数据显示，山东省15～64岁人口占总人口的比重从2010年的74.40%下降到2019年的66.17%（见图1）。劳动适龄人口比重降低，将减缓劳动生产率的提高速度，影响产业结构的调整和新兴经济的发展。

3. 老年抚养比持续上升，社会负担加重

2019年，山东省人口总抚养比为49.64%，比2010年的34.40%提高了15.24个百分点。其中，2019年老年抚养比达到22.69%，比2010年的13.30%提高了9.39个百分点；少儿抚养比为26.95%，比2010年的21.10%提高了5.85个百分点（见图2）。老年抚养比的上升速度超过少儿抚养比的上升速度，加重了家庭和社会的负担。

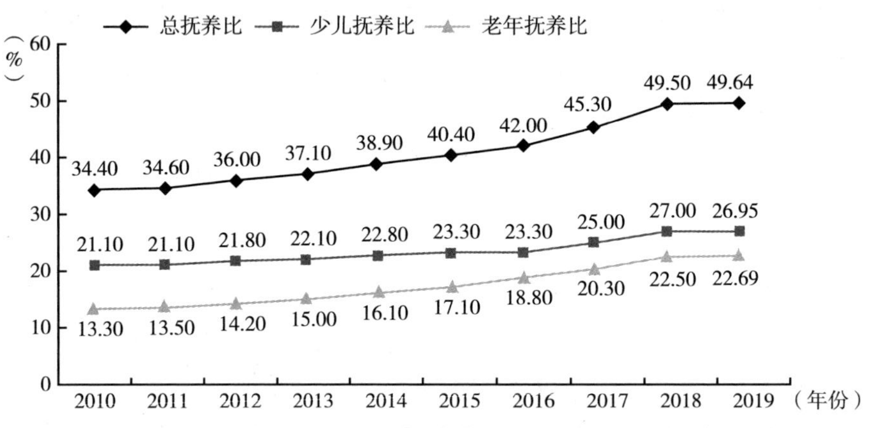

图2　2010～2019年山东省人口总抚养比、少儿抚养比、老年抚养比

数据来源：《山东统计年鉴2019》；《这些地区两个人口需养一人　山东老年抚养比全国最高》，2019年10月14日，https://finance.sina.cn/2019-10-14/detail-iicezzrr2110761.d.html，最后访问日期：2020年5月20日。

4. 人口老龄化给养老保险收支带来压力

根据《山东统计年鉴2019》和《中国统计年鉴2019》中的数据可以得出，截至2018年底，山东省65岁及以上人口占全国65岁及以上人口的比重为9.05%，基本养老保险参保人数占全国基本养老保险参保人数的比重为7.76%，基本养老保险基金累计结余为3373亿元，仅占全国总结余58151.6

亿元的5.8%，基本养老保险基金累计结余不足以支撑老年人口的增长速度和基本养老保险参保人数的比重。随着人口老龄化社会的到来，养老保险制度面临的压力日益加重。

（二）山东省养老服务发展存在的主要问题

1. 养老服务事业发展不平衡

养老服务倡导以居家和社区服务为基础，政府通过对居家和社区养老的政策资金支持和综合帮助，为老年人提供便捷、优质的服务。同全国一样，山东省养老服务事业发展不平衡问题十分突出。一是养老服务发展供需不平衡。据调查，有相当一部分老年人对养老服务内容不了解，极少部分老年人表示曾经享受过社区基本的生活照料服务，如社区提供的家政服务等；多数养老服务机构因不具备提供专业医疗卫生服务的条件和资质，不接受患慢性病或失能、部分失能老年人入住，养老服务机构功能的缺失或社区服务项目的单一化与老年人需求有较大差距。现有的养老服务不仅内容少、覆盖面窄，对老年群体特别是空巢、独居、困难老年群体的心理咨询、情感慰藉等服务内容的关注度也很低，无法满足老年人多层次、个性化养老服务需求。二是养老服务城乡发展不平衡。经过近些年的发展，山东省养老服务机构在定位、功能及层次方面得到了全面发展，但城乡养老服务资源配置仍存在相当大的差距。在养老服务设施、老年活动场所、老年就医水平和养老服务支付能力等方面，城乡呈现巨大差异。2019年，山东省城镇居民可支配收入42329元/人，农村居民可支配收入17775元/人①，二者差距较大。农村65岁及以上老年人口收入更低，家庭成员救济或劳动收入及个人储蓄仍是农村老年人最主要的生活来源。在养老服务设施建设方面，城市公办和民办养老机构基础设施建设和服务质量发展不平衡。公办养老机构在规模、服务内容和服务水平等方面明显优于民办养老机构，是多数城市老年人的首选，有的甚至出现一床难求现象。民办养老机构两极分化：一些养老服务机构设施简陋、服务水平低、床位空置率高；另一些养老服务机构设施高端奢华，服务费用昂贵，与群众需求严重脱节。在农村，因老年人口数量多而存在巨大的养老服务需

① 2019年山东省国民经济和社会发展统计公报。

求，有关部门也因此建设完成了一大批示范性社区养老服务中心①，使养老机构和养老床位数量得到充分增长，但这些机构的服务因与农村老年人有效需求相脱节而造成浪费，养老服务供给与农村老年群体经济状况或生活环境等不相匹配，导致资源闲置。三是养老服务模式发展不平衡。以机构养老发展情况为例，与绝大多数老年人生活密切相关的社区居家养老服务发展相对滞后，社区居家养老在服务体制、机制及服务项目、内容等方面缺乏完整的政策支持以及人力、物力支持等。

2. 对养老服务的认识有偏差，社区居家养老发展缓慢

在养老服务认知上的误区和理念上的偏差是影响养老服务发展的重要因素。受多种因素的影响和制约，政府和社会对养老服务发展模式尚未形成广泛的认同，养老服务发展模式仍处于探索和实践中。当前衡量居民健康状况主要是通过死亡率和人均预期寿命等指标，忽视了更能反映生命质量的人口健康预期寿命指标。这是十分不科学的，因为单纯的长寿并不代表健康。另外，人们习惯把养老服务看作慈善事业，或者把它看作对老年人尤其是特困、失能、独居、高龄老年人的贫困救济，这种认识上的偏差阻滞了养老服务事业的发展。养老服务是一项特殊事业，具有公益性、福利性特征，这就决定了养老服务特别是社区居家养老服务应当是一种普惠型的社会照顾，是政府为群众提供的最基本公共服务的一部分。这种普惠型的社会关怀和照护与我们每个人的生活息息相关，特别是在家庭养老功能弱化的当今时代。无论是在社会层面还是个人层面，人们对社区居家养老重要性和迫切性的认识不充分，对人口老龄化社会的到来缺乏前瞻性、预见性准备，绝大多数人持被动接受心态。养老服务水平停留在政府和企业“自说自话”，少数群众自发、无序发展的初始阶段。影响社区居家养老发展的还有一个重要因素是社区建设面临政策、资金、人才缺乏等困境。如社区居家“医养结合”服务需要更多的养老医疗优质资源，特别是严重缺乏失能或部分失能的老年人所必需的服务项目和内容，这些必备资源仅依靠社区现有的人力、物力根本无法实现。尽管山东省基层卫生服务中心（站）的发展较好，但针对老年群体开展的医疗康复服务的实际效果却不尽如人意。部分基层卫生服务中心特别是农村基层卫生服务中心存在设施简陋、医

① 张晓霞：《城乡一体化背景下江西省农村养老服务研究》，《农业考古》2010 年第 6 期。

护人员水平低、医疗设备配置不全、药品种类不全以及服务时间受限等诸多问题。现在正在推广建立的老年人健康档案和家庭医生签约制度也没有得到更好的利用。社区服务只局限于疾病医治以及形式上的健康管理服务，这种状况难以推动养老服务的高质量发展。

3. 养老服务发展不完善，缺乏完整的政策体系

现在离退休人员的生活是由多个职能部门分类进行管理的。由于行业差异、行政划分和财务分割等因素影响，老年工作存在多头管理、各自为政现象。山东省各地正在深度推广的养老服务中的医养结合服务工作涉及卫生健康、民政等多个部门，这种医疗和养老资源分而治之，容易形成谁也不管的“真空地带”。养老服务作为一项长期的发展战略，尚缺乏更加完善的公共政策的支持。特别是社区居家养老服务是一项极其庞大、复杂的综合性的系统工程，涉及人们社会经济生活的方方面面，如果缺乏政府其他部门有效的参与，仅依靠任何单独部门制定的社区发展政策，无法从根本上推动社区养老的改善。社区居家养老服务政策要想发挥实效，就必须有较强的约束力和公信力，要具有法律效力且有可操作性。社区养老相关的政策法规和其他社会问题相关的政策法规一样，在制定和颁布施行上需要明确、具体和细化。当前养老服务的具体政策还缺乏很多标准，特别是社区居家养老服务的发展制度和规章不完善，相关的体制机制也不健全。以居家养老模式下的“医养结合”服务为例，对老年人身体病症的评估缺乏很多标准，服务政策落实不到位，等等。在政策具体实施过程中，因不具备详尽全面的评估机制，难以对老年人需求程度和服务的具体内容进行明确，造成服务需求和内容脱节。如何有针对性和更标准化地开展养老服务，是山东省下一阶段提升养老服务质量的重要任务。

4. 养老服务人才匮乏，专业服务能力亟待加强

目前，山东省养老服务业人员水平低，专业化技能水平明显不高。老年人养老离不开专业的医养护理照料服务。社区居家养老服务需要一支包含全科医生和专业护理人员在内的专业人才队伍。全科医生又称家庭医生，是健康管理服务的主要提供者，可以为社区家庭成员提供针对性强的、连续的、综合的预防服务、健康维持和医疗照顾服务。全科医生以门诊坐诊和上门服务的方式为社区居民提供健康服务。门诊坐诊以处理常见病、多发病和一般急症为主要服务内容；上门服务则以家访形式为主，依据病人的不同情况来制定其家庭治疗

方案和建立其医疗档案。同时全科医生还需要对病人的转院、协调社区内外医疗护理资源等提供服务。虽然山东省全科医生培养和转岗培训制度日益完善，但全科医生的存量不容乐观，存在巨大缺口。不仅如此，山东省养老护理员队伍在业务水平及数量方面也不能满足社会需求。养老护理员队伍并没有进入社区提供护理服务，他们大部分集中在养老机构，而且待遇低、工作繁重、职业上升渠道窄的状况并没有根本性改变。因此，建立一支专业、高效的养老服务人才队伍是养老服务发展的必要保障。

5. 社会力量参与度低，缺乏养老服务社会氛围

提升养老服务质量离不开社会力量的广泛参与。当前以政府为主导、社会力量参与养老服务的体制机制不完善，民间养老服务参与力度明显不足。虽然山东省民办养老机构占比超过公办养老机构，但实际中良好运行的养老机构很少，它们在发展中面临许多体制机制障碍，政府参与社会化养老服务及福利性、公益性养老服务供给机制尚未形成。[①] 市场化是养老服务发展的必然趋势。政府与市场资源配置不合理，福利、公益与盈利之间的关系处理不好，产业与事业等领域的关系处理不好，势必会降低养老资源的配置效率，不利于养老事业的发展。另外，养老服务方面的志愿者组织尚未形成统一的制度安排，缺乏协调和管理，志愿者服务队伍松散，“走过场”现象频频发生。养老服务的社会氛围不浓厚，邻里互助、自助养老、养老储蓄等制度不完善，影响了养老服务事业的发展。

三　2020年促进山东省养老服务高质量发展的对策建议

目前，山东省养老服务仍处在发展的初级阶段。应认真总结省内外经验，将养老服务的高质量发展纳入社会经济发展战略中。应根据老年人口数量和身体特征，在整合养老、医疗、资金、信息等多项资源的基础上，统筹规划设计养老服务事业的发展，构建满足老年人多样化需求的新型养老服务体系。

（一）优化产业结构，大力发展养老服务业

新时代政府应转变工作思路，开拓创新，加大力度调整和优化产业结构，

① 毛佩瑾：《新时代我国养老服务体系创新发展研究》，《行政管理改革》2019 年第 11 期。

推动本省经济高质量发展。2018 年，山东省地区总产值达到 76469.67 亿元[①]，其中，第一、二、三产业产值分别达到 4970.53 亿元、33646.65 亿元、37852.49 亿元，比重分别为 6.5%、44.0%、49.5%。2010 年，山东省地区总产值为 39571.2 亿元，第一、二、三产业产值的比重分别为 9.16%、54.22%、36.62%。产业结构的调整和优化推动了经济的发展，为山东省社会服务体系的建设做出了重要贡献。随着科技的进步和产业结构的优化升级，山东省第三产业产值的比重逐年上升，但与发达省市相比仍有较大差距。2018 年，浙江省地区生产总值达到 56197.15 亿元[②]，第一、二、三产业产值的比重分别为 3.5%、41.8%、54.7%。山东省第三产业发展明显滞后。因此，合理布局，加大力度推进产业结构调整和就业结构优化，把提高第三产业比重纳入产业结构调整战略中，是山东省实现经济转型的关键。经济的快速发展奠定了民生事业发展的物质基础，养老服务业属新兴服务业范畴，具有强大的产业带动功能，发展潜力无限。据山东省统计局测算，2016 年山东省医养健康产业增加值为 4284.8 亿元[③]，占地区生产总值的比重为 6.3%。其中，健康服务业 2091.9 亿元，占 48.8%；健康制造业和健康建筑业 2108.6 亿元，占 49.2%；健康农业 84.3 亿元，占 2.0%。为更快推进医养健康产业发展，2018 年 6 月，山东省人民政府办公厅印发了《山东省医养健康产业发展规划（2018－2022 年）》。这是山东历史上第一个健康产业规划。该规划提出，到 2022 年，山东省医养健康产业增加值力争达到 1.15 万亿元，占地区生产总值的比例为 11.5%，成为山东省国民经济的重要支柱产业。随着生活水平的不断提高，群众健康养老意识不断增强，山东省养老健康产业发展迅猛，预计未来会有更加广阔的市场空间。一方面，随着人口老龄化程度的加深，养老服务市场潜能不断释放，养老需求将呈几何倍数扩大，养老服务业将发展成集养老医疗、康复护理、养老保险甚至养老地产等行业于一体的产业链，成为增加就业、带动相关产业发展的新兴服务业。另一方面，农村养老是未来产业的主

① 国家统计局：《中国统计年鉴 2019》，中国统计出版社，2019。

② 国家统计局：《中国统计年鉴 2019》，中国统计出版社，2019。

③ 巨云田：《解读〈山东省医养健康产业发展规划（2018－2022 年）〉》，山东省卫生健康委员会网站，2018 年 9 月 11 日，http://wsjkw.shandong.gov.cn/wzxxgk/zcjd/201809/t20180911_1474876.html，最后访问日期：2020 年 3 月 20 日。

力，尽管当前养老服务的“二元结构”制约了养老服务业的发展，但随着城镇化进程的加快，“二元”养老服务方式的破除，养老保障制度的完善，农村养老市场潜能将不断释放。应加大力度统筹老年政策、保障待遇、资源配置及人才队伍建设等方面的发展，提高农村养老服务能力，实现城乡养老服务一体化。

（二）健全养老服务法律法规，打造社区居家养老服务模式

一是应加快有关社区养老服务建设的立法。在整合社区及周边养老、卫生等资源的基础上，制订符合社区特点的养老服务发展中、长期规划，制定支持社区养老服务发展的各项政策。例如，充分利用空置场地、厂房等改造、扩建养老服务设施，并在用地、用房等方面实施减征或免征相关税费等优惠政策；简化养老服务设施建设或改造的相关手续，对申请设立非营利性养老机构、养老服务类社会组织，降低准入门槛，实行直接登记；制定社区养老服务设施和项目与城市公共建筑相配套的法律法规，增加社区养老服务设施的使用功能，特别是要完善医疗保健康复设施和医养结合机构；等等。随着老龄化的加剧，老年人罹患疾病的风险越来越高，而且许多老年人身患多种慢性病，严重影响到其身体健康。当务之急是加强社区医护服务机构建设，并拓展相应的服务项目，针对老年人常见病和慢性病频发、多发特点扩大服务范围，将老年病防治、老年康复治疗、上门医疗以及紧急救助等纳入养老服务规划中。二是完善社区居家养老服务设施和服务标准的层级评估体系。因地制宜实施养老服务设施建设规划项目，按层级和功能划分养老服务机构；根据老年身体特征、病症类型细化养老服务内容和项目。根据当地经济发展水平、老年人的实际需求和承受能力，制定社区居家养老服务机构不同档次的服务标准，为老年人提供个性化、差异化的养老服务。加强对养老服务实施统一管理、统一标准、统一监督制度。按照山东省民政厅下发的《关于开展养老服务设施等级评定工作的指导意见》，推动养老服务机构等级评价，逐步完善相关政策制度，拓展养老服务内容和功能，提升养老服务质量。三是鼓励老年人积极参与相关福利政策的制定，根据老年人实际需求打造满足细分老年群体需求的专业化居家养老服务模式。四是重视居家养老政策的执行和落实，让老年人真正享受到政策落实带来的实惠。

（三）拓展养老服务供给，满足老年多元需求

当前，需要动员全社会力量参与到养老服务中来，形成完整的服务体系。加大宣传力度，通过广播电视、报纸杂志、网络平台、手机客户端等传播媒介向社会各界多渠道宣传养老服务事业。鼓励社会团体、企事业单位和个人向社区养老服务机构捐资、捐物或提供无偿服务。同时政府应适当加大对社区养老的资金投入比例，建设养老服务机构的配套设施。如通过政府购买服务、公益创投等方式为老年人提供助残、助洁、助浴、助行等日间照料和居家养老服务，同时加大力度推进“医养结合”社区养老服务模式，让养老服务真正走进社区。建立相关机制，对需医护服务的部分自理、完全不能自理居家老人采取1人负责3~5位老人状况提供巡诊、医护指导等服务的方式。做实家庭医生签约制度，按人头总额预付方式将家庭医生签约服务工作与医联体相结合，建立起“基层首诊、双向转诊、上下联动”的分级诊疗模式，将社区居家养老服务落到实处。另外，应积极探索以互助性、便利性为主的养老模式。探索在社区或市区中心周边建立小型养老机构，让老年人享受日间照料或短期康复护养等服务；探索建立低龄老人照料高龄老人、失能老人制度，形成良性循环；建立子女照料邻里多个老人，政府购买子女养老服务制度等；运用互联网技术，将年轻人服务老人时间作为养老储蓄，建立养老银行制度模式；注重打造和培育社区稳定的志愿者服务队伍，建立针对性强的管理方法和激励机制，鼓励志愿者参与社区居家养老服务。建立养老互助协会，开展尊老、敬老、孝老等活动，在全社会营造良好氛围。

（四）加强职业技能培训，提高养老服务人才队伍水平

根据社区老年人需求，成立日间照料中心或康养服务机构。按照“持证上岗”原则招聘从业人员，定期开展对从业人员的职业技能培训、职业道德教育培训，建立养老机构管理人员和从业人员的资质审核和资质认定制度；对优秀或中等、高等职业院校的专业人才实施定向培养制度，并签订3年以上服务养老机构合同，同时定向培养社会工作者、心理咨询师等照护人才，提高养老服务人员整体水平。保障相关养老服务从业人员的待遇，在工资收入、社保福利、职称评定以及社会地位等方面给予优惠优先的倾斜政策，加快促进养老服务业发展。

（五）全方位提升社会保险福利待遇水平

虽然山东省社会保险的体制机制逐步健全和完善，社会保险待遇水平比以前有了很大提高，但与群众需求相比仍有很大差距。应进一步扩大社会保险覆盖面，让人人享有发展的成果。针对个别老年人无养老金、无医保现象，应摸排查底，视具体情况给予相应的政策支持。更重要的是，要以此为契机，未雨绸缪，彻底解决城镇从业人员和灵活就业人员的社会保障问题，特别要关注下岗、失业等困难群体的基本养老和基本医疗问题，防止无养老金、无医保或贫困现象的再发生。应全面落实医疗保险政策，针对困难群体、老年群体允许低门槛加入，提高医保报销比例，实施大病保险、医疗救助等措施减轻其医疗负担；尽快建立健全老年福利政策，针对不同老年群体建立相应的补贴制度；尽快建立城乡居民统一长期护理险制度，提高老年人的生活质量和健康水平。

（六）引导培育连锁居家养老服务品牌，提升居家养老可持续发展能力

目前山东省养老产业集中度低，企业众多，尚未形成规模和品牌，生活、照护、心理关怀以及相关培训等服务体系建设与老年人需求相差很远。应发挥市场在养老服务资源配置中的作用，让需求拉动生产，推动养老服务产业化。加大对连锁居家养老服务品牌的扶持力度，鼓励涉老企业探索连锁化的发展模式，逐步完善城乡社区居家养老服务网络。在政府与市场、福利与公益、产业与事业等领域坚持市场导向，不断推进养老服务事业的健康发展。

参考文献

张晓峰：《着力提升养老服务水平　推动养老服务事业发展——解析〈山东省人民政府关于加快社会养老服务体系建设的意见〉》，《社会福利》2013 年第 1 期。

陆杰华、周婧仪：《基于需求侧视角的城市社区居家养老服务满意度及其对策思考》，《河北学刊》2019 年第 4 期。

刘益梅：《公办养老机构的发展困境及其转制探析》，《新疆大学学报》（哲学·人文社会科学版）2019 年第 1 期。

B.7

2019~2020年山东省生态环境服务现状、问题与对策

张　倩*

摘　要： 生态环境是衡量高质量发展的重要尺度，也是高质量发展的重要动力和核心目标之一。2019年，山东省把环境质量改善作为新旧动能转换的重要目标，把生态环保、节能减排、提质增效融入高质量发展，围绕人民群众关心的重污染天气应对、扬尘污染治理、柴油货车治理、黑臭水体整治、危险废物监管等问题精准发力，开展生态保护和修复，加强生态环保督察执法。为进一步提高生态环境服务质量，2020年山东省应深入推进"四减四增"工作；在大气污染防治中注重精准施策和科技支撑；加强对危险废物的全过程监管；多措并举完善生活垃圾分类体系；坚持监管与服务相结合，提高生态环境服务质量。

关键词： 生态环境　大气污染防治　危险废物　生活垃圾分类　环境监管

党的十九届四中全会提出，生态文明建设是关系中华民族永续发展的千年大计，要坚持和完善生态文明制度体系，建设美丽中国，促进人与自然和谐共生。这不仅表达了"绿水青山就是金山银山"的发展理念，也凸显出对居民

* 张倩，山东社会科学院省情与社会发展研究院助理研究员，主要研究领域为环境社会学和农村社会学。

生态需求的人文关怀。进入中国特色社会主义新时代后，人民群众从期盼“温饱”转向期盼“环保”，从追求“生存”转向追求“生态”。生态环境质量已直接影响人民群众的生活质量。生态环境作为公共服务体系的重要组成部分，既是衡量高质量发展的重要尺度，也是高质量发展的重要动力和核心目标之一。

一 2019年山东省生态环境服务主要举措及取得的成就

要想把良好生态作为最具普惠性的民生福祉，就要把解决损害居民健康的突出环境问题作为重中之重。近年来，以改善生态环境质量为核心，国家将打好污染防治攻坚战作为推动高质量发展的重要措施，全面推进蓝天、碧水和净土保卫战，开展生态保护和修复，强化生态环境保护监管执法。山东省紧跟国家决策部署，坚持污染防治力度不减、方向不变，规划“八大发展战略”，实施“四减四增”行动，打响八场标志性重大战役，多举措推进生态环境与经济高质量发展“双赢”。

（一）持续打响蓝天保卫战，“四减四增”初见成效

2019年，山东省开展省级蓝天保卫战强化监督定点帮扶工作，实施2019~2020年秋冬季大气污染综合治理攻坚，系统推进固定源、移动源、扬尘源等各类大气污染源综合治理进程。在重污染天气应对处置方面，山东省深化区域间应急联动建设机制，完善重污染天气应急预案，夯实应急减排措施。2019年11月，山东省生态环境厅印发《关于进一步做好重污染天气差异化应急管控防止“一刀切”工作的通知》。该通知要求对重污染天气实行差异化应急管理，根据企业环保绩效等级情况分类施策，在有效应对重污染天气的同时注重保障民生。2019年12月，山东省印发《山东省落实〈京津冀及周边地区2019－2020年秋冬季大气污染综合治理攻坚行动方案〉实施细则》，坚决反对“一律关停”，严格依法依规做好秋冬季防污治污工作。在重型柴油运输车治理方面，山东省于2019年2月出台《山东省打好柴油货车污染防治攻坚战作战方案》，多措并举降低移动源污染物的排放总量。2019年，山东省全面实施国家第六阶段机动车污染物排放标准，供应符合国六标准的车用汽柴油，淘汰国二及以下柴油货车37394辆，查处重型柴油货车冒黑烟行为6.3万余起。在

处理《问政山东》栏目曝光的多起扬尘污染事件基础上，山东省举一反三，于2019年5月出台《山东省扬尘污染综合整治方案》，推进扬尘污染治理的精细化、标准化和常态化，切实遏制扬尘污染对空气质量的不良影响。该方案指出，要加强各部门联合执法，加大违法曝光力度，为扬尘污染治理建立起制度化和规范化的长效管理机制。

为促进大气环境质量持续提升，山东省重新修订了大气污染物排放标准相关文件，截至2019年6月已完成6项主要大气污染排放标准的修订发布工作。现行标准包括1项区域性大气污染物综合排放标准和5项分行业排放标准，再加上先前发布的8项挥发性有机物排放标准，组成“1+5+8”大气污染物排放标准体系，为打好蓝天保卫战提供了有力的制度支撑。

为全力打好污染防治攻坚战，山东省在“四减四增”三年行动方案中提出要调整优化产业结构、能源结构、运输结构、农业投入结构“四个结构”，推动新旧动能转换。“四减四增”三年行动开展以来，山东省不断完善工作组织机制和协调机制，重点任务目标初步实现，细颗粒物（PM2.5）改善约束性指标提前一年完成国家下达的“十三五”任务。在产业结构调整方面，2019年，山东省以新技术、新产业、新业态、新模式为代表的“四新”经济增加值占比达到28%，投资占比达到44.8%，化解过剩煤炭产能875万吨、生铁465万吨、粗钢923万吨、焦化777万吨。在能源结构调整方面，2019年前三季度，山东省新能源和可再生能源发电量增长幅度达到51.4%；累计接纳省外来电704.03亿千瓦时，同比增长31.61%。在运输结构调整方面，2019年前三季度，山东省铁路货物发送量达到1.99亿吨，同比增长7.8%；铁路集装箱多式联运发送量达到2183.25万吨，同比增长34.7%；沿海港口集装箱铁路集疏港比例达到5.5%。在农业投入结构调整方面，2019年前三季度，山东省共建成75.2万亩化肥减量增效和有机肥替代化肥示范区，推广应用配方肥5700万亩；建立500余个绿色防控、减量控害和科学用药示范区，将绿色防控面积覆盖率提高到30%以上。

（二）着力推进碧水保卫战，水污染防治取得新突破

为有效提升水污染防治水平，2019年山东省持续开展了黑臭水体整治省级环境保护专项行动和集中式饮用水水源地环境保护专项行动。2019年2月，

山东省发布《山东省打好渤海区域环境综合治理攻坚战作战方案》，全面推进陆地、海岸、海洋污染综合防治。该方案指出，要加大对陆源入海污染的控制，加强海岸沿线的生态保护工作，深化海洋污染防治。为进一步强化海洋生态环境保护，山东省印发《山东省全面实行湾长制工作方案》，全面创建省、市、县三级湾长体系，提高海洋风险管控能力和海洋管理保护能力。2019 年 8 月，山东省出台《山东省农村生活污水治理行动方案》。2019 年 9 月，山东省相关部门制定实施《农村生活污水处理处置设施水污染物排放标准》。为科学评价各市水环境治理工作，2019 年，山东省开始实施"水环境质量双指数"排名。"双指数"排名即在沿用生态环境部"水环境质量指数"排名的同时，开展以"国控断面达标率""省控断面达标率""重点涉水企业排放达标率"为基础的"水环境标准达标指数"排名。"双指数"排名既衔接了国家考核标准，反映水环境绝对质量，又考虑到各市水环境基础和经济社会发展差异，反映各市水环境的相对改善情况和治理目标任务完成情况，提高各市水环境治理积极性。

黑臭水体整治省级环境保护专项行动、集中式饮用水水源地环境保护专项行动等各项工作和政策倒逼各城市加大对水污染防治的人力、物力、财力投入，让水环境治理走出了"反复治疗"的"坏循环"，实现了水质从"脏"到"净"、从"净"到"清"、从"清"到"美"的转变。2019 年 1 ~ 11 月，国控地表水考核断面水质优良比例达到 62.7%，水质均值已消除劣五类；山东省内设区的市建成区 166 条黑臭水体 159 条完成整治，县（市）建成区 104 条黑臭水体 103 条已编制整治方案、73 条完成整治；县级饮用水水源保护区内 636 个问题已全部完成整治；近岸海域（渤海和黄海）入海排污口现场排查工作已全部完成。2019 年，渤海海域优良水质面积占比预计达到 72% 左右，同比提高 20 个百分点以上。2019 年 9 月和 10 月，济南小清河出境断面连续 2 个月达到地表水三类水质，达到有监测数据以来的最好水平，真正实现了历史性突破。

（三）稳步推进净土保卫战，土壤污染源头防治取得明显成效

2018 年以来，为改善土壤环境质量，山东省开展了重点行业企业用地调查工作，实施了 6 个农用地土壤污染治理与修复技术应用试点项目。截至 2019 年 10 月，试点项目已完成 2 个，3 个项目已完成一期工程的修复和效果

评估工作。2020 年 1 月，山东省正式实施《山东省土壤污染防治条例》。该条例突出了预防为主、保护优先的原则，要求按照污染程度和相关标准对农用地土壤分类管理，规定土壤污染造成者依法承担生态环境修复责任。作为土壤污染源头防治的重要“风险点”，山东省高度重视危险废物的规范化管理工作。2019 年，山东省开展危险废物专项排查整治工作，省级核查发现 333 个问题，整改完成 288 个。在对《问政山东》节目曝光的“危险废物非法填埋”问题积极整改基础上，2019 年 3 月，山东省出台《山东省危险废物专项排查整治方案》。该方案以防控危险废物环境风险为目标，旨在提高危险废物处置能力，分类科学排查并依法严厉打击各类固体废物非法倾倒转移行为。以《问政山东》第二十八期节目曝光的“危险化学品存储不规范问题”为抓手，山东省在全国率先开展危险化学品安全生产风险监测预警系统示范工程建设，将全省 362 家一级重大危险源企业、81 家二级重大危险源企业接入数据；在全国率先开展危险化学品道路运输全过程信息化监管系统建设，对危化品运输车辆实施“无死角、全过程”监管，大幅度降低危化品道路运输事故发生。

（四）全面启动城市生活垃圾分类工作，垃圾分类模式初步确定

推行生活垃圾分类制度是提高固体废物资源化利用水平的重要内容。山东省《关于印发 2019 年新型城镇化建设重点任务的通知》指出，为推动高质量发展，2019 年内山东省所有设区市全面启动城市生活垃圾分类工作。山东省财政厅每年投入 4.8 亿元资金，改善农村人居环境，提高城市和农村垃圾处理能力，并探索建立分类投放、分类收集、分类运输、分类处理的垃圾分类处理体系。山东省将探索推进城乡生活垃圾分类的收费和以奖代补模式，引导和鼓励各市场主体和民间资本参与生活垃圾分类设施的建设和运营工作。

自 2017 年起，济南、青岛、泰安被住建部列入全国 46 个垃圾强制分类城市，山东省在博山区、邹城市、荣成市、郓城县、单县 5 个县（市、区）开展生活垃圾分类试点。济南、青岛和泰安 3 个城市共有 3090 个小区 122 万户家庭参与，覆盖率为 38.3%；5 个县（市、区）54 个街道（乡、镇）的 1262 个行政村启动垃圾分类，覆盖率为 38%。2019 年 11 月，山东省在全国率先成立了省级垃圾分类专业委员会，聘请垃圾分类行业专家学者组建“垃圾分类智囊团”，推动垃圾分类工作的规划和实施。16 个城市因地制宜，推动生活垃

圾分类体系建设，取得了阶段性的成果，基本建成垃圾分类推进机制，初步确定了生活垃圾分类模式。各市垃圾分类标准各有不同，如济南在公共机构和相关企业实行有害垃圾、可回收垃圾、餐余垃圾和其他垃圾的四分法，在垃圾分类试点居民住宅区实行有害垃圾、可回收物和其他垃圾的三分法；青岛的生活垃圾分类标准与国家标准一致，分为可回收物、有害垃圾、厨余垃圾、其他垃圾四类；威海市则按照“2 + n”模式，在公共区域、社区和机关企事业单位采取不同模式分类。

（五）大力开展生态保护和修复，生态功能得到恢复和改善

山东省于2017年启动“绿满齐鲁·美丽山东”国土绿化行动，计划在4年时间内全面实施林业生态建设重点工程，提高森林质量，推进国土绿化。近3年来，山东省扎实推进沿海防护林等国家重点林业工程建设，并组织实施了森林生态恢复与保护、农田防护林建设等省级重点造林工程，完成造林面积548万亩，建成7个国家森林城市、7个山东省森林城市、158个森林乡镇、1530个森林村居。[①] 2019年，山东省完成破损山体治理共5.4万平方米，实施山体造林450亩，退化林改造1000亩，人工造林169.5万亩；恢复自然岸线8.7公里，自然岸线占比达到80%。[②]

2019年，山东省系统推进山水林田湖治理工作，深入实施泰安区域山水林田湖草生态保护修复，统筹地质环境、土地整治、水环境整治、生物多样性和监管能力建设5大类主要工程，已治理煤矿塌陷地6700余公顷，修复矿山1300余公顷。2020年所有项目完成后，预计新增耕地面积2658.39公顷，新增湿地面积630公顷，城镇集中式饮用水水源水质达标率达到100%。[③] 2019

① 《山东近三年完成造林548万亩，将建立林地占补平衡制度》，大众网，2019年10月31日，http://sd.dzwww.com/sdnews/201910/t20191031_19309272.htm，最后访问日期：2020年3月20日。

② 《高质量发展新嬗变丨生态优先，齐鲁大地绿起来美起来》，人民网，2019年12月29日，http://sd.people.com.cn/n2/2019/1229/c166192-33672517.html，最后访问日期：2020年3月20日。

③ 《医保、教育、环境……2019年山东办了这些民生实事》，大众网，2020年1月22日，https://sd.dzwww.com/sdnews/202001/t20200122_4795896.htm，最后访问日期：2020年3月20日。

年7月，山东省印发《山东省“绿盾2019”自然保护地强化监督工作实施方案》，开展“绿盾2019”行动，加大对自然保护区突出问题整治的监督力度，出台整治自然保护区工作方案和验收销号办法。截至2019年12月，山东省自然保护区违法违规问题整治销号率达到57.4%。

（六）强化生态环保督察执法，综合执法效能不断提高

中央第三生态环境保护督察组于2018年11～12月对山东省第一轮中央环境保护督察整改情况开展“回头看”，对山东省大气污染防治进行专项督察，并于2019年5月向山东省反馈了督察意见。山东省积极抓好督察整改工作，及时制定上报《山东省贯彻落实中央生态环境保护督察“回头看”及大气污染防治专项督察反馈意见整改方案》，坚持问题导向，坚持依法依规，确保整改工作取得实效。截至2019年11月，中央生态环境保护督察反馈意见指出的64个问题，已整改完成32个；中央生态环境保护督察“回头看”反馈意见指出的34个问题，已整改完成4个，完成阶段性目标4个。

为提升生态环境综合执法权威和效能，2019年6月，山东省出台《山东省生态环境综合执法行动工作方案》。该方案规定，山东省生态环境厅统筹调配全省生态环境执法资源和执法力量，成立16个检查组，以重点区域、重点领域、重点时段、重点问题为执法重点，采取“四不两直”① 方式，以“双随机、一公开”执法为抓手，以专项执法行动为载体，全面、深入、持久地开展全省生态环境综合执法行动。

为深入落实山东省“1+1+8”污染防治攻坚战方案，2019年10～11月，山东省组建6个督察组，分3批向16个城市派驻，开展“1+1+8”污染防治攻坚战督察行动。通过近两个月的督察，山东省基本掌握了各市“1+1+8”污染防治攻坚战进展情况，曝光了一批影响较大、群众反映较强烈的典型案例，如青岛市城区某污水处理厂污泥积存、昌乐县生活垃圾处理厂垃圾渗滤液积存、淄博市部分城区无序开采矿山等，解决了多起突出的生态环境问题。

生态环境机构监测监察执法垂直管理制度改革是生态环境治理体系和治理

① “四不两直”指“不发通知、不打招呼、不听汇报、不用陪同接待、直奔基层、直播现场”。

能力现代化的核心内容。截至2019年12月底，16个城市生态环境监测中心陆续成立，16个城市全部完成县级分局挂牌、印章启用等工作。山东省省级以下生态环境机构监测监察执法垂直管理制度改革达到国家改革试点要求，初步构建起新的生态环境督察体系。改革后，各市生态环境监测中心主要负责以下工作：各市及指定区域、流域、海域的生态环境质量监测，生态环境质量调查和评价，管辖范围内执法监测、应急监测，等等。各市县深入推进生态环境保护综合执法改革，探索开展县级生态环境部门“局队合一”，提高环境执法能力。

以驻区生态环境保护督察、“双随机、一公开”执法、定期省级生态环境保护督察为抓手，山东省建立起“三位一体”的环境监管体系。山东省创新执法模式，提高执法精准度，构建生态环境执法的“四梁八柱”，打造生态环境执法的“山东样本”，为污染防治攻坚战和营商环境改善做出积极贡献。2019年，山东省各级生态环境部门立案查处环境违法案件16585件，罚款金额共计10.98亿元，案件处罚数量和罚款金额居于全国前列。山东省还加强了生态环境厅与公安部门、检察院的联合执法，办理移送拘留案件572件、环境污染犯罪案件120件，部门联动打击环境违法行为成效显著。① 此外，差异化执法和非现场执法、对企业实施帮扶、“进一次门、查多项事”、深化企业环境信用评价工作等各种执法新举措，有力地改善和优化了山东省的营商环境。

二　山东省生态环境服务存在的问题和面临的挑战

（一）大气污染防治工作进入“深水区”，空气质量持续改善压力大

2019年，山东省空气优良率约为58.8%，与全面建成小康社会的指标要求（设区市空气质量优良天数占比要达62%以上）相差约3.2个百分点，空气质量改善任务艰巨。2019年前三季度，细颗粒物（PM2.5）平均浓度、可吸入颗粒物（PM10）平均浓度、二氧化氮（NO_2）平均浓度与2018年同期相

① 《2019年山东查处环境违法案件16585件，罚款10.98亿》，齐鲁晚报·齐鲁壹点，2020年1月10日，https://www.qlwb.com.cn/detail/11222873，最后访问日期：2020年3月20日。

比有所提高，二氧化硫（SO_2）平均浓度同比持平（见表1）；重污染天数平均为9.5天，同比增加3.9天，环境空气质量综合指数平均为5.32，同比增长9.2%；除济宁市和泰安市重污染天数同比减少外，其他14个城市重污染天数均同比增加；7个京津冀大气污染传输通道城市的细颗粒物平均浓度、可吸入颗粒物平均浓度、二氧化氮平均浓度同比上升（见表2），环境空气质量综合指数也同比上升，优良率平均同比减少9.1个百分点。

表1　2019年前三季度山东省大气污染物排放情况

单位：μg/m³，%

大气污染物	平均浓度	同比增长
细颗粒物(PM2.5)	48	11.6
可吸入颗粒物(PM10)	92	7.0
二氧化氮(NO_2)	32	14.3
二氧化硫(SO_2)	14	0

资料来源：山东省生态环境厅网站。

表2　2019年前三季度山东省京津冀大气污染传输通道城市大气污染物排放情况

单位：μg/m³，%

大气污染物	平均浓度	同比增长
细颗粒物(PM2.5)	52	6.1
可吸入颗粒物(PM10)	99	3.1
二氧化氮(NO_2)	34	9.7
二氧化硫(SO_2)	16	0

资料来源：山东省生态环境厅网站。

山东省在大气污染防治上面临的突出问题主要有以下几个方面。一是煤炭能源仍然占据山东省能源消费结构的主体地位，控制燃煤总量任务十分艰巨。《山东统计年鉴2019》最新数据显示，2018年，山东省万元GDP能耗总体上有所下降，但部分城市万元GDP能耗仍然不低，如日照市、滨州市和淄博市万元GDP能耗分别为1.50吨标准煤/万元、1.35吨标准煤/万元和0.98吨标准煤/万元。尤其是日照市，2018年万元GDP能耗和规模以上工业万元增加值能耗不降反增。二是扬尘污染问题突出。各类施工工地扬尘、渣土车等运输车辆扬尘、道路扬尘、工业企业无组织排放扬尘等扬尘污染治理难度大、居民反应强烈。三是重型柴油运输车管控难度大。在移动污染源中，柴油货车排放量居于首位。山东省柴油货车保有量大，污染排放量高，防控任务非常艰巨。截至 2019 年 12 月，《山东省打好柴油货车污染防治攻坚战作战方案》确定的 36 项重点任务，还有 27 项没有完成。机动车环境监管能力建设，机动车检测、维修制度建设等工作还需下大力气才能完成。

（二）多起危险废物非法倾倒、填埋事件曝光，危险废物防治形势依然严峻

无论是《问政山东》曝光的生态环境问题中，还是舆情监测中热度较高的负面新闻中，有关危险废物非法转移、倾倒和填埋的事件占很大部分。山东省是危险废物产生大省，且危险废物产生量逐年上涨。危险废物防治工作虽取得了一定成效，但形势依然严峻。一是 16 个城市危险废物处置利用能力不平衡。虽然山东省在建、已建的危险废物处置设施已满足基本需求，但有的城市尚存在处置缺口，如聊城市危险废物处置设施刚动工不久。危险废物处置能力结构不均衡，部分类别危险废物产生量与处置能力失衡。医疗废物处置布局尚不完善，有些地市医疗废物需跨市处理，存在一定的环境风险。二是非法转移、倾倒、填埋危险废物事件多次被曝光。截至 2019 年 11 月，山东省排查发现 31 个疑似危险废物非法倾倒和填埋点，如青岛莱西市某矿坑积存约 700 万立方米酸性废水，东营利津县新建村倾倒危险废物，淄博淄川区有较多危险废物非法倾倒现象，枣庄山亭区赵泉村堆放大量外省转移来的危险废物，肥城市、新泰市违规收储各类危险废物，等等。三是危险废物监管没有形成有效的部门联动机制，尚未形成危险废物全过程信息化监管体系。

（三）山东省城乡生活垃圾分类处于起步阶段，任重道远

当前，山东省城乡生活垃圾分类尚处于起步阶段，在政策设计、实施推进、垃圾投放、垃圾运输和末端处理等方面都存在短板。一是居民对生活垃圾分类的重要性认识不到位。部分地方政府推广垃圾分类工作只注重设施建设，不重视对居民的宣传教育。二是生活垃圾分类涉及投放、运输、处理等多个环节，必须加强部门间的协同配合和政策保障。在起步阶段，会存在居民分类投

放不准确、垃圾混装混运、垃圾资源化利用水平低等各种情况，效果不会立竿见影，需做好长期规划。三是垃圾分类宣传教育力度不够、效果不好。近年来，居民垃圾分类意识虽然有所提高，但付诸行动的仍较少。四是部分地区垃圾分类收集、运输、处理基础设施建设不足。

（四）政府“不会管”、企业“不会治”成为环境监管面临的新突出问题

临沂市兰山区被生态环境部通报，大气污染治理工作平时不作为，等到考核问责时搞“一刀切”，严重影响人民群众生产生活。急时“一刀切”，一方面是由于平时“不作为”，对污染问题敷衍整改。蓝天白云保卫战只有保持不松懈状态，才能既实现空气质量改善目标，又真正提高广大居民对生态环境服务的满意度。急时“一刀切”，另一方面是因为大气污染防治是一项长期复杂的工作，地方政府“不会管”。生态环境部环境规划院对30省2586家民营企业污染防治参与情况的调查结果显示，有70%的企业认为政府应加强污染防治攻坚战中参与各方的合作体系建设，有60%的企业认为政府应推动新技术的广泛应用，加快环保产业的成果转化，完善产品认定标准。随着环境监管和污染防治的不断强化，地方政府“不作为”、企业“不想治”的问题正在逐渐向地方政府“不会管”、企业“不会治”的问题转变。地方政府和企业对环境政策指导、污染治理方案和治理技术的需求非常迫切。

三　提高山东省生态环境服务质量的对策建议

2020年是污染防治攻坚战的决胜之年，也是全面建成小康社会的收官之年。回顾山东省几年来的污染防治工作，面对当前污染防治进入“深水区”、污染下降空间收窄的形势，山东省要深刻认识污染防治攻坚战的艰巨性和复杂性，把污染防治作为工作的重中之重，坚持污染防治方向不变、力度不减，全面落实“1+1+8”工作部署，确保实现既定的环境质量目标和全面完成既定重点任务。

（一）聚力新旧动能转换，深入推进“四减四增”工作

进一步调整优化产业结构，严控“两高”行业产能。对污染物排放总量

严格落实“减量替代是常态、等量替代是例外”的刚性要求，把握好“四压四上”① 操作路径。强力推进“亩产效益”改革，差别化配置资源要素，服务保障优质项目落地。持续排查整治“散乱污”企业，严防死灰复燃。以环评与排污许可制度改革为抓手，加强污染源头防治体系建设和对固定污染源的全周期监管。进一步优化能源结构，抓好煤炭消费压减各项政策措施落实，大力增强清洁能源供给能力，提升天然气供给能力，提升外电供给能力。进一步优化运输结构，加快现代综合运输体系建设，推动“公转铁、公转水”，完善铁路货运网络，提高水路运输、管道运输比例，推广使用新能源和清洁能源汽车。进一步优化农业投入结构，推动农业投入品减量、提质、增效，实施好有机肥替代化肥示范项目，有效减少化肥、农药、地膜污染。

（二）大气污染防治要“守正创新”，注重精准施策和科技支撑

1. 坚持问题导向，注重精准施策

加快改善环境空气质量，必须抓重点、攻难点。针对柴油货车污染问题，要坚持“车油路”治理同步发力，交通、公安、生态环境等部门联动，加大对重型柴油运输车辆的管控力度，严肃查处黑加油站点、非法流动加油车，大力实施清洁运输、清洁柴油车等行动。针对扬尘污染问题，要按照《山东省扬尘污染综合整治方案》要求，坚决把施工工地、物料运输、道路扬尘、工业企业无组织排放以及各类露天堆场管到位，推进扬尘污染治理的精细化和标准化。针对重污染天气，要进一步完善环境空气质量监测网络，完善重污染天气应急预案，严格落实各项应急减排措施，因地制宜推进企业错峰生产。总之，要注重大气污染防治工作的精准化，针对不同地区、不同季节、不同天气情况找准污染物、污染源，精查、精治、精管、精控，做到“一地一策”“一季一策”“一企一策”。

2. 以创新求突破，以科技支撑助力蓝天保卫战

在大数据覆盖下的新时代，要想持续打赢蓝天保卫战，要提升污染防治科技支撑能力，提高生态环境管理的科技化水平。当前环境违法行为更具隐蔽性和专业性，山东省要推进“互联网+监管”、在线自动监测“哨兵”、卫

① “四压四上”指“压旧上新、压小上大、压低上高、压散上整”。

星遥感、无人机等技术建设，对违法排污、蓄意造假等行为全天候、全方位监管。各市要动态掌握本地区大气污染源的构成、特征等因素，通过污染源解析建立动态排放清单，构建空气质量动态调控平台，实施大气污染动态调控方案。

（三）加强对危险废物全过程监管，全面打好危险废物污染防治攻坚战

面对危险废物防治的严峻形势，山东省要补齐短板，切实打好危险废物防治攻坚战。第一，要完善危险废物全过程监管体系，严防产生源头，严管运输过程，严惩非法行为。大力推进清洁生产，从源头上减少危险废物的产生量，降低其危害性；加大对危险废物行业建设项目环境影响评价的严格程度；以山东省生态环境综合执法及各专项执法行动为抓手，严厉打击非法贮存、倾倒和填埋危险废物等违法犯罪行为。第二，要狠抓危险废物处置能力建设，充分发挥市场的作用，加快实现危险废物处置能力与危险废物种类及数量的基本匹配，确保危险废物安全处置。第三，要畅通环境违法行为举报渠道，保障群众及时表达环境诉求。

（四）普遍实行垃圾分类和资源化利用制度，多措并举完善生活垃圾分类体系

推进山东省城乡生活垃圾分类工作，要完善源头投放、运输控制、末端处理的垃圾处理全过程体系。第一，规划先行，完善生活垃圾分类法律法规制度。第二，进一步加大财政投入，加强垃圾分类基础设施建设，提高分类投放设施的覆盖率。居民生活垃圾分类收集设备的配置，应标识易于理解、尺寸大小适宜、设计美观，并设置明确的生活垃圾分类指导标志，方便居民分类投放。垃圾分类模式的确定要按照宜简不宜繁的原则根据各市情况因地制宜，采用激励和约束相结合的手段让居民逐步做到生活垃圾分类精准投放。此外还要重点解决垃圾先分后混的问题，进一步规范垃圾分类运输和分类处置，实现垃圾处理的资源化和无害化。第三，要加强对居民的宣传教育，采取多种形式普及垃圾分类知识，引导公众主动学习掌握生活垃圾分类标准和投放要求。

（五）严格落实生态环境保护企业主体责任和政府监管责任，提高生态环境服务质量

要加大对企业的监管力度，督促企业建立环境保护定期自查制度、规范及时的信息公开制度和出现突发环境问题第一时间上报制度，增强企业环境保护责任意识，落实企业环境保护主体责任。要提高生态环境服务质量。在确定环境改善目标时，各地政府既要考虑与污染防治攻坚战的目标相衔接，也要考虑各地、各企业实际情况和可操作性。政府要更加注重精准施策，加快构建生态环境技术服务体系，精准支撑污染防治攻坚战。山东省应进一步明确生态环境技术服务体系的功能定位，加强相关应用研究、对策研究和关键技术研发的机构和队伍建设，建立专门从事技术转化和推广及咨询服务的机构和队伍，并加强环境治理体系中各主体的合作体系建设。在污染防治攻坚战中，省级部门要系统规划，协助市、县级政府制定精准的污染防治方案，帮扶企业用源头预防、过程控制、末端治理的系统化方式解决污染问题。

参考文献

程虹、陈昕洲：《我国不同群体对环境质量评价的调查和分析》，《中国地质大学学报》（社会科学版）2014 年第 5 期。

李干杰：《持续深化“放管服”改革 推动实现经济高质量发展和生态环境高水平保护》，《中国环境报》2018 年 9 月 17 日。

李新、秦昌波、穆献中、关杨：《生态环境保护推动高质量发展的路径机制分析》，《环境保护》2018 年第 16 期。

刘承水、王强、周秀玲：《主客观组合赋权的首都生态环境建设水平评价研究》，《北京城市学院学报》2016 年第 6 期。

王宁：《优化生态环境公共服务 全方位助力高质量发展》，《中国环境报》2019 年 12 月 17 日。

张军扩、侯永志、刘培林、何建武、卓贤：《高质量发展的目标要求和战略路径》，《管理世界》2019 年第 7 期。

B.8

2019~2020年山东省公共安全服务建设现状、问题与对策

祝晓书*

摘　要：　近年来，党和国家空前重视公共安全问题。2019年，山东省围绕“健全公共安全体制机制”，通过出台政策法规、调整全省公共安全管理机构、建设公共安全风险防控体系、落实安全责任等方法推动公共安全服务的高质量发展。2020年，山东省应当尽快建立完善日常防控与应急管理相结合的公共安全体系，推行“政府—社会—市场—群众”联动的多元化公共安全治理，坚定不移地打牢食品安全等重点安全领域的民生基础，引入科技手段提升公共安全治理水平，弘扬新时代公共安全文化，以解决食品安全领域监管不足、网络舆论监督下政府应急处理能力不强、部分日常社会治安风险难以防控、公共安全教育相对滞后等问题。

关键词：　公共安全　应急管理　风险防控　安全事故

公共安全服务指保护社会公众的生命、健康和重大公私财产安全，以及维持社会和公民日常生活所需要的稳定安宁的外部环境与秩序。公共安全是国家安全及社会稳定的根基，它所涵盖的领域不仅关系民生，更是紧连民心。只有维护好公共安全，才可保障人民生活幸福、社会安定团结和国家长治久安。党

* 祝晓书，博士，山东社会科学院省情与社会发展研究院助理研究员，主要研究方向为社会治理、社会矛盾预防与化解。

和国家一直非常重视公共安全，2006 年国务院制定颁布的《国家中长期科学和技术发展规划纲要（2006—2020 年）》便将公共安全列为“为解决经济社会发展中的紧迫问题提供全面有力支撑”的十大重点领域之一。

进入中国特色社会主义新时代以来，国内外形势复杂多变，发展机遇与风险挑战并存，与此同时人民群众对于包括安全在内的美好生活的需求日益增长。为顺应这些变化，党的十九大以来，党和国家将公共安全摆在更为突出的位置，在加强“总体国家安全观”的统领下，开展一系列战略部署，全方位建设公共安全体系，保障人民群众的生命财产安全，切实提升其幸福感、获得感与安全感，维护公共安全，保障社会稳定，促进高质量发展。

本文结合山东省公共安全领域的公共服务工作重点与实际情况，以山东省统计局、山东省人大常委会、山东省应急管理厅、山东省各中级人民法院等部门公布的最新数据资料为基础（因山东省行政区划调整，莱芜市并入济南市，故本文中济南市数据皆为原济南市与莱芜市数据的总和），参考关于山东省公共安全热点事件的网络舆情数据及山东省网民对公共安全服务和热点事件的评价看法①，探讨山东省公共安全服务建设的现状及问题，为进一步提高山东省公共安全服务质量、提升公共安全服务水平提供对策建议。

一　山东省公共安全服务政策法规与体制机制建设状况

党的十八大提出要加强公共安全体系建设。党的十八届三中全会提出健全食品药品安全、安全生产、防灾减灾救灾、社会治安防控等公共安全具体领域的体制机制改革任务。党的十八届四中全会提出推进公共安全法治化建设。党的十九大报告全文 55 次提及“安全”二字，提出“树立安全发展理念，弘扬生命至上、安全第一的思想，健全公共安全体系”等要求。党的十九届四中全会通过的《中共中央关于坚持和完善中国特色社会主义制度 推进国家治理

① 本文所使用的舆情数据及网友评价，是利用大数据技术，从主流媒体、国家及省内具有权威性和影响力的网站、网民参与度及活跃度领先的舆论平台和社交论坛类网站上合法获取的 2019 年 1～11 月的公开信息。此外，本文对获取到的原始信息进行了要素采集、关键词提取、情感分析等技术处理。

体系和治理能力现代化若干重大问题的决定》则将“安全”与“发展”相提并论，并从“完善和落实安全生产责任和管理制度，建立公共安全隐患排查和安全预防控制体系”“优化国家应急管理能力体系建设”加强和改进食品药品安全监管制度”等具体方面，对如何健全公共安全体制机制做出明确部署。近年来，山东省紧跟国家政策步伐，始终坚持“把人民群众放在心中最高位置”的为人民服务宗旨，持续加强全方位、立体化、保障性的公共安全体系建设。

在食品安全方面，自2014年起，山东省启动了“食安山东”品牌引领行动，保障食品安全。2018年，山东省更是将“打造食品安全放心省”写入省政府工作报告。2019年，山东省颁布实施了《中共山东省委山东省人民政府关于深化改革加强食品安全工作的实施意见》《山东省学生营养健康与学校食品安全提升实施意见》《“食安山东”公共品牌通用评价标准》等政策文件。

在校园安全方面，山东省于2018年出台了《山东省教育厅（中共山东省委教育工委）关于进一步加强学校安全工作的若干意见》，同年底通过《山东省学校安全条例》，对学校安全责任分担、校园安全保障与风险防控、学校安全教育与管理、安全事故发生后的应急处理等内容做出具体规定，在全国范围内具有一定先进性。

在交通安全及校车安全方面，2016年颁布的《山东省校车安全管理办法》对校车的管理机制、服务提供、乘车安全、法律责任等做出严格规范；2018年颁布实施的《山东省实施道路交通安全责任制规定》有助于落实道路交通安全责任制，预防减少交通事故，保障公众生命财产安全。

在社会治安方面，“平安山东”“法治山东”建设行动持续多年，已形成品牌，并向更高水平、更高层次的平安建设纵深发展。而伴随着近年来扫黑除恶专项行动和拆违拆临修复整治工程的开展，山东省刑事案件和严重暴力案件数量逐年下降，社会治安防控体系建设持续加强，城市管理水平不断提升，群众满意度显著提高。

在安全生产与消防方面，2019年被确定为消防安全“工作落实年”，同时山东省在5月底至10月底开展了安全生产专项整治行动。2019年，山东省还相继出台了《山东省重点领域打击安全生产非法行为责任办法》《山东省安全生产举报奖励办法》《山东省安全生产行政执法与刑事司法衔接工作实施办

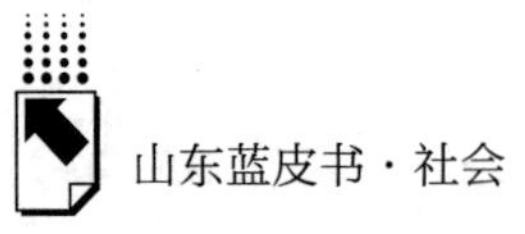

法》等，科学处置了梁宝寺煤矿火灾等事故。

在应急管理方面，2019 年，山东省有效应对了“利奇马”台风灾害。8 月，山东省人民政府办公厅印发《山东省应急管理三年规划（2019－2021 年）》等政策文件，有助于山东省公共安全体系建设迈上新的台阶。

此外，山东省于 2018 年底启动了省级机构改革，通过部门合并重组等方式，对负责公共安全维护、监督和管理的部门设置予以调整，重构全省公共安全管理体制机制。例如，省食品药品监督管理局（省食品安全委员会办公室）的职责被并入山东省市场监督管理局；组建省药品监督管理局，由省市场监督管理局管理；2018 年 10 月成立的山东省应急管理厅负责全省安全生产、突发事件应对救援、防灾减灾救灾等应急管理工作；等等。

二　山东省公共安全服务的基本情况

公共安全服务包括但不限于政府日常监管和维护社会治安、食品安全、生产安全、交通安全等各项工作，以及预防与应对自然灾害、事故灾难、群体性安全事件等公共安全突发事件。因其涉及方面众多且难以量化评价，故本文拟使用 5 项客观指标对山东省公共安全服务情况进行评价。这些指标分别为各地市公共安全支出占一般公共预算支出比重（%）、每十万人火灾发生数（起）、每十万人交通事故发生数（起）、每十万人安全生产事故死亡人数（人）、法院审结刑事案件数（件）。通过对这些指标数据及相关网络舆情热点进行深入剖析，可以较为全面地把握 2019 年山东省公共安全领域的工作情况，厘清群众现实需求，找到各级政府在公共安全工作中的痛点难点。

（一）三类安全事故防控成效显著，火灾及安全生产事故数量降幅明显，交通事故双“数”下降

1. 火灾事故情况

数据显示，近年来山东省火灾防控工作效果较为明显。2013 年至 2017 年，全省火灾发生数量逐年下降，2015 年至 2017 年未发生较大以上亡人火灾。2017 年，山东全省共发生火灾 21512 起，死亡 39 人，受伤 14 人，直接经济损失 23936 万元，平均每起事故损失 11127 元（见表 1）。

表 1　2013～2017 年山东省火灾发生情况

年份	2017	2016	2015	2014	2013
发生(起)	21512	22954	25371	29512	33043
死亡人数(人)	39	33	57	62	75
受伤人数(人)	14	31	21	85	54
直接经济损失(万元)	23936	23608	21930	30029	27369
平均每起事故损失(元)	11127	10285	8644	10175	8283

资料来源：2014～2018 年《山东统计年鉴》。

按照每十万人火灾发生数进行排序，2017 年，菏泽（10.52 起）、日照（10.97 起）、滨州（12.93 起）的火灾防控情况最佳；东营（68.88 起）、威海（39.57 起）及烟台（29.28 起）的火灾防控工作有待提升；全省每十万人火灾发生数为 21.50 起（见表 2）。东营火灾多发或与当地拥有油田有一定关系，但由于现有数据并未区分火灾类型，故无法进一步分析原因。从火灾发生数量来看，2017 年，东营的火灾发生数量为 1484 起，未进前五，但该市人口数量最少，故按照每十万人火灾发生数计算排名最高。

表 2　2017 年山东省 16 个地市火灾发生情况

单位：起

	2017 年火灾发生数	2017 年每十万人火灾发生数
东营	1484	68.88
威海	1118	39.57
烟台	2076	29.28
枣庄	1029	26.25
泰安	1436	25.44
聊城	1532	25.26
济宁	2000	23.88
临沂	2479	23.47
济南	1907	21.93
淄博	1020	21.66
青岛	1460	15.71
德州	879	15.17
潍坊	1347	14.39
滨州	506	12.93

续表

	2017 年火灾发生数	2017 年每十万人火灾发生数
日照	320	10.97
菏泽	919	10.52
全省	21512	21.50

资料来源：《山东统计年鉴 2018》及 2018 年度各地市统计年鉴。

2. 交通事故情况

相关统计年鉴数据显示，2013～2017 年，山东省实现交通事故发生数与死亡人数的双下降（除 2014 年交通事故发生数外），2017 年全省共发生交通事故 12590 起，死亡 3295 人，受伤 11846 人，直接财产损失 5425.07 万元（见表 3）。

表 3　2013～2017 年山东省交通事故发生情况

年份	2017	2016	2015	2014	2013
发生数(起)	12590	13164	13375	13570	12878
死亡人数(人)	3295	3613	3640	3703	3748
受伤人数(人)	11846	12573	12996	12818	11970
直接财产损失(万元)	5425.07	6277	5277	4928	4970

资料来源：2014～2018 年《山东统计年鉴》。

按照每十万人交通事故发生数进行排序，2017 年，菏泽（1.75 起）、临沂（4.71 起）、威海（6.02 起）交通事故发生率最低；济南（36.77 起）、淄博（22.73 起）和东营（21.30 起）交通事故发生率最高。2017 年，山东省每十万人交通事故发生数为 12.58 起（见表 4）。国际权威期刊《柳叶刀公共卫生》2019 年发表的一篇文章使用了来自中国疾病监测系统的统计数据，该数据显示 2014～2016 年山东省交通事故死亡率呈下降趋势，但该文章也提示，中国交通事故死亡率和死亡人数可能被低估，未来应进一步加强道路交通安全建设，尤其保护行人、老年人、农村居民等交通安全弱势群体。①

① Lijun Wang, Peishan Ning, Peng Yin, etc.,"Road Traffic Mortality in China: Analysis of National Surveillance Data from 2006 to 2016," *The Lancet Public Health* 5（2019）: 245－255.

表4　2017年山东省16个地市交通事故发生情况

单位：起

	2017年交通事故发生数	2017年每十万人交通事故发生数
济南	3198	36.77
淄博	1070	22.73
东营	459	21.30
青岛	1724	18.56
聊城	940	15.50
日照	425	14.57
德州	637	10.99
潍坊	954	10.19
济宁	761	9.09
烟台	560	7.90
泰安	423	7.49
枣庄	287	7.32
滨州	262	6.70
威海	170	6.02
临沂	498	4.71
菏泽	153	1.75
全省	12590*	12.58

*全省总计含高速交警总队和直属公安局数据。

资料来源：《山东统计年鉴2018》及2018年度各地市统计年鉴。

3. 安全生产事故情况

近年来，山东省安全事故应急处理能力和防控能力均有所提升。2017年，山东省共发生各类安全生产事故1442起，同比下降49.14%，且不足2013年各类安全生产事故总数的43%；2017年，山东省因各类安全生产事故死亡1307人，同比下降25.53%，为2013年死亡人数的74.60%；2017年，山东省亿元GDP安全生产事故死亡0.018人，同比下降70%，仅为2013年该数据的23.01%（见表5）；2017年，山东省煤矿百万吨死亡率为0.032%，同比下降40.74%。根据2019年夏天山东省官方公布的数据，2016年至2019年上半年，安全生产事故起数和死亡人数均实现连续三年下降①；山东省较大及以上安全生产事故相对多发于夏天，特别是每年8月②。

① http：//baijiahao.baidu.com/s？id=1639830023494826252&wfr=spider&for=pc.

② http：//news.iqilu.com/shandong/yaowen/2019/0805/4325433.shtml.

表 5　2013～2017 年山东省安全生产事故发生情况

单位：起，人

年份	发生各类安全生产事故*	死亡人数	亿元 GDP 安全生产事故死亡人数
2017	1442	1307	0.018
2016	2835	1755	0.060
2015	2778	1399	0.063
2014	3115	1576	0.069
2013	3386	1752	0.078

*2013 年数据为八个行业（领域）发生各类安全生产事故总数，2014 年、2015 年为七个行业（领域）发生各类安全生产事故总数；2016 年、2017 年原数据未注明。

资料来源：2014～2018 年《山东统计年鉴》。

由于部分地市未公布 2017 年生产安全事故发生数，故按照每十万人安全生产事故死亡人数进行排序，所得结果为菏泽（0.60 人）、烟台（0.63 人）、潍坊（0.69 人）每十万人安全生产事故死亡人数最少；东营（2.88 人）、济南（2.31 人）及日照（2.26 人）每十万人安全生产事故死亡人数最多（见表 6）；全省每十万人安全生产事故死亡人数为 1.31 人。

表 6　2017 年山东省 16 个地市安全生产事故发生情况

单位：起，人

	2017 年安全生产事故发生数	2017 年安全生产事故死亡人数	2017 年每十万人安全生产事故死亡人数
东营	50	62	2.88
济南	282	201	2.31
日照	75	66	2.26
淄博	125	79	1.68
聊城	71	79	1.30
泰安	78	73	1.29
威海	24	36	1.27
德州	86	71	1.23
枣庄	43	46	1.17
滨州	33	39	1.00
济宁	67	73	0.87
临沂	98	92	0.87
青岛	63	69	0.74
潍坊	98	65	0.69
烟台	未公布	45	0.63
菏泽	48	52	0.60

资料来源：《山东统计年鉴 2018》及 2018 年度各地市统计年鉴。

（二）刑事犯罪受到及时审判惩处，社会治安得到持续良好维护

2017 年，山东省各级人民检察院批捕、决定逮捕危害公共安全案件 4390 件 4626 人，分别占当年全省批捕、决定逮捕案件总数的 14.57%，全省批捕、决定逮捕总人数的 12.16%；决定起诉危害公共安全案件 24130 件 24356 人，分别占当年全省决定起诉案件总数的 38.29%，全省决定起诉总人数的 30.36%。2017 年，山东省各级人民检察院批捕、决定逮捕妨害社会管理秩序案件 6790 件 9841 人，分别占当年全省批捕、决定逮捕案件总数的 22.54%，全省批捕、决定逮捕总人数的 25.87%；决定起诉妨害社会管理秩序案件 9351 件 16451 人，分别占当年全省决定起诉案件总数的 14.84%，全省决定起诉总人数的 20.50%（见表 7）。

表 7　2017 年山东省各级人民检察院批捕、决定逮捕以及决定起诉案件情况

	批捕、决定逮捕合计		决定起诉合计	
	件	人	件	人
危害公共安全案件	4390	4626	24130	24356
占比(%)	14.57	12.16	38.29	30.36
妨害社会管理秩序案件	6790	9841	9351	16451
占比(%)	22.54	25.87	14.84	20.50
各类案件总计	30121	38035	63020	80235

资料来源：《山东统计年鉴 2018》。

根据《山东统计年鉴 2018》数据，2017 年山东省各级人民法院共审理一审案件 803382 件，其中刑事案件 63629 件，占比 7.92%。整理各地市中级人民法院工作报告数据可知，在 2018 年山东省各地市中，青岛（9191 件）、临沂（9025 件）及潍坊（6513 件）审结刑事案件数量较多，日照（2267 件）、枣庄（2449 件）、德州（2573 件）审结刑事案件数量较少，东营及滨州未公布该项数据；山东省各地市平均审结刑事案件 4528 件（见图 1）。

（三）公共安全支出占一般公共预算支出比重为6.11%，公共安全服务评价整体情况较好

1. 公共安全支出情况

相关研究表明，增加公共安全经费投入有助于提升公共安全治理成效，促

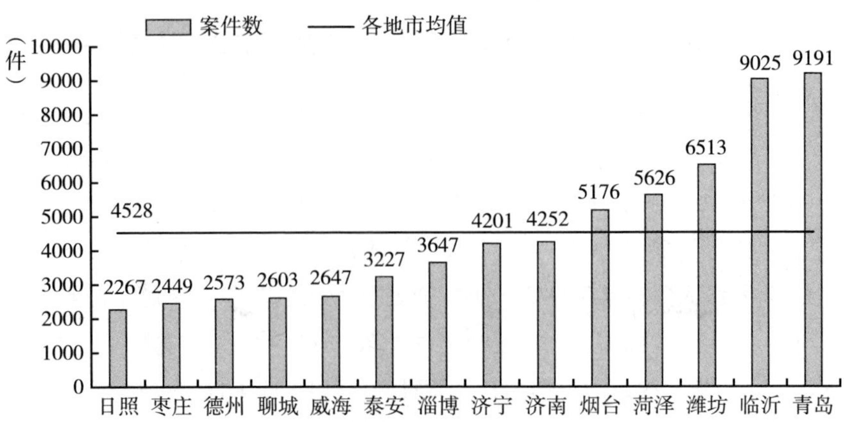

图1　2018 年山东省各级人民法院审结刑事案件数

进社会稳定。① 从中国近年来在不同社会治理领域的公共财政支出情况来看，公共财政支出呈现资金投入端口前移、从矛盾应对转向风险防控的变化趋势，这也反映出政府社会治理思路和理念的转变。② 数据显示，2017 年，山东省公共安全支出合计 5660530 万元，占当年一般公共预算支出的比例为 6.11%，与 2017 年全国公共安全支出占中央和地方一般公共预算支出的比重 6.13% 基本一致③，支出金额则较 2016 年增加 7.53%。2017 年，在全省 16 个地市中，淄博（7.11%）、德州（6.79%）和济南（6.61%）的公共安全支出占当年一般公共预算支出的比例最高，菏泽（3.93%）、泰安（4.90%）和日照（5.20%）占比最低。2017 年，除青岛外，其余地市公共安全支出金额较 2016 年均有增加，但青岛仍以 793851 万元位居全省公共安全支出金额首位（见表 8）。

2. 公共安全服务评价情况

由于前述 5 项客观指标单位不同，无法直接进行计算比较，故采用功效系数法对数据进行标准化处理后得到结果如下④：全省公共安全服务评价平均分

---

① 张骎：《公共安全支出与社会稳定关系的实证研究》，《中国公共安全（学术版）》2018 年第 3 期。

② 王伟进、焦长权：《从矛盾应对走向矛盾预防——从财政支出看我国社会治理的演变趋势》，《财政研究》2019 年第 9 期。

③ 数据来源于《中国统计年鉴 2018》。

④ 因东营及滨州的中级人民法院未公布审结刑事案件数，故使用该指标的全省平均数予以计算。

表8　2016～2017年山东省16个地市公共安全支出情况

	2017年公共安全支出（万元）	2017年一般公共预算支出（万元）	2017年公共安全支出占一般公共预算支出比重（%）	2016年公共安全支出（万元）	2016年一般公共预算支出（万元）	2016年公共安全支出占一般公共预算支出比重（%）
淄博	317096	4460258	7.11	286057	4184326	6.84
德州	244784	3605225	6.79	217976	3309202	6.59
济南	610142	9228279	6.61	507033	8278418	6.12
枣庄	156638	2452853	6.39	130877	2469788	5.30
烟台	425910	7080657	6.02	407431	6792598	6.00
东营	162201	2776720	5.84	145202	2681450	5.42
潍坊	395609	6783951	5.83	341817	6376024	5.36
济宁	327329	5696170	5.75	287352	5556446	5.17
滨州	189977	3302785	5.75	158564	3205406	4.95
青岛	793851	14030252	5.66	858337	13528516	6.34
聊城	208167	3806735	5.47	174715	3578102	4.88
临沂	320021	5896115	5.43	282848	5743259	4.92
威海	189105	3595607	5.26	173882	3386024	5.14
日照	120892	2322639	5.20	116505	2050777	5.68
泰安	174259	3559560	4.90	163434	3305875	4.94
菏泽	200563	5102594	3.93	168627	4284032	3.94
全省	5660530	92583984	6.11	5264054	87552136	6.01

注：2017年公共安全支出、2017年一般公共预算支出摘自《山东统计年鉴2018》；2016年公共安全支出、2016年一般公共预算支出摘自《山东统计年鉴2017》。表中最后一行全省总计数包含了对应的省本级支出，如2017年山东省一般公共预算支出中，省本级支出888.36亿元。

资料来源：2017～2018年《山东统计年鉴》。

为87.15分，16个地市中，德州（93.89分）、枣庄（92.51分）和滨州（91.10分）得分位列前三；东营（73.73分）、济南（80.87分）和青岛（83.28分）则分列后三位（见图2）。东营得分最低的主因是5个指标中有2项得分排名最末，一是“2017年每十万人火灾发生数”全省平均数为21.50起，而东营为68.88起；二是“2017年每十万人安全生产事故死亡人数”全省平均数为1.31人，东营为2.88人。与东营相似，济南“2017年每十万人交通事故发生数”为36.77人，而这一指标的全省平均数仅为12.58人；同时济南“2017年每十万人安全生产事故死亡人数”为2.31人，远超全省平均数。如前所述，东营是围绕油田兴建起来的资源性城市，由石油开采、加工、运输等引发的火灾及安全生产事故相对集中；而济南交通事故、安全事故多发与其城市规模大、车辆保有量高等不无关联。

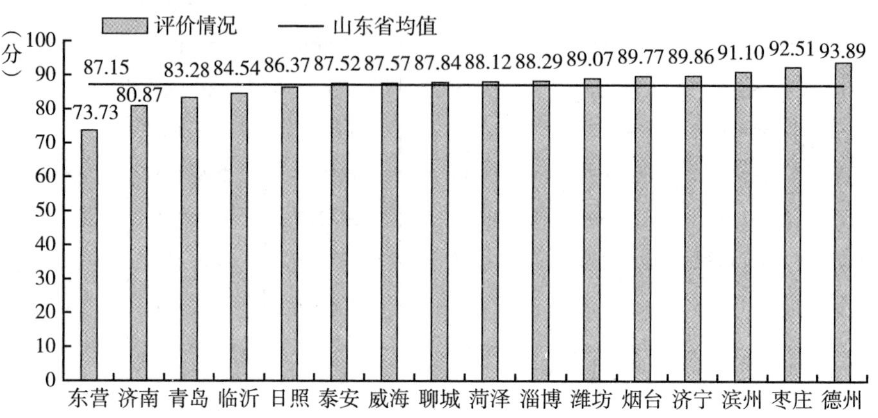

图2　山东省16个地市公共安全服务评价情况

（四）舆情热点分析凸显共性问题，舆论监督更需客观理性

通过技术手段分析网络舆情话题、地域分布、舆情热词可知，2019年山东省公共安全领域最受关注的三大热点事件为济南出现多起高空坠物、济南制药公司事故和青岛地铁事故。“五毛食品”、小区私搭乱建和食品追溯问题则是山东省各地市普遍存在的三大问题。公共安全领域舆情热度最高的十个关键词分别为食品安全、应急管理、交通事故、网络安全、城管、黑恶势力、防灾减灾、五毛食品、生产安全和防火。山东省公共安全领域的舆情状况整体较佳，尤其是主流媒体在进行热点追踪时基本能做到将事实判断与价值判断相结合，多层次、全方位地呈现事实、分析问题。但是，公共安全舆情负面声音较多，群众和新闻媒体对该领域热点问题的负面情感较为强烈。这既体现了公共安全领域舆论监督的人民性、广泛性和开放性特征，也反映出全面、客观、专业、理智的舆论监督仍是稀缺品。

三　存在的问题与挑战

（一）食品安全亟待加强监管

“民以食为天，食以安为先。”食品安全的重要性无须赘言，但现实中食品安全问题频发。例如，外卖餐饮卫生问题一直饱受批评，制售假冒伪劣食品行为屡禁不绝，“五毛零食”等校园周边食品中添加剂、防腐剂、菌落超标的现象普遍，学生集体食品中毒事件屡见不鲜，等等。食品安全问题影响人民群众的身体健康与切身利益，且会对消费者信心产生负面影响，进而影响政府公信力、社会稳定和国家形象。山东省政府有关部门一直致力于加强对食品安全的监管，如一些地市正在推广肉菜追溯系统，消费者可通过扫码查询食品来源。然而提升食品安全性，努力不在一朝一夕。根据《问政山东》等主流媒体报道，现实中存在肉菜追溯系统闲置、信息无法获取甚至被人为篡改的情况。此外还存在缺乏针对网络餐饮等新型食品安全的专业监管、第三方机构建设不足、食品安全网络谣言易引发公众恐慌等问题，亟须有关部门加强应对治理，进一步加大食品安全领域的监管和惩处力度，同时加强源头与末端的食品安全风险防控。

（二）网络舆论监督下政府应急处理能力有待提升

在公共安全领域，除食品安全外，山东省居民最为关注安全生产事故、自然灾害和突发事件的应急管理。济南制药公司事故、青岛地铁事故等安全事故和“利奇马”等自然灾害在2019年的舆情热度都很高。公共安全与每个人的生活息息相关，对公众情绪有较大触动，加之人们在网络上进行评价讨论时偏好使用感情色彩强烈的词语，所以公共安全领域一旦出现影响较大的问题、事件，就会在短时间内涌现较多的负面舆情声音，媒体特别是网络自媒体也倾向于带着负面情感予以报道解析。然而过去地方政府在处置应急事件时往往侧重于控制事态、化解风险，忽视了及时周全地回应公共质询，所以容易导致网络舆论信任危机。因此，今后山东省需重视对应急管理进行科学的功能定位，提升应急管理能力和水平，有效解决政府与社会间的信息不对称问题。

（三）部分日常社会治安风险难以防控

高空坠物、饭店煤气爆炸、建筑外墙脱落、货车超载、危险驾驶等社会治安问题受到山东省居民的广泛关注。这些违法违规或不文明的行为、现象在群众日常生活中较为普遍，且危害对象不特定，是维护公共安全的隐患。尽管法律法规对此做出了相应的惩戒规定，但这些行为和现象隐蔽性强，难以实时监控，行为人得到有效惩处的可能性小，违法成本很低，单纯依靠法律威慑和有关部门的监督管理难以杜绝。因此需要政府和社会联动，全方位、多角度提升公共安全治理能力，守护和保障群众身边的安全。

（四）公共安全宣传教育相对滞后

当前公共安全领域出现一些新情况和新问题，如网络诈骗犯罪及网贷乱象丛生、网约车安全事件多发、少年儿童模仿网络视频受伤引人关注等。这些问题的出现反映出山东省公共安全风险正由传统和宏观领域向非传统和微观领域拓展，也说明社会公众对于安全问题的认知有一定滞后，公共安全宣传教育存在一些缺失。未来山东省有关部门应着重加强相关领域的安全教育，以妥善应对公共安全领域的新变化、新调整。

四　推进山东省公共安全服务高质量发展的对策建议

（一）进一步形成部门合力，完善公共安全体制机制

公共安全工作涉及诸多行业，实际工作中各类问题错综复杂，不同领域的工作需要不同部门机构分而治之，进行相应的专业化应对处理；不同类型和风险等级的事件也有着区分轻重缓急的相异处置程序，需要动用不同层级的行政力量与资源。因此在完善公共安全领域法治体系的前提下，应重点做好以下两方面工作。一是应进一步建立完善一套以政府为核心，集日常监管、预防与应急管理功能于一体的公共安全管理机制，将公共安全由单纯的事后应急处置向前后端延伸，对事故多发的重点领域实施全过程重点监管，力争形成公共安全风险排查、监测、早期识别和预报预警的常态化风险防控工作机制和模式，从源头上

防范化解各类重大安全风险。二是各级政府应将改革推到更深更细处，继续整合部门间资源力量，强化部门配合，形成工作合力。应搭平台、建体系、组队伍、担责任，将公共安全治理领域中分布在不同部门的信息预警、指挥协调、资源动员、决策处置、救援抢险、信息发布、善后恢复等职能深度融合在一起，并落实各环节责任和措施。可借鉴联席会议的工作方式，实行委员会统筹协调、单部门牵头负责、多部门按照职责分工承担的综合风险管理机制；也可根据地区和行业特点，探索建立公共安全领域的重点监督管理清单制度，规范程序，跟踪管理。

（二）夯实重点领域基础民生，坚定不移地保障食品安全

食品安全可谓民生基石。一方面政府应以综合治理和专业监管相结合的治理思路，以更严格的标准，建立健全“源头可溯、去向可查、风险可控、责任可究”的食品安全质量保障体系，对食品生产、流通、销售等各环节进行动态管理和长效跟踪，追究违法企业及违法个人责任，切实提高食品供给质量，培育食品安全品牌，提升食品风险监控与安全保障水平。另一方面需要调动餐饮企业、服务平台、行业协会、第三方机构及广大群众等多元主体的积极性和主动性，调度各方专业资源，明确落实责任，让其共同参与食品安全监管和维护，促进食品安全问题的社会化治理。

（三）弘扬新时代公共安全文化，鼓励建设性的舆论监督

公共安全风险的治理重在防控，除进一步加强各级政府监管责任和落实各责任单位及个人的具体责任外，更应弘扬积极、正面、科学的新时代公共安全文化，培育全社会的风险防控意识。一应加强公共安全教育与义务教育等国民教育体系的接轨融入，从居民少年儿童时期开始培育其良好的安全习惯；二应通过多渠道、多方式宣传普及公共安全知识，尤其注重及时破除公共安全谣言；三应培育积极的舆论氛围，引导城市居民关注及参与公共安全治理，积极表达自身意见，实现政府与社会公众良性的沟通互动。但在保障社会公众言论自由的前提下，亦应注重舆论导向与公众情绪，重视从源头上减少谣言的生成与传播，鼓励全面、客观、有建设性的舆论监督。

（四）搭建多元联动治理体系，破解社会治安难题

维护和加强公共安全不能只依靠政府，还应调动社会组织、社区、企业、

公众等的积极性，编制一张“政府—社会—市场—群众”多元主体互补的连通网络，共同发挥作用，以整合社会资源，提升公共安全治理的质量与效率。首先应将维护公共安全的关口前置，导入网格化治理的思路和方法，将公共安全工作细化部署到基层社区，同时将更多资源和力量下沉到基层，为加强一线队伍和设施建设提供有力支撑。其次宜设置公共安全奖惩机制，规范引导市场主体行为，激励和约束企业等主体从源头上更加注重诚信守法，将安全红线常系心中。再次应充分发挥各类社会团体组织的作用，动员更多社会力量参与公共安全治理，承接政府转移出的部分职能职责，为维护社会安全稳定提供更专业的技术和服务。最后应广泛发动群众，让更多城市居民了解和参与公共安全治理体系建设，提升居民安全意识与安全素质，促进安全行为，培育安全文明。通过构建共建共治共享的全方位公共安全防控体系，最大限度地预防和化解目前群众日常生活中常见却难以消除的各类社会治安问题。

（五）主动适应形势变化，推进实现公共安全“智”理

在信息技术和大数据技术不断发展的今天，加强公共安全治理领域的科技和信息化建设，推进实现智慧治理尤为重要和必要。政府应主动适应公共安全治理的形势变化，加强与科技企业、高校院所、科研机构的深度合作，引入并深化利用大数据、人工智能等技术手段，对各类公共安全数据进行监测、整理、挖掘、分析，以及时掌握全省公共安全问题和变化趋势，在做出研判时由“（主观）经验驱动”变为“（客观）事实驱动”，使公共安全行政决策更加科学合理。此外，政府应酌情加大建设投入，研发搭建专业信息应用系统，以提升对人口拐卖、电信诈骗等公共安全犯罪的打击精度，提高公共安全服务水平，促进实现对社会治安的交互式管理。

参考文献

胡颖廉：《公共安全需整体治理》，《学习时报》2015 年 7 月 13 日，第二版。

陆继锋：《共建共治共享：城市社区公共安全治理体系探索》，《上海城市管理》2019 年第 4 期。

马振超、张晓菲：《中国社会公共安全面临的突出问题及态势分析——非传统安全视角》，《中国人民公安大学学报》（社会科学版）2014 年第 3 期。

童星：《中国应急管理的演化历程与当前趋势》，《公共管理与政策评论》2018 年第 6 期。

王伟进、焦长权：《从矛盾应对走向矛盾预防——从财政支出看我国社会治理的演变趋势》，《财政研究》2019 年第 9 期。

吴元元：《信息基础、声誉机制与执法优化——食品安全治理的新视野》，《中国社会科学》2012 年第 6 期。

徐国冲、霍龙霞：《食品安全合作监管的生成逻辑——基于 2000～2017 年政策文本的实证分析》，《公共管理学报》2020 年第 1 期。

张海波：《新时代国家应急管理体制机制的创新发展》，《人民论坛·学术前沿》2019 年第 5 期。

张骎：《公共安全支出与社会稳定关系的实证研究》，《中国公共安全（学术版）》2018 年第 3 期。

Lijun Wang, Peishan Ning, Peng Yin, etc., "Road Traffic Mortality in China: Analysis of National Surveillance Data from 2006 to 2016," *The Lancet Public Health* 5 (2019): 245－255.

B.9

2019~2020年山东省公用事业改革发展现状、问题与对策*

陶金钰**

摘 要： 2019年，围绕提升居民生活质量，山东省推进公用事业“放管服”和“投融资”体制改革，完善和再造办事流程，提高社会资本参与公用事业投资质量，加快老旧小区改造、公共厕所优化等民生工程建设，引导公用事业向高效性、节能性和智能性转型升级。但是，还存在政府投资相对不足、社会资本引入方式单一、特许经营项目违约、节能投入和专项资金补贴不到位、弱势群体利益受损、管网建设缺乏系统性等问题。2020年，山东省要进一步加大公用事业管理体制改革和行业改革力度，改革社会资本准入机制，完善特许经营项目监督机制和质量评价标准，加强行业监管和质量监督，优化公用品价格形成机制，补齐公用事业发展与城市化发展不匹配的“短板”，提高公用事业建设和运行的效率，有效支撑全省城市化进程和经济社会良性发展。

关键词： 公用事业 体制改革 行业监管 质量监督

公用事业是指地方政府为辖区内居民提供特定公共产品或公共服务的行

---

* 本文主要分析山东省城市公用事业改革现状和问题，以及农村公用事业改革的热点问题。

** 陶金钰，硕士，山东社会科学院省情与社会发展研究院助理研究员，主要研究方向为社会发展与现代化。

业，包括公共交通系统、供水和排水系统、能源系统、邮电通信系统、防灾和救护系统以及环境系统等，是城乡生存与发展的基础和基本条件。这一事业的发展和完善，能提高整个城乡的劳动生产效率、工作效率，节约社会劳动，为居民生活创造优美的环境和良好的条件。2019年，山东省围绕新旧动能转换，推进公用事业高质量发展，加强公用事业管理体制改革和行业改革：一是继续深化“放管服”，实现政府职能由对公用事业企业的直接管理向对该行业的监督与管理转变，扩大居民对公用事业发展的知情权，加强居民监督；二是推动公用事业民营化与市场化改革，优化资源配置，减轻居民负担，提高公共服务质量；三是推动公用事业行业系统转型升级，在保障供水、供气、供电、供热持续、安全、稳定运行的前提下，以智慧性、高效性、节能性推动基础设施建设，提升居民的满意度。山东省公用事业在产权结构、市场结构、企业治理、投资、运营等方面发生了新变化，在产品及服务水平上有了新提高。

一 2019年山东省公用事业改革的进展

（一）深化公用事业“放管服”改革，切实减少用户办事流程和经济负担

1. 推进公用事业流程再造，提升服务效率

落实公用事业“一窗受理·一次办好”有关规定，推进全省公用事业业务流程再造，提升政务服务效能，打造“审批事项少、办事效率高、服务质量优、群众获得感强”的一流环境。2019年10月26日，山东省人民政府办公厅印发《关于深化“放管服”改革优化营商环境重点任务的分工方案》，要求大幅缩减自来水、电力、燃气、供暖办理时间，提高公用事业单位及医院、银行等服务机构相关政策透明度，大力推动App办事、移动支付等。具体措施包括修订《山东省城市供水服务规范》《山东省燃气行业服务标准》，研究制定规范水电暖等行业收费、管理、服务等方面的综合性措施；探索建立更加合理的转供电环节电价管理制度，继续开展清理规范转供电环节加价“回头看”行动。截至2019年12月底，山东省完成对全省用电量大的1600个转供电单位重点清理，切实降低了终端用电成本，实现了2019年一般工商业电价两次下调。

2019年1月17日，山东省住房和城乡建设厅发布了《关于进一步做好简

化水气暖报装专项行动的通知》，进一步简化水气暖报装流程，将供水报装简化到7个工作日以内，将扩容改装控制在5个工作日以内，将供气报装减少到10个工作日以内。2019年6月2日，山东省人民政府发布《山东省优化提升工程建设项目审批制度改革实施方案》，要求深入开展工程建设项目审批制度改革。截至2019年11月底，山东省16个城市的通信基础设施审批已经全部进驻政务服务大厅，在全国率先实现通信审批窗口服务覆盖所有地市。中国电信股份有限公司山东分公司积极优化电信服务，完善服务机制和管理流程，提升系统支撑能力和服务便捷性，全面推进手机卡异地销户服务。2019年3月1日起，所有电信自有营业厅开放异地销户服务，深化规范“携号转网”业务办理。公用事业“流程再造”是“以人为本”制度创新的积极探索和生动实践，切实减轻了用户负担。

2. 清理整顿乱收费现象，优化发展环境

山东省市场监督管理局积极开展涉企收费专项检查，进一步加大对乱收费的查处和整治力度，切断利益关联，推动政府职能转变，重点查处擅自利用行政管理职能间接增加企业负担，中介机构和行业协会借助行政权力强制服务、强制收费等问题。2019年9月27日，山东省发展和改革委员会发布《关于完善转供电环节电价政策的通知》，要求各地市积极清理规范电价收费行为，尤其是转供电单位加价行为。16个城市相继发布有关通知，严惩违规电价收费行为。济南市、滨州市、泰安市等召开电价政策提升告诫会，告诫转供电单位不得向用户重复收取电费。青岛市向社会发放转供电电价政策“明白纸”。潍坊市、聊城市等重点走访调查了用电量前100名的转供电单位落实国家和省关于清理规范电网和转供电环节收费等的价格政策情况，对不合规单位的失信行为进行媒体曝光并将失信主体纳入失信黑名单。烟台市通过公告、宣传栏等形式公示电费收缴情况，通过12358价格举报热线接受居民举报，清理整顿乱收费现象，为工商业企业创造了良好的发展环境。

（二）深化公用事业“投融资”改革，积极鼓励社会资本参与公用事业投资

1. 鼓励民营资本参与投资，有效缓解政府压力

为缓解资金不足的矛盾，山东省各地注重把政府引导与市场运作结合起

来，把政府投入与招商引资结合起来，以市政公用设施招商引资为突破口，实现投融资主体多元化，促进管理体制和经营机制的转变。PPP模式即政府和社会资本合作的模式，是公共基础设施建设的一种模式。2019年山东省政府工作报告指出，要进一步放开基础设施及电信、通信等行业限制，择优选择一批高速铁路、机场、港口项目开展社会资本投资示范，鼓励民间资本以股权方式参与项目建设运营，补齐基础设施短板。山东省16个城市积极引入社会资本参与公用事业基础设施投资。2019年6月，济南市出台加快中德（济南）中小企业合作区建设发展若干政策，采取包含引导基金、资本金注入、投资补贴、贴保贴息等多元化、组合式的政府资金投入方式，引导和撬动社会资本投资。青岛市研究设立基础设施民间投资基金，引导民间资本参与提升基础设施供给质量，鼓励民营资本参与PPP项目，在项目推介、政府采购、奖补资金等方面向民营资本倾斜，鼓励引导民营企业广泛参与公共服务和基础设施建设运营，积极推动符合条件的PPP项目发行债券、规范开展资产证券化。

山东省还推进了水利、电力等各行业投融资体制机制改革。2019年，山东省首个省级PPP项目来自水利系统。该项目为小清河复航工程PPP项目，合同获批136亿元。该项目合同的签订为政府每年节省投入28亿元①，有效缓解了政府当期筹资压力。2019年，山东省继续推进以市场化方式平等参与增量配电项目业主竞争，实施好13个增量配电业务改革试点，积极鼓励社会资本参与增量配电业务，培育更多市场主体进入配售电领域，实现了全年新增7家增量配电试点单位的目标。

2. 稳妥推进价格体制改革，切实减轻公众负担

合理调整居民生活阶梯电价和水价，是促进资源合理利用和社会绿色发展的必要措施。2019年，山东省全面推行城镇居民生活用水阶梯水价制度，对非居民用水实行超计划（定额）累进加价制度。山东省还进一步创新要素市场配置机制，健全资源性产品价格形成机制，深化电力、油气等体制改革，基本实现了农业、一般工商业和大工业用电同价，规范了省内天然气管道价格。这些政策的实施，切实减轻了工商业企业用电负担。2019年5月31日，山东

① 王阳：《山东省级首个PPP项目合同获批》，2019年6月13日，http://www.sohu.com/a/320326182_99986045，最后访问日期：2020年3月20日。

省发展和改革委员会印发《关于居民阶梯电价制度有关事项的通知》，规定自2019年7月1日起实行新的居民阶梯电价，居民每月用电量仍然分三档计费，对二、三档次适度加价。新一轮水价和电价调整，推动水电阶梯价格制度不断完善。

山东省发展和改革委员会着力加快推进天然气价格改革，督促16个地市完成天然气价格并轨和城镇天然气配气价格核定，建立天然气价格上下游联动机制。2019年7月24日，潍坊市发展和改革委员会发布《关于制定潍坊市市区管道天然气配气价格和调整居民用气销售价格的通知》，以实现城市门站居民和非居民用气价格并轨，非居民天然气价格将不再补贴居民用气价格；8月9日，青岛市发展和改革委员会等部门联合发布《关于印发青岛市居民用气价格上下游联动办法的通知》；8月9日，济南市发展和改革委员会发布《关于完善天然气价格上下游联动机制的通知》，公布了对居民和非居民用气联动价格幅度的测算方式，建立健全了成本监测分析制度，对采购价格、用气结构、企业经营成本等情况进行监测分析；其他地市相继发布了天然气价格调整的相关通知。

（三）推动公用事业行业系统向高效性、节能性和智能性转型升级

1. 提高设施运营管理水平，保障设施安全稳定高效运行

2019年3月5日，山东省能源局印发《2019年全省能源工作指导意见》，强力推进公用事业节能减排。①强化煤电油气供应保障，保障煤炭稳定供应。继续实施“退出东部、压缩中部、稳定西部、稳妥开发北部”煤炭开发战略，释放先进高效产能，稳妥推进黄河北矿区阳谷—茌平煤田开发前期准备，投产煤矿1处，产能达到45万吨。②加强电力运行管理。建立完善优先发、购电制度，编制全省电力电量平衡方案，下达各类机组发电调控目标。依法依规实施有序用电，保障居民生活等重要用户电力稳定供应；完善有序用电奖惩考核机制，提高强停机组地市限额用电比例，引导地方支持直调公用机组多发保供。③提升油气供应能力。配合中石化等加大油气资源勘探开发力度，力争原油、天然气产量稳定在2300万吨、4亿立方米左右。加强与中石油、中石化、中海油等的沟通对接，力争全年向山东省供气180亿立方米，同比增加10%。完善天然气运行监测和预警预测机制，强化应急调峰能力建设，制定“压非

保民”应急预案，保障民生用气需求。

2. 落实节能减排优惠政策，加快设施节能改造

山东省出台一系列规章制度，通过价格调节机制提高居民的节水、节电和节能意识。①深入落实《山东省人民政府办公厅关于全面加强节约用水工作的通知》，全面加强行业节水能力建设，推进城镇节水降损。通过实施城镇管网改造、公共机构与设施节水、节水器具推广普及等工程，降低管网漏损率，提高生活用水效率和效益。②进一步落实《山东省供热条例》中“实行供热的新建民用建筑和既有民用建筑节能改造时，应当安装供热系统调控装置、用热计量装置和室内温度调控装置，居住建筑应当安装分户用热计量装置”的规定。③树立节能是“第一能源”的理念，对暂不具备煤改气、煤改电等清洁取暖条件的区域，实施散煤清洁化治理，推广“清洁型煤+节能环保炉具”模式，力争推广清洁型煤350万吨。山东省住房和城乡建设厅、山东省发展和改革委员会、山东省能源局与国网山东电力联合印发《关于有序推进电代煤工作的通知》，推进供暖“煤改电”配套电网工程建设。为满足“煤改电”清洁供暖用电需求，2019年，山东省“煤改电”配套电网工程总投资11.14亿元，共317个项目，新增1807个村30.56万户居民3026万平方米面积用上电采暖，预计每年清洁替代电量4.92亿千瓦时。[①]

3. 加快5G通信基础设施建设，防范网络通信诈骗

在电信服务领域，济南、青岛、烟台等核心城市和重要节点城市加快5G基站等网络基础设施建设，计划2020年底前实现设区市城区重点区域5G网络连续覆盖。山东省通信管理局应用技术手段进一步加强诈骗防范，加强事前防范和事后处理，利用多个反诈平台监测诈骗电话和信息，在具有不同防诈功能的各独立系统之间建立有效联系，打破数据分散状态，增加系统之间数据流转，极大地提高了诈骗发现能力，增加了处置量。针对互联网诈骗高发态势，山东省各地市加强诈骗网站封堵，对于针对大学生群体的诈骗案件，通过统一下发微信、微博宣传文案，提醒大学生用户注意日常规

① 袁军宝：《山东今冬新增30.56万户“煤改电”清洁采暖用户》，2019年10月31日，http://www.xinhuanet.com/local/2019-10/31/c_1125176286.htm，最后访问日期：2020年3月20日。

范。山东省还加强了电话用户实名制和手机卡管理，加大了违规处罚力度，对用户上网行为进行有效分析，及时处理风险客户。

（四）推动老旧小区改造、城镇管网建设和公共厕所建设

1. 加大老旧小区改造提升力度，配齐充电基础设施

山东省重点改造建设小区水电气路及光纤等配套设施，鼓励有条件的地区加装电梯、配建停车设施。2019 年 9 月 21 日，山东省人民政府办公厅印发《大力拓展消费市场加快塑造内需驱动型经济新优势重点任务细化落实分工方案》，要求 2019 年底前山东省财政安排老旧小区补助资金 2.3 亿元，各地市分别发布老旧小区整治改造方案，稳步推进既有住宅增设电梯工作。截至 2019 年 12 月底，潍坊市已改造老旧小区 39 个，使 3738 户居民受益。① 青岛市为老旧小区加装外墙保温面积超 500 万平方米，使冬天室内温度可以提升 3 度左右。② 山东省还加快充电基础设施建设，对配电容量不足的小区，借助城市配电网改造，对居民个人交流充电桩，按一般性用电电器管理，打通充电桩进小区最后一公里。

2. 加强城市综合管廊建设，实现空间综合利用

山东省全面推进城镇生活污水收集处理设施、城市排水管网、综合管廊、生活垃圾无害化处理设施等项目建设，认真落实《山东省城市品质提升三年行动方案》《关于开展城市污水处理提质增效三年行动的通知》。山东省计划到 2021 年，城市和县城每年建设改造城区排水管网 1000 公里以上；到 2020 年底，全省建成综合管廊 800 公里以上，城乡生活垃圾焚烧处理率达到 60% 以上。围绕上述目标，山东省各地市重点加强综合管廊建设，将电力、通信、燃气、供热、给排水等各种工程管线集于一体，达到地下空间综合利用，保证重要基础设施和生命线运行通畅。青岛市在加强综合管廊建设方面取得了较好

① 于刚：《潍坊市 2019 年共计改造老旧小区 39 个 3738 户居民受益》，2019 年 12 月 27 日，http://weifang.iqilu.com/wfyaowen/2019/1227/4406054.shtml，最后访问日期：2020 年 3 月 20 日。

② 李倍：《2019 青岛超 500 万平老楼加装外墙保温，冬季室内可暖 3 度》，2019 年 11 月 21 日，https://www.nyyintong.com/top/yanhandiqu/1255.html，最后访问日期：2020 年 3 月 20 日。

的成绩。2019 年，青岛市加快推进 25 平方公里试点区建设。截至 2019 年 6 月底，青岛市累计实施海绵城市建设面积达 150 平方公里。[①]

3. 优化公共厕所点位布局，加快老旧公厕和旅游公厕改造

山东省贯彻落实习近平总书记关于“厕所革命”的重要指示，坚持问题导向，把城市公厕建设管理作为基础工程、文明工程和民生工程。山东省科学编制城市公厕建设规划和年度建设改造计划，优化公厕点位布局，突出环境整洁、干净卫生、方便舒适等特点，加快城市老旧公厕特别是旱厕和设施老化公厕的改造，加强对引入市场机制的“以商养厕”模式公厕的监管。山东省各地市还进一步贯彻落实《山东省旅游厕所建设管理推进方案》，加快景区公厕硬件设施改造和软件服务的提升。济南市和威海市公厕改造成效显著。截至 2019 年 12 月，济南市新建、改造厕所 192 座，其中新建 71 座、改造 121 座。[②]威海市积极推进城市公厕及服务设施提档升级，提升城市公厕的服务质量和管理水平，改善城市公厕及服务设施的外观设计，打造 15 分钟公厕服务圈，补齐了影响人民群众生活品质的短板。

二　2019年山东省公用事业发展存在的问题

公用事业供给能力和质量与经济社会发展阶段密切相关。公用事业是政府监管强度较大的领域，其发展与政府监管机制、体制及制度设计有很大的关系。山东省公用事业的政府监管改革取得了一系列重要的进展，较好地释放了市场主体的活力，增加了有效供给。但同时，政府监管的机制、体制和制度设计还存在若干掣肘公用事业加快发展的因素。

（一）市政公用基础设施政府投资相对不足，社会资本引入方式较为单一

市政公用基础设施建设固定资产投资完成额占一般公共预算支出的比重能

① 《青岛明确海绵城市建设计划 2030 年建成区面积要达 80% 以上》，2019 年 6 月 5 日，http：//www. sohu. com/a/318754037_124758，最后访问日期：2020 年 3 月 20 日。

② 《2020 年计划新建改造百座公厕》，2019 年 12 月 17 日，http：//www. jinan. gov. cn/art/2019/12/17/art_1861_3691541. html，最后访问日期：2020 年 3 月 20 日。

够反映城市公用事业投入状况。根据《中国城乡建设统计年鉴 2018》中的数据计算，2017 年，菏泽市和济宁市的市政公用基础设施建设固定资产投资完成额占一般公共预算支出的比重较山东省其他城市偏低（见图 1）。从城市基本建设投资的相对份额来看，市政公用基础设施投资受城市经济发展实力的影响很大。2017 年，菏泽市市辖区的人均地区生产总值为 38143 元，位于 16 个城市的末位，直接影响到市政公用基础设施建设的固定资产投资数额。在经济增速放缓的大背景下，市政公用基础设施的投资势必受到一定影响。但是市政公用基础设施建设投资时间长，收益回报时间也比较长，这就要求其投资保持相对稳定。从山东省 16 个城市的城镇化率来看，2018 年，菏泽市的城镇化率是 50.25%，比 2017 年增长了 1.2 个百分点，然而其市政公用基础设施建设固定资产投资完成额占一般公共预算支出的比重排在全省末位。在城镇化率快速上升的背景下，如果不能保证市政公用基础设施建设的资金链稳定，将难以满足城镇人口对市政公用基础设施不断增长的需求。

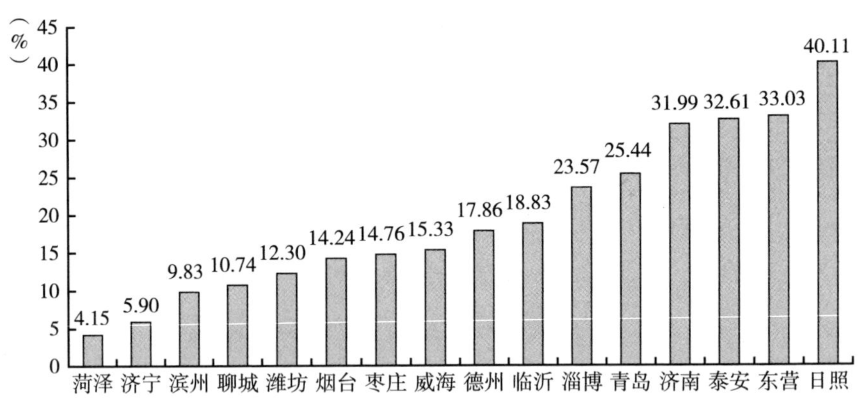

图 1　2017 年山东省 16 个城市市政公用基础设施建设固定资产投资完成额占一般公共预算支出的比重

资料来源：《中国城乡建设统计年鉴 2018》。

政府与社会资本合作的融资模式（PPP）是改变投融资平台压力过大现状的有效措施。政府通过特许经营制度引入社会资本，可以激发社会资本的活力，但是平台企业引入社会资本的方式仍然比较单一，联合、联营、入股等方式发展缓慢。许多城市市政公用基础设施建设的资金已经不完全依赖于政府投资，而是开始尝试成立投融资公司，以扩大融资。济南市组建了济南城市投资集团有限公司、济南市城市建设集团有限公司等六大市级投融资平台，潍坊市也在市级层面组建了金企通投融资平台。这些投融资平台为城市发展特别是棚户改造、老旧小区改造等基础设施建设提供了大量资金，但是这些投融资平台的市场化运作、多元化融资程度不高，资本运营能力有限，对城市市政设施、给排水工程等大规模城市改造工程的资金投入压力越来越大。尽管济南市不断推进投融资平台整合，但是集聚各类金融资本、社会资本的能力仍然不足。除在市级层面组建投融资平台，部分机关事业单位也有大量经营性资产，但是利用率同样不高，在市政建设方面也难以发挥作用。

（二）特许经营项目违约现象时有发生，政府价格监管和质量监管效率有待提高

1. 特许经营项目违约现象时有发生，项目风险应急机制不健全

一方面，许多获得公用事业特许经营权的企业赢利能力不足，产品价格和服务质量不成正比，但是限于经营项目时间较长，政府缺乏相应监管措施，容易侵害社会公众的合法权益；政府也容易因为自身利益随意改变或终止合同，造成特许经营企业和公共利益的损失。[①] 2019 年，枣庄市燃气总公司因枣庄市政府向其发出解除合同通知书、特许经营协议书，将枣庄市政府告上法庭，法院最终审理判决燃气企业胜诉，原因在于枣庄市政府向另一企业发放了与该企业经营范围有交叉的特许经营协议书，违反了法定程序。[②] 另一方面，政府为了公共利益中止或终止特许经营者的经营权时，容易因为应急措施不及时和应急方案不全面给特许经营企业带来损失。例如，济南市环境保护局因济南某固废处置有限公司未能按期完成新建项目，对其发出终止特许经营协议，尽管济南市环境保护局是因为公共利益需要才对其发出终止协议，但是仍然给该公司带来了损失，最终法院判决济南市环境保护局赔偿该公司相应损失。[③]

① 姚光业：《我国市政公用事业特许经营项目行业监督研究》，《北京行政学院学报》2019 年第 5 期。李明超：《公用事业特许经营风险来源的实证研究》，《北京交通大学学报》（社会科学版）2016 年第 2 期。

② 资料来源：中国裁判文书网。

③ 崔岩、马云云：《济南环保局单方“毁约”收回特许经营权，固废公司状告获补偿》，《齐鲁晚报》2019 年 5 月 21 日。

2. 价格和质量监管效率有待提高，社会评价机制尚不完善

公用事业监管制度性壁垒难破除，社会评价机制尚不完善。水电暖等公用事业基础产业涉及众多利益集团，政府部门为追求利益最大化，在与利益集团的博弈中容易妥协，导致公共利益受损。政府对公用事业利益集团的监管不当表现为公用事业服务价格上涨过快、公用事业服务质量改善缓慢等。一方面是价格监管不到位。2019 年，山东省 16 个城市推动居民用水、电力和天然气价格体制改革，并采取听证会、宣讲会等形式向社会公众发布价格上涨的相关信息，并向公众承诺将违反相关规定的企业列入失信黑名单，但是对于价格调整后的服务质量改善没有详细的说明，造成社会公众不清楚价格调整后的服务质量能够得到多大程度的改善，对政府提供的公共服务质量进行监督便无从落实。当前的监管体制，更大程度上依赖于政府部门事后监管，质量技术监督部门将对产品质量的监督抽查结果作为考核企业的依据，不够重视依靠社会评价的监管体系。另一方面是监管主体职责交叉，服务质量监管标准和行业标准不统一。公用事业行业监管主体包括质量技术监督部门、城市建设管理部门和各行业监管部门，各种监管主体的监管权限、方式和程序不尽相同，彼此缺少联系和沟通，容易造成“重复监管”和“监管空白带”。①

（三）节能专项资金补贴发放不到位，弱势群体利益保障有待加强

1. 节能资金投入相对不足，节能专项资金补贴发放不到位

山东省不断加大财政投入，推进节能环保重点工程建设。2018 年，山东省节能环保支出 287.2 亿元，同比增长 21.3%。但是山东省 16 个城市的节能环保支出存在较大差异，部分城市节能资金投入相对不足。尽管一些城市的节能环保支出绝对数额较大，但节能环保支出占一般公共预算支出的比重较低。根据《山东统计年鉴 2019》中的数据计算，2018 年山东省节能环保支出占一般公共预算支出的比重是 2.84%，枣庄、青岛、泰安、临沂、菏泽、烟台、济宁的节能环保支出占比低于全省水平（见图 2）。2018 年，山东省设置了节能专项资金，支持使用清洁能源，但到 2019 年 11 月，一些地市的专项资

① 郭剑鸣、蔡文婷：《不可完全合约、内部性与城市公用事业政府监管的行政监督惰性》，《学习与探索》2019 年第 4 期。

金仍没有落实。山东省能源局开展节能专项资金发放清算工作，通过《问政山东》曝光了一些节能专项资金落实不到位的案例。例如，临沂市光耀实验学校2019年入围“太阳能＋”多能互补清洁供热重点项目，原本应拿到的112万元节能专项资金因为政府机构改革、人员调配迟迟没有到位；菏泽郓城的山东旭源生态农牧有限公司的节能专项补贴资金在落实过程中遇到政府部门推诿问题。①

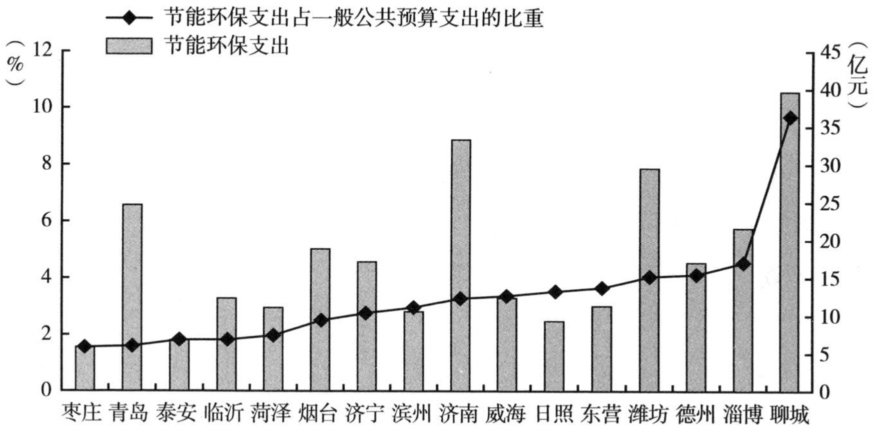

图2　2018年山东省16个城市节能环保支出情况

资料来源：《山东统计年鉴2019》。

2. 节能环保产品推广不顺，弱势群体利益保障有待加强

实施供热计量及收费是城镇供热体制改革的重要环节，推广使用节水器具一定程度上可以改善城市水资源供求关系，在不影响居民正常用水的前提下达到节约水资源的目的。实施供热计量、推广使用节水器具都是促进居民节能的有力措施，但是一些地方在实际推广过程中却忽略了一部分弱势群体的利益，造成居民接受度低、政策难以推广。对于居住在老旧小区和住房保温效果不佳的小区的低收入群体来说，按用热量收取供暖费反而会增加他们的供暖费支出。山东社会科学院课题组调查显示，2019年，仅有49.1%的居民家庭使用的器具全部为带

① 曹汉：《山东坚持节约用水 到2035年用水量将控制在307亿立方米》，2019年11月7日，http://gov.sdnews.com.cn/szyw/201911/t20191107_2634738.html，最后访问日期：2020年3月20日。

有节水认证标志的节水器具（如节水马桶、节水淋浴器和节水水龙头等），30.8%的居民家庭没有全部使用，还有20.2%的居民家庭不清楚使用的器具是否为节水器具。根据《山东省人民政府办公厅关于全面加强节约用水工作的通知》，山东省计划到2020年公共供水城镇家庭节水器具和新建民用建筑节水器具普及率达到100%，从2019年调查数据来看，还有一定差距。一方面原因在于节水器具推广难度较大，宣传不到位，许多居民对节水器具不了解；另一方面原因是市场上仍有一些器具没有节水标识，存在不合格、不合规产品，行业乱象有待整顿。

（四）公用事业基础设施建设缺乏系统性，公用事业企业和物业公司权责不明

1. 设施布局缺乏系统、科学规划指导，资金来源困境有待化解

公用事业基础设施布局缺乏系统性、科学性的发展规划指导，各行业系统管道建设和维修缺乏统一性，工程建设反复进行，造成居民生活不便。例如，济南市一小区暖气管道由地下改为地上，挡住了楼道窗户，对该小区加装电梯造成不便。为解决工程反复建设的问题，山东省积极推进地下管廊综合建设，但是对地下综合管廊进行系统性规划和布局需要投入大量的初期成本，还需要一定的技术支撑，然而现在管线管理制度难以有效支撑高标准、高技术的系统建设，进行管线管理制度改革会大大增加政府投入成本，导致政府陷入资金投入困境。

2. 物业公司和公用事业企业权责不明，物业管理难题有待破解

物业管理也是公用事业的一部分，但是物业管理与公用事业的工作范围和服务对象存在交叉，物业公司和市政公用基础设施供给企业在供水、供热、供电和供气费用收取和管线维修服务等方面存在权责不明的问题。一方面，物业公司代收费用未尽公示义务，不能向用户公示代收的收费项目、收费标准、收费依据，引起用户不满。从行业属性来看，物业服务属于主要由市场提供的服务，市场服务的收费高低不同、质量参差不齐，居民对物业服务的要求相对较高，当物业公司代收费用或承担设施维修任务时，居民与物业公司间容易产生较多矛盾。另一方面，物业公司和供水、供热、供气等公用事业供给企业在管线维护、升级改造方面权责交叉，当用户使用居住地公用事业设施出现问题时，双方相互推诿扯皮。例如，济南市一小区居民经常被物业轮流停电，物业公司给出的理由是小区未进行一户一表改造且设备老旧，总电表和户电表存在

误差，小区公共设备用电量高，还有一部分原因是小区建设手续不全，无法加入市政用电。滨州市一小区物业公司强换水表，致水费翻倍，引发业主不满。

三 推进山东省公用事业改革发展的建议

公用事业是经济发展和社会有序运行的保障，直接关系到民生发展质量。2019年，山东省相继出台一系列规章制度，加强公用事业管理体制改革和行业改革，推进公用事业改革发展向高效性、节能性和智能性转型升级，取得了显著成效。但也可以发现，公用事业行业间差异，以及不同城市推进公用事业改革的目标差异，导致公用事业改革的系统性、整体性和协调性不足，影响了公用事业改革转型升级。因此，在推进公用事业改革过程中，必须坚持共建共治共享原则，加强规范和引导，克服体制性障碍。

（一）强化行业监管，保障公共利益和投资者的合法权益

公用事业行业众多，涉及供水、排水、污水处理、燃气、垃圾处理、供热、电力等。这些与民生息息相关的行业具有很大的外部性，消费者处于弱势地位。保证公共利益、为保证投资者合理的投资回报创造条件、提高效率是政府监管的基本目标。市场化改革要求政府不再作为竞争者参与公用事业运作，而是以监管者的身份，通过完善制度和加强监管，克服公用事业市场化的各种弊端，最大限度发挥其优势。

强化行业监管，首先，价格监管部门要加强对供水、供电、供气、供热等领域的价格监管，确保公用事业各领域科学、合理、公平定价，重点查处不执行政府定价或政府指导价，擅自增设收费项目等有损公共利益的行为。建立健全供水、供电等领域价格联动市场需求的信息收集和分析制度，为合理、及时调整价格提供权威、准确的信息，营造价格反应灵活、竞争公平有序、企业优胜劣汰的市场环境。其次，结合成本和利润进行最高限价，给予企业一定的利润空间，激发企业潜能，提高企业的供给效率。最后，建立长效补偿机制。根据低收入群体对价格变动的实际承受能力，完善针对低收入群体的补偿机制；根据企业投资情况、价格水平及时调整补贴政策，优化组合税费、用地、特许经营等扶持政策，减少市场化改革对生产和生活的影响。

（二）完善特许经营和价格听证制度，平衡效率和公平的关系

特许经营制度是对企业经营权益的保证，推行该制度，能够稳定企业的投资信心。实行价格听证制度，公开价格调整程序，则是在保证投资者合理收益的同时最大限度维护消费者的利益。一方面，公用事业价格调整应关注低收入群体的利益，完善价格听证制度，确保公众能够参与公用事业定价决策，坚持公用事业的公益性原则。另一方面，政府应该进一步加强对公用事业行业产品定价和成本的审查，出台相应政策，对产品质量进行明确的规定和要求。同时，完善质量评价标准，加强行业监管和质量监督。完善公用事业服务评价机制，将居民满意度评价作为衡量公用事业服务的重要标准，以公用事业服务是否为公众所感知、是否满足居民需要为主要评价标准。可以通过问卷调查直接或间接测量居民对公用事业服务满意度，也可以引入社会组织等对各地市、机构和部门开展公用事业服务满意度测评，针对不同领域有所侧重地改善服务质量。

（三）推动重点领域节能增效，完善节能产品惠民政策

推广新型节能环保产品，支持节能技术装备升级换代，推动生物质能源推广应用重点工程、“太阳能 +”多能互补清洁供热重点项目、高效环保锅炉改造重点项目、绿色照明改造重点项目等。推广节能产品认证，加大能效标识和节能产品认证制度实施力度，引导消费者购买带有节能认证标识的产品。加强节能监察，及时查处生产和销售国家明令淘汰的高耗能产品的商家，健全市场诚信和行业自律机制，营造绿色产品发展环境。继续实施并研究调整节能产品惠民政策，落实节能减排补贴发放，确保消费者切实享受节能减排政策补贴。

山东省是缺水省份，节约用水迫在眉睫。实行节水奖励补贴制度，完善城乡供水水费财政补贴制度，理顺再生水价格体系。广泛开展节水宣传教育，强化社会舆论监督，将节水知识纳入国民素质教育和中小学课程体系，建立完善省、市、县三级节水教育基地。完善节水激励政策措施，健全城市居民用水阶梯价格制度，引导居民节约用水。

（四）明确责权利，完善有关公用事业建设和管理的法律法规体系

构建完整的公用事业产权多元化法制框架，解决不同公用事业领域所面临

的实际问题。调查发现，在推进市政公用事业改革过程中，有的地方政府改革的指导思想存在偏颇，改革主要围绕如何吸引更多的社会资金投资公用事业领域，对公用事业改革整体效应的实现缺乏重视。出现这种情况的原因，一方面是各地在推进改革的过程中，对公用事业性质的认识存在偏差；另一方面是各地没有清醒地认识到公用事业改革的系统性和多目标性，往往只追求单一目标。

总之，山东省要推进公用事业改革，必须坚持共建共治共享原则，借鉴发达地区公用事业产权多元化和市场化的经验，结合本省公用事业产权改革的特点，加强政府有效监管，发挥市场机制作用，实现多元主体共同参与公用事业治理的目标。应坚持问题导向，厘清政府、企业、公众的权利和职责，进一步明确公用事业与物业管理的关系，为推进公用事业产权多元化、市场化进程营造良好的法律政策环境。与此同时，政府还可以通过制定一系列的法规政策，促进公用事业自律机制和行业互律机制的建立，形成一个完整的法律制度框架。

参考文献

仇保兴、王俊豪等：《中国城市公用事业特许经营与政府监管研究》，中国建筑工业出版社，2014。

陈富良、熊毅、邓明：《公用事业规制改革路径：从新公共服务到新规制治理》，《经济与管理研究》2016年第12期。

何文盛、杨亚琼、王艳：《西方公用事业民营化改革研究回顾及对我国的启示》，《中国行政管理》2016年第12期。

谢地、孔晓：《论我国城市化进程中的公用事业发展与政府监管改革》，《当代经济研究》2015年第10期。

谭英俊：《公共事业民营化改革中的政府治理能力提升探讨》，《理论导刊》2015年第1期。

王晓伟：《城市公用事业发展面临的问题及对策》，《中国管理信息化》2014年第12期。

陈剑：《公用事业规制体系运行机理及其下一步》，《改革》2012年第8期。

张雪、王海祥：《中国公共事业民营化改革问题探析》，《西南交通大学学报》（社会科学版）2009年第4期。

B.10
2019~2020年山东省城市公共交通发展状况与对策建议

毕伟玉*

摘　要： 公共交通是现代经济体系建设的先导产业，是引领高质量发展的重要动力。2019年，山东省立足交通强省建设，不断加强交通基础设施建设，推进公共交通城乡一体化发展，全力打造公交都市，大力发展智慧交通、绿色交通，基本形成综合交通网络构架。但投入水平低，交通基础设施存量优化、改造提升进展相对滞后，网络布局不合理，城市公共交通承载力不足等问题的存在，使公共交通还无法充分发挥其经济"先行官"的作用。为此，山东省在公共交通领域必须优化存量资源配置，增加优质供给，建立立体互联的综合交通网络体系，进一步促进城乡公共交通均等化和便利化，并以创新为引领，大力发展智慧交通。

关键词： 交通强省　绿色交通　公交优先　智慧交通

公共交通是现代经济体系建设的先导产业，是全面建设社会主义现代化国家的稳固支撑和社会进步的重要保障。建设现代公共交通运输体系，既是贯彻新的发展理念，加快新旧动能转换，推进供给侧结构性改革，推动高质量发展的内在要求，也是促进均衡协调发展，满足人民群众日益增长的美好生活需求的必然

---

* 毕伟玉，山东社会科学院省情与社会发展研究院副研究员，主要研究领域为社会分层与流动、发展指标。

路径。“十三五”期间，山东省以改革创新为动力，始终将公共交通发展与经济社会发展密切相连，在交通基础设施建设上连续取得突破，全面提升了管理与服务水平，为本省可持续发展和新时代现代化强省建设提供了强有力的支持。

一　2019年山东省公共交通领域主要举措

作为国民经济中的基础性、先导性产业，公共交通在一个国家经济社会发展中具有重要的战略地位，是兴国之要和强国之基。为此，党的十九大提出建设交通强国的重大战略任务，开启了新时代公共交通发展的新征程。2019 年 9 月，中共中央、国务院发布了《交通强国建设纲要》，提出要充分发挥交通的经济“先行官”作用，推动中国交通事业向更加注重质量效益、一体化融合发展和创新驱动转变，“构建安全、便捷、高效、绿色、经济的现代化综合交通体系”①，全力打造交通强国，为全面建成社会主义现代化强国提供强有力的支撑。

（一）坚持高质量发展，全面启动交通强省建设

党的十九大做出建设交通强国的重大战略部署后，山东省于十三届人大一次会议中明确提出了建设交通强省的目标任务。2018 年 9 月，《山东省综合交通网中长期发展规划（2018 -2035 年）》发布，为全省综合交通网络体系构建和交通强省建设提供了行动指南。该规划提出，必须切切实实转变发展思路和发展方式，全面实施交通强省建设。“统筹各种运输方式协调发展，加快构建布局超前、功能完善、便捷高效、智慧引领、绿色生态、安全可靠的综合交通网络体系”②，更好地发挥其支撑引领作用，为全面开创新时代现代化强省新局面提供更加坚实的保障。

2019 年，山东省全面开启了交通强省建设的征程：积极推进“1 +8”战略研究，全面构建“2 +5”规划体系，形成完整的“设计图”和“路线图”。

① 中共中央、国务院：《交通强国建设纲要》，中华人民共和国交通部官网，http：//xxgk. mot. gov. cn/jigou/zcyjs/201909/t20190920_3273715. html。

② 山东省人民政府：《山东省综合交通网中长期发展规划（2018 -2035 年）》，山东省人民政府官网，http：//www. shandong. gov. cn/art/2018/9/12/art_2267_28563. html。

补短板、强弱项、优化布局、提升品质、提高效率，在公共交通领域全面推进“建设提升、智慧引领、产业融合、绿色发展、服务提质”[①] 的“五大工程”，为新时代现代化强省建设提供了更加便捷、安全、高效的保障。

（二）推动互联互通，加强交通基础设施建设

2019 年，山东省根据习近平总书记视察山东时所做出的“加快基础设施互联互通，为高质量发展提供强力支撑”的重要指示精神[②]，全面加强交通基础设施建设，为全省稳增长、补短板、促发展做出积极贡献。2019 年，山东省共投资 1622 亿元，其中公路、铁路、港航、机场和场站建设分别投资 997 亿元、327 亿元、80 亿元、180 亿元和 38 亿元。[③] 公路方面，完成新建、改扩建高速公路项目 9 个 771 公里，新开工高速公路项目 5 个 333 公里[④]，高速公路“四改八”改扩建工程完成 382.5 公里，国省道断头路、瓶颈路建设完成 320 公里，农村公路新建改造 1.2 万公里。铁路方面，建成通车高速铁路项目 2 个 240 公里，新开工高速铁路项目 4 个 382 公里。2019 年，全省铁路运营里程达到 6528 公里，其中高铁运营里程达到 1987 公里。[⑤] 机场建设、港口升级、综合交通枢纽建设都在加速推进。

（三）突出民生导向，促进公共交通均等化发展

1. 不断加大交通精准扶贫力度

2018 年底，山东省 8654 个省扶贫工作重点村全部实现“通公路、通客车、穿村道路硬化、安全设施建设完善”的任务目标。2019 年，山东省交通扶贫继续深入推进：沂水县把交通扶贫纳入了全县“四好农村路”规划，为

---

① 山东省人民政府：《山东省综合交通网中长期发展规划（2018－2035 年）》，山东省人民政府官网，http：//www. shandong. gov. cn/art/2018/9/12/art_2267_28563. html。

② 《互联互通，为高质量发展提供强力支撑》，人民网，2019 年 3 月 5 日，http：//sd. people. com. cn/n2/2019/0305/c166192－32706402. html，最后访问日期：2020 年 3 月20 日。

③ 《省政府新闻办召开 2019 年全省交通基础设施投资及重点项目完成情况新闻发布会》，山东省交通厅官网，http：//jtt. shandong. gov. cn/art/2019/12/26/art_15690_8488478. html。

④ 山东省人民政府：《山东省综合交通网中长期发展规划（2018－2035 年）》，山东省人民政府官网，http：//www. shandong. gov. cn/art/2018/9/12/art_2267_28563. html。

⑤ 《交通概况》，山东省交通厅网站，http：//jtt. shandong. gov. cn/col/col11680/index. html。

全县脱贫攻坚战“逢山开路，遇水架桥”，选取“三年集中攻坚”项目中的24公里道路，将其纳入扶贫道路建设计划，涉及8个乡镇22个行政村；莒县以全县127个贫困村为重点，加快推进扶贫村道路建设和农村客运体系建设，着力改善贫困地区交通条件，为脱贫致富提供强有力的交通运输保障；莱州市投资220多万元，为驿道镇4个省扶贫工作重点村修建村路，为村民出行提供便利。

2. 全面推进村村通客车和城乡公交一体化

2018年底，山东省具备条件的建制村全部实现通客车，建制村通公交车比例达到78%，青岛等7市实现具备条件的建制村全部通公交车。2019年，山东省深入推进“四好农村路”建设，继续开展农村公路“三年集中攻坚”专项行动，健全农村公路运输服务网络，力争于2020年底，畅通城乡“最后一公里”，实现具备条件的行政村全部通客车。2019年，沂水县投资2.31亿元，大修改造6条县乡道、1条战备路和1条镇村公交线路；同时投资近6亿元用于开展“三年集中攻坚”专项行动。为打通农村居民出行“最后一公里”，完善城乡客运网络，沂水县新开通5条镇村公交。截至2019年6月，沂水县农村社区通客车率和农村客运站点建成投入使用率均达100%，农村客运网络已基本形成。①

（四）坚持公交优先战略，全力打造公交都市

城镇化水平的提高促进了资源优化配置和生产要素的集中，进而推动了经济的快速发展，但城市规模和人口规模的急剧扩张在城市基础设施供给严重不足的前提下，必然导致城市交通面临巨大挑战，城市交通拥堵日益严重，环境污染和能源消耗压力不断加剧。而城市公共交通的高效集约、节能环保等优点，使优先发展公共交通成为缓解城市交通拥堵和资源环境压力、转变城市交通发展方式、提升人民群众生活品质、促进城市可持续发展的必由路径。2013年10月，山东省根据《国务院关于城市优先发展公共交通的指导意见》，发布了《关于优先发展公共交通的若干意见》。公交优先自此成为山东省交通运输发展的重要战略。

多年来，山东省积极推动全省公交优先的政策体系建设，全面践行“公

① 《山东沂水：“交通+”扶贫之路走得通更要走得好》，大众网，https://www.dzwww.com/2019/arf/hydt/201906/t20190624_18864522.htm。

共交通引领城市发展”的理念，大力支持济南、青岛、威海、烟台、枣庄、潍坊创建公交都市。作为公共交通服务与城市形态和谐发展的区域，公交都市倡导城市公共交通主动引导城市发展，强调城市公共交通与城市人居环境、结构功能、空间布局默契协调、共存共促。将建设“大强美富通”现代化国际大都市作为战略目标的济南市，积极推进交通基础设施建设，将公交都市纳入城市发展战略。2019 年 1 月，济南轨道交通 1 号线建成通车试运行；12 月底，3 号线正式通车试运行。为使地面公交满足市民出行需要，济南市推出了快速公交、定制公交、社区公交、守时公交、零时公交、通勤公交等多种服务方式，适应了市民个性化的公交出行需求。截至 2019 年 8 月，济南市公交线路长度达 5988 公里，常规公交线路达到 348 条，定制公交线路达 440 余条。济南市公交服务品质也大幅提升，延长了 180 条公交运营时间①，并率先实现全方式移动支付和优惠乘车，促使市民乘车更便捷、更实惠。

（五）立足深化改革，构建综合交通管理体制

1. 深入推进“放管服”和“一次办好”改革

山东省推行交通运输综合审批服务，将审批职能集中于审批大厅，将许可事项集中于网上，线上线下一体化运行。近年来，山东省按照“审批事项少”的要求，先后把非公路标志许可权、设区的市内超限运输许可权、一般涉路工程许可权下放到市级公路管理机构。2018 年，山东省交通运输行政审批事项压缩了 60% 以上，8 项省级行政权力事项被下放到济南、青岛和烟台实施；编制了 70 项“一次办好”事项清单，压缩办理时限 353 个工作日。2019 年，山东省又向济南、青岛、烟台 3 市下放了除跨设区的市和致使公路改线的重大涉路工程。② 按照“一次办好”的要求，山东省对申请行政许可事项进行系统梳理，将公路局的 3 项行政许可事项进行“颗粒化”拆分，最大限度压缩审批

① 《2019 年“公交优先 绿色出行”宣传周启动》，大众网，2019 年 9 月 16 日，http：//www. dzwww. com/shandong/sdnews/201909/t20190916_ 19178152. htm，最后访问日期：2020 年 3 月 20 日。

② 朱媛媛：《省交通厅公路局推进放管服改革：简化办事流程 变群众“跑腿”为政府“跑腿”》，https：//www. 360kuai. com/pc/9fca80e798d325b4f? cota = 4&kuai_ so = 1&tj_ url = so_ rec&sign = 360_ 57c3bbd1&refer_ scene = so_ 1。

程序，加快审批速度。为方便群众，山东省以“政府跑腿”替代“群众跑腿”，开展网上申请、网上出证及寄送服务，最大限度推进“全程网办”。

2. 积极创建交通运输信用体系和“信用交通省”

山东省围绕交通运输重点领域，整合交通运输建设市场和运输市场两大平台，建立省交通信用信息综合管理平台，激励守信、惩戒失信，健全信用评价体系。有机整合平台建设和“放管服”改革，加快建立以信用为核心的新型市场监管机制，强化交通运输信用监管，根据信用等级施行差异化监管。完善信用信息公开制度，加大信用信息公开力度，实现信息共享。

3. 推进“平安交通”建设，健全交通运输专项治理体制

山东省突出重点领域安全生产专项治理，建立战时工作机制，全面开展道路危化品运输车辆本质挂靠经营和介质不符整治行动。大力实施公路安全生命防护工程。自2015年该工程实施起，山东省国道、省道累计投资775.6亿元，整治安全隐患路段10683公里，改造穿城路、瓶颈路1808公里；农村公路完成投资49.4亿元，整治安全隐患路段4.09万公里。健全应急管理体制机制，制定全省交通运输综合应急预案，扎实推进省级综合交通运输调度和应急指挥系统建设，形成纵向贯通、横向协调的应急协调机制，不断提升突发事件应急处置能力。

（六）科技引领，大力发展智慧交通

《交通强国建设纲要》明确指出，要“推动大数据、互联网、人工智能、区块链、超级计算等新技术与交通行业深度融合”①，大力发展智慧交通。近年来，山东省一直致力于信息化、智能化、数字化发展全面融入交通建设、运行、服务、监管等各个环节，不断提升交通智能化水平。①智慧管理深度应用，相继建成公路水路安全畅通与应急处置系统、交通运输统计分析监测和投资管理信息系统、公路水路建设与运输市场信用信息服务系统等重点工程。②智慧高速加快发展，构建起高速路网断面承运量分析系统、交通流应急分流仿真系统、路况信息管理系统等应用体系。③智慧物流加快推进，建成重点营运车辆动态监管平台，进一步丰富省交通物流公共信息服务平台功能。2019年，

① 中共中央、国务院：《交通强国建设纲要》，中华人民共和国交通部官网，http://xxgk.mot.gov.cn/jigou/zcyjs/201909/t20190920_3273715.html。

与省内外26个物流平台实现数据交换，互联用户445家。④智慧港口取得突破，青岛港集装箱装卸、运输、堆存、收发实现全过程无人作业。⑤智慧出行更加便捷，山东交通出行网年访问量达460万人次，96669咨询服务中心年均接听电话35万个①，“e高速”“齐鲁通”等手机App相继开通运行。不断加快科研平台建设，开启了省级交通运输行业重点实验室和研发中心认定工作。汽车维修电子档案系统、智慧公路、智慧港口等项目纳入交通运输部智慧交通示范项目库，高速公路政企数据融合应用列入交通运输部首批大数据融合应用试点项目名单。加快推进政务信息系统整合共享，推进行业重要政务信息系统上云。

（七）立足资源节约和环境保护，全面发展绿色交通

2015年1月，山东省人民政府办公厅制定出台了《关于加快推进山东省绿色交通运输发展的指导意见》，明确了发展绿色交通运输的目标任务。同年8月，交通运输部正式批复《山东省创建绿色交通省实施方案（2015－2018年)》，山东省成为全国四个绿色交通示范省创建省份（苏、鲁、浙、辽）之一。4年间，山东省累计投资231.5亿元，通过了烟台绿色交通城市、日照港绿色港口、济南至东营绿色公路的国家考核验收，打造了临沂蒙阴天然气货车大规模推广应用、青岛港绿色港口、潍坊公共自行车等一大批亮点项目，基本建立了绿色、循环、低碳交通运输体系；全省累计实现节能量23.8万吨标煤，替代燃料59.2万吨标准油，减排二氧化碳75.6万吨。

开展特色科技转化，依托济青高速公路改扩建工程，开展了“废旧路面再生利用”“赤泥资源化利用”等科研项目；济南将快速公交（BRT）与快速路创新性地集合在一个走廊上，建设“双快”体系，带动沿线商业发展；岸电、沥青温拌及冷热再生、绿色汽修、节能驾驶等一批技术成果得到普遍推广。

大力发展新能源、清洁能源运输工具，倡导绿色出行，发展绿色公交。2019年，山东省新能源和天然气营运车辆达13.5万辆。2019年，青岛市区绿色公交车已占96%以上，纯电动公交车占37.4%。截至2019年10月，临沂市共拥有公交车辆2248台，纯电动公交车达到1360台，纯电动公交车占比达60%以上，新

① 朱媛媛：《山东“智慧交通”建设进入快车道　可与省内外26家物流平台进行数据交换》，齐鲁网，http://news.iqilu.com/shandong/kejiaoshehui/20191206/4390775.shtml。

能源和清洁能源公交车占比达100%。[①] 同时，临沂市秉持便利高效、适度超前的建设原则，不断加快充电基础设施建设，打造建成了“一公里充电服务圈”。

二 2019年山东省公共交通领域取得的进展及存在的主要问题

（一）2019年山东省公共交通领域取得的主要进展

2019年，山东省立足交通强省建设，加快互通互联，全力推进交通基础设施建设，初步形成综合交通运输网络架构。

1. 公路建设持续加快，形成了四通八达的公路网

“十三五”期间，山东省以加密、提速和扩通道为主要着力点，实现了公路事业跨越式发展，形成了四通八达的公路网。截至2019年底，山东省公路通车总里程和公路密度分别达28万公里和178.8公里/百平方公里，分别居全国第2、第3位。2019年，山东省聚焦“九纵五横一环七射多连”，加快建设高速公路网，相继完成济青、滨莱等高速公路的“四改八”工程，将全省六车道以上高速公路占比提升到24%，开始步入八车道高速公路时代。截至2019年底，山东省高速公路总通车里程达6447公里。[②] 2018年，国省道路段升级和以打通“城乡最后一公里”为目标的农村公路网建设也在同步加速推进，普通国省道已经连接了全省所有县级以上节点，实现了“县县通高速”，并覆盖了90%以上的乡镇，通车总里程达到1.96万公里，农村公路通车总里程和密度分别高达24.78万公里和155公里/百平方公里，均居全国第2位[③]，行政村通沥青（水泥）路率达到100%。

2. 铁路建设全面加速，构建了内通外联的铁路网

2019年，山东省铁路总运营里程位居全国第5位，达6589公里，其中高

① 《公交优先绿色出行 临沂“绿色公交车”实现全覆盖》，大众网，https://sd.dzwww.com/sdnews/201910/t20191023_19284492.htm。

② 《2019年全省交通基础设施建设投资达到1750亿元　投资总量建设规模创历史之最》，山东省交通厅官网，http://jtt.shandong.gov.cn/art/2020/1/10/art_12459_8667032.html。

③ 《截止2018年底山东公路通车总里程达27.56万公里居全国第2位》，2019年9月24日，http://m.iqilu.com/pcarticle/4352549，最后访问日期：2020年3月20日。

速铁路总运营里程居全国第3位，达1987公里。[①] 以省会济南为中心的高速铁路网加快建设，2小时交通圈覆盖了所有省内高铁沿线城市，通达全国城市近300个。高速铁路网已经成为引领山东高质量发展的新动力。同时，山东省在城市轨道交通建设方面取得了突破性进展，“济南轨道交通R1线、R3线和青岛地铁2号线西段开通运营，全省城市轨道交通总运营里程达到223.7公里”[②]，大大提升了城市交通的承载能力，缓解了城市公共交通压力。

3. 水运能力稳步提升，打造了现代化的集约港航群

截至2019年底，山东省沿海港口泊位数和内河港口泊位数分别达597个和232个，总通过能力分别达9.1亿吨和7021万吨，其中万吨以上港口泊位数达326个，沿海港口的运输生产能力高达16.1亿吨，居全国第2位，内河通航里程达到1150公里。山东省港口转型升级取得突破，青岛港全自动化码头成为全球自动化程度最高的码头、亚洲首个全自动化码头，并创造了39.6自然箱/小时的单机平均作业效率世界纪录。[③]

4. 航空布局不断优化，建成了多层覆盖机场群

2019年，山东省共有9个运输机场，国内、国际航线共670余条，其中国际航线74条，逐步形成了“两枢一干六支”的民航运输格局，航线数量不断增多，布局不断优化。2018年，山东省航空完成旅客吞吐量5763万人次，居全国第7位；货邮吞吐量43.3万吨，居全国第10位。2019年，烟台蓬莱国际机场旅客吞吐量过千万，成为全国第39个旅客吞吐量过千万的机场；山东省成为全国第三个拥有3个千万级机场的省份。[④]

5. 公交都市建设取得成效，多层次、多模式、一体化城市公共交通体系形成

多年来，山东省全面践行“公共交通引领城市发展”的理念，大力支持济南、青岛、威海、烟台、枣庄、潍坊创建公交都市，形成多层次、多模式、一体

---

① 《山东铁路建设实现重大突破，高速铁路居全国第3位》，2019年9月24日，https：//news. e23. cn/shandong/2019 - 09 - 24/2019092400372. html，最后访问日期：2020年3月20日。

② 《2019年全省交通基础设施建设投资达到1750亿元　投资总量建设规模创历史之最》，山东省交通厅官网，http：//jtt. shandong. gov. cn/art/2020/1/10/art_12459_8667032. html。

③ 《新中国成立70周年山东交通新闻发布解读》，2019年9月30日，http：//jtt. shandong. gov. cn/art/2019/9/30/art_100540_8443213. html，最后访问日期：2020年3月20日。

④ 《烟台蓬莱国际机场年旅客吞吐量过千万》，山东省交通厅官网，http：//jtt. shandong. gov. cn/art/2019/12/31/art_12459_8526887. html。

化城市公共交通体系。城市公共交通吸引力不断增强，居民满意度不断提高。

（1）不断增加、优化公交线路。2019年，泰安市新增403路、405路、406路等9条公交线路；烟台市区新增5条公交专用体验车道；枣庄市也新增2条公交车道。济南市自2018年以来新开线路52条，优化调整线路66条次，持续增设、优化调整站点240处，公交线达到350条，公交线路总长度达到5150公里，线网总长度达1510公里。

（2）构建城市快速路网。枣庄市实现了BRT（快速公交系统）线网全覆盖。济南市顺河高架南延、二环西路高架南延等快速路全部建成通车，“高快一体”快速路骨架闭环成网，城市快速路达到111公里。

（3）编织高峰通勤网。济南市根据大数据分析结果，针对城区客流通行周期性特点明显、高峰通勤出行压力大的规律，开通了31条高峰通勤线路，构建了高峰通勤线网，在工作日早晚高峰时段运行，大站停靠，高效通行，较好地满足了高峰时段中长距客流需求。

（4）打通公交“微循环”。为解决市民公交出行最后一公里，山东省各市详尽考察社区路段，并结合客流出行规律，在居民密集区与大型换乘站之间，开通社区公交线路，打通公交“微循环”。烟台市开通了107路微循环线路、309路区间线路，济南市开通了20条“社区公交”线路，实现了不同层次线路间的连接，使市民在家门口就能享受到便捷与舒适的公交，极大地方便了社区居民出行。

（二）山东省公共交通领域存在的主要问题

1. 投入水平相对较低，交通强省建设缺乏持续性的有力保障

2019年，山东省认真贯彻习近平总书记“全面加快基础设施建设、推动交通互联互通、为山东高质量发展提供强力支撑”的重要指示精神，全面启动交通强省建设。[①] 2019年，山东省交通领域的固定资产投资达到1750亿元，较上年增长8.8%，为补短板、促发展，推动新时代现代化强省建设做出了重要贡献。但总体而言，投入水平仍然较低。2018年，山东省交通运输支出占

---

① 《加快综合交通基础设施建设情况新闻发布词》，山东省交通运输厅，2019年12月25日，http：//jtt.shandong.gov.cn/art/2019/12/25/art_11638_8465621.html，最后访问日期：2020年3月20日。

一般公共预算支出的比重仅为 4.09%，不及全国平均水平（5.30%）（见表 1）。从表 1 可以看出，山东省仅青岛市投入水平较高，交通运输支出占一般公共预算支出的比重超过了全国及全省平均水平，而其余各市均低于全国和全省平均水平。在山东省 6 个公交都市试点城市中，青岛投入水平居首位；威海、枣庄、烟台分列第 6、第 8 和第 9 位，交通运输支出占一般公共预算支出的比重分别为 3.44%、3.30% 和 3.02%，居全省中上水平；而潍坊和济南投入水平较低，尤其是省会济南，交通运输支出占一般公共预算支出的比重仅为 1.94%，为全省最低。这样的投入水平难以为山东省交通强省建设提供持续、稳定的有力保障。

表 1　2018 年山东省各城市交通运输支出情况

单位：亿元，%

	交通运输支出	交通运输支出占一般公共预算支出的比重
全国*	9969.05	5.30
山东省	412.79	4.09
济南	19.73	1.94
青岛	100.54	6.45
淄博	12.00	2.53
枣庄	8.57	3.30
东营	8.58	2.80
烟台	22.80	3.02
潍坊	19.33	2.64
济宁	24.57	3.97
泰安	10.48	2.75
威海	12.50	3.44
莱芜	9.64	3.71
日照	3.38	3.37
临沂	25.12	3.93
德州	11.25	2.72
聊城	10.61	2.59
滨州	8.61	2.49
菏泽	19.75	3.58

注：* 全国的交通运输支出为地方财政交通运输支出数据之和。

资料来源：《山东统计年鉴 2019》和《中国统计年鉴 2019》。

2. 交通基础设施对高质量发展的支撑力不足

经过“十三五”时期的加速发展，山东省公路、铁路等基础设施建设总量全国领先，但密度指标，尤其是高速公路、高速铁路密度不高，交通基础设施存量优化、改造提升进展相对滞后，对高质量发展的支撑力和综合保障力存在明显不足。2018 年底，山东省高速公路密度仅为 3.93 公里/百平方公里，居全国第 9 位，不及位居首位的上海（13.83 公里/百平方公里）的 30%[①]；高铁密度为 80.5 公里/百平方公里，时速 300 公里以上的高铁密度仅为 0.54 公里/百平方公里，均居全国第 10 位；时速 350 公里的高铁所占比例仅为 33%，无法满足日益增长的更加迅捷、高效的运输需求[②]。2019 年，山东省双向六车道及以上高速公路所占比例虽然提升至 24%，但与江苏、广东 40% 的水平有较大差距。此外，机场规模小、内河航道通航标准较低等问题也依然存在。山东省交通设施依然基础薄弱，难以满足高质量发展的要求。

3. 不够“互通互联”，网络布局不合理

无论是外通还是内联，山东省公共交通发展均存在不足。就外联通道而言，仅有京沪高铁、石济客专 3 个高铁通道进出口，北部连接京津冀、南部连接长江经济带和西部畅通中原经济区的外联通道严重不足。与邻省交界的 9 个地市，只有 17 个高速公路进出口。民用航空方面，洲际直航航线不足，对外通联能力较弱。就内部联系而言，全省铁路、公路、水路、民航相互之间，各种交通方式与城市公共交通之间衔接不通畅、不紧密，一体化城市综合交通枢纽规划建设滞后，布局不合理、功能不完善，与“零距离换乘”“无缝隙衔接”的目标依然相差较远。

4. 城市公共交通资源依然相对匮乏，承载力不强

2018 年，山东省万人拥有公交车辆数仅为 6.82 标台，不及全国平均水平（14.73 标台）的一半，而且全省没有一个城市达到全国平均水平；山东省万人公共交通运营线路长度 13.09 公里虽高于全国平均水平（9.78 公里），但低

---

① 《18 年高速公路密度排名，直辖市遥遥领先，这个省位居中西部第一》，2019 年 6 月 2 日，https://baijiahao.baidu.com/s?id=1635217292796185802，最后访问日期：2020 年 3 月 20 日。

② 《2018 年各省高铁以及高速公路密度排名!》，2019 年 6 月 2 日，https://tieba.baidu.com/p/6150541321?red_tag=2381834266，最后访问日期：2020 年 3 月 20 日。

于全国平均水平的城市数仍高达10个，高于全省平均水平的也仅有威海（16.16公里）、东营（16.15公里）和淄博（14.06公里）3个城市。山东省城市公共交通资源相对不足，其城市公共交通将面临较大的承载压力。

表2　2018年山东省城市公共交通基础设施状况

单位：标台，公里

	万人拥有公交车辆	万人公共交通运营线路长度
全国	14.73	9.78
山东省	6.82	13.09
济南	11.97	10.79
青岛	10.78	11.93
淄博	5.40	14.06
枣庄	4.35	7.84
东营	5.91	16.15
烟台	3.72	4.55
潍坊	2.31	2.45
济宁	2.66	2.69
泰安	3.84	5.22
威海	6.23	16.16
日照	2.76	3.58
临沂	2.44	2.52
德州	1.49	2.19
聊城	2.37	3.93
滨州	3.67	12.53
菏泽	1.57	3.34

资料来源：《中国统计年鉴2019》和《山东统计年鉴2019》。

三　山东省公共交通发展的对策建议

2019年10月，山东省成为第一批交通强国建设试点13个单位之一。为补短板、强弱项，为高质量发展提供稳固支撑，山东省必须按照《交通强国建设纲要》的要求，加快建设综合交通和智慧交通，构建功能完善、便捷高效、技术先进、安全绿色的综合立体交通网络，充分发挥其经济引领作用，为新时代现代化强省建设提供强有力的支持。

（一）完善交通基础设施布局，实现立体互联

优化公共交通基础设施存量资源配置，扩大优质供给，统筹铁路、公路、水运、民航等基础设施规划建设，参与“一带一路”、雄安新区、京津冀协同发展区、长江经济带、粤港澳大湾区建设，进一步拓展交通基础设施发展空间，全面提升综合交通对外联通能力。突出交通运输的基础性和先导性作用，进一步优化调整综合立体交通网络，完善多层次网络布局，实现立体互联，增强系统弹性。建设城市群一体化交通网，推进干线铁路、城际铁路、市域（郊）铁路、城市轨道交通融合发展，完善城市群快速公路网络，推进城市公共交通设施建设，强化城市轨道交通与其他交通方式的衔接，完善快速路、主次干路、支路级配和结构合理的城市道路网，打通道路微循环，提高道路通达性。

（二）全面增进民生福祉，进一步促进公共交通均等化和便利化

建设畅通、高效、安全、便捷的综合交通网络，满足居民日益多元化、个性化、高品质的交通需求，提高智能化、网络化、现代化水平，提高交通运输供给质量和效率，提供更高水平、更高质量的公共交通服务。全面实施交通扶贫脱贫工程，加快革命老区、贫困地区和广大农村地区交通运输发展，实现贫困村通公路、通公交车、村内道路硬化，持续改善群众出行条件，为全面建设社会主义现代化国家夯实基础。

（三）创新引领，大力发展智慧交通

智慧交通是指在整个交通领域充分运用新一代信息技术，综合运用交通科学、系统方法、人工智能、知识挖掘等理论与工具，以全面感知、深度融合、主动服务、科学决策为目标而建立的实时动态信息服务体系。智慧交通可以有效地利用现有交通设施，减少交通负荷和环境污染，保证交通安全，提高运输效率，因而日益受到重视。为此，应积极推动大数据、互联网、人工智能、区块链、超级计算等新技术与交通行业深度融合。推进数据资源赋能交通发展，

加速交通基础设施网、运输服务网、能源网与信息网络融合发展，构建泛在先进的交通信息基础设施。构建综合交通大数据中心体系，深化交通公共服务和电子政务发展。发挥企业创新主体作用，积极促进产学研联合。提升科技创新的组织化程度，加强政企沟通合作，推动科技经济紧密融合，积极落实鼓励引导政策，引导企业加大研发投入，培育行业创新型领军企业，建立高效协同科技创新体系，形成长期稳定的联合创新机制，打破全产业链的技术制约，加速科技成果转化应用。

参考文献

孙钰、崔寅、冯延超：《城市公共交通基础设施的经济、社会与环境效益协调发展评价》，《经济与管理评论》2019 年第 6 期。

宋成举、赵雨旸、张鹏：《多种公共交通方式竞合关系建模与仿真》，《交通科技与经济》2019 年第 3 期。

龚维玲、庞嘉宜：《城市公共交通网络资源化利用的对策研究》，《智能城市》2019 年第 22 期。

吴娇蓉、王宇沁：《精细化交通配置需求下的城市综合体分类》，《同济大学学报》（自然科学版）2019 年第 12 期。

姚迪、徐丽群、李金培：《公交服务水平、交通需求管理与公交吸引力——基于客观选择与主观意愿的双重检验》，《系统管理学报》2019 年第 6 期。

B.11

2019 ~2020年山东省公共文化体育服务现状、问题与政策建议

李春龙*

摘　要： 2019年，山东省公共文化体育服务在政策法规建设、文化体育设施建设、文化权益保障制度建设和信息反馈渠道建设等方面取得了很大进展，但也存在一些不容忽视的问题，需要及时加以解决。具体来说，可以从以下几方面入手：加大公共财政的投入力度，完善公共文化体育服务的投入机制；加强公共文化体育设施建设，尤其要补齐基层基本公共文化体育服务的短板；不断提高服务水平，努力满足居民多种层次服务需求；积极培育稳定的人才队伍体系，为公共文化体育服务注入持久动力。

关键词： 公共文化服务　公共体育服务　基本公共服务

《中华人民共和国公共文化服务保障法》明确规定："公共文化服务，是指由政府主导、社会力量参与，以满足公民基本文化需求为主要目的而提供的公共文化设施、文化产品、文化活动以及其他相关服务。"公共体育服务归属于广义的公共文化服务范畴。因此，公共文化体育服务，是政府基本公共服务的重要组成部分，包括向公众开放用于开展文化体育活动的公益性的图书馆、博物馆、纪念馆、美术馆、文化馆（站）、体育场（馆）、青少年宫、工人文

* 李春龙，山东社会科学院省情与社会发展研究院助理研究员，主要研究方向为社会政策、社会发展。

化宫等建筑物、场地和设备，还包括与各种设施相匹配的服务，一般是免费或低费的。

公共文化体育服务水平，不仅可以展示出一个省（区、市）或城市的文化实力，也是一个省（区、市）或城市竞争力的重要体现，其作用不单单在于能够提升居民素质，还能促进经济增长，提升省（区、市）或城市的综合实力。

一　山东省公共文化体育服务基本状况及进展

建设经济文化强省，是山东省第十一次党代会向全省人民发出的动员令，也是山东省今后社会经济发展的总目标。文化建设在整个社会经济规划中占有举足轻重的地位，公共文化建设则是文化建设的基础和根本。2019 年初，《山东省政府工作报告》中指出，“2019 年政府工作重点任务”之一是“落细落实‘六个着力点’，进一步提升高质量发展共享水平”，其中明确将“着力繁荣发展文化事业”作为“六个着力点”之一加以阐述，充分表明省委、省政府对于发展文化事业的高度重视。

（一）公共文化体育服务相关法规政策接连出台

山东省历来十分重视居民享有基本公共文化体育服务的权利和福利，各级政府依据社会经济综合发展状况，针对公共文化体育服务领域出台了一系列操作性很强的法规、政策和规划，极大地推动了公共文化体育服务的发展。特别是党的十九大以来，山东省深入贯彻落实党中央关于推动文化事业和文化产业发展的要求，不断加强公共文化体育服务体系建设，深入推进依法行政制度体系建设，编制相关发展规划和专项规划，促进公共文化体育服务水平不断提高。

2019 年，山东省全面强化文化事业发展和公共文化服务的法治保障和规划管理。①积极推进公共文化领域的立法工作，推动将《山东省齐长城保护与管理条例》《山东省曲阜孔庙孔林孔府保护管理条例》《山东省公共图书馆条例》列入山东省人大 2020 年度地方性法规立法计划，将《山东省考古遗址公园管理办法》列入 2020 年政府规章项目。②继续加强对涉及文化旅游领域的地方性法规和政府规章等的监督管理，全面清理现行有效的地方性法规、政府规章和规范性文件，保留了《山东省非物质文化遗产条例》《山东省旅游条例》《山东省文物保护条例》3件地方性法规和《山东省大运河遗产山东段保护管理办法》《山东省公共图书馆管理办法》2件政府规章，以及其他若干规范性文件。③进一步加强文化旅游规划建设，先后完成或启动《山东省文化和旅游融合发展规划》《山东省黄河文化保护传承弘扬专项规划》《长城国家文化公园建设保护山东省规划》等的编制工作。此外，山东省还着力开展第四批国家公共文化服务体系示范区（项目）创建工作，努力解决现代公共文化服务体系建设中的不平衡、不充分问题，形成可推广、可复制的示范带动经验。

2019年，山东省公共体育服务领域的法治化建设进一步加强。2019年3月，山东省体育局印发了《山东省体育领域黑名单管理办法（试行）》。该黑名单管理办法旨在建立健全山东省体育领域信用体系，积极促进山东省体育高质量发展。该管理办法规定对于在体育领域发生的，严重违反法律、法规、规章和严重违约失信行为的信息主体，要将其纳入黑名单进行管理，在一定期限内向社会公布，并采取信用约束、重点监管、联合惩戒等一系列措施。2019年4月，为进一步提升公共体育服务能力，促进体育产业高质量发展，加快健康山东和体育强省建设步伐，山东省制定出台了《山东体育服务业品牌培育创建管理办法》。该管理办法明确了山东省体育服务业品牌的培育创建原则、培育创建范围和培育创建机制，对申报山东体育服务业品牌的组织机构或产品项目，制定了严格的申报审评基本条件和方式程序。该管理办法还规定，对获授较高等级山东体育服务业品牌的，各地要根据促进服务业发展相关政策规定给予积极扶持。

2019年，围绕省委、省政府提出的“八大发展战略”，山东省逐步构建了高质量发展标准体系。在认真贯彻落实中共中央办公厅、国务院办公厅《关于建立健全基本公共服务标准体系的指导意见》的过程中，山东省通过制定涵盖文化体育等多个重点基本公共服务领域的地方标准来积极推行基本公共服务标准保障工程。山东省还充分发挥标准化在优化基本公共服务资源配置、规范服务流程、提升服务质量等方面的示范作用，有力促进了公共文化体育服务的均衡优质、公平普惠。

（二）公共文化体育服务设施建设获得长足发展

公共文化体育服务的最终目标在于满足居民的文化和强身健体需求，逐步提升居民对公共文化服务和公共体育服务两方面的主观体验与感受。因此，为了满足全体居民不同种类、不同层次的需求，政府部门需要在财力许可的前提下逐步完善基本文化体育设施，增加配置数量，扩大人群覆盖面。根据《山东统计年鉴 2019》提供的数据，我们简单梳理了山东省总体及 16 个城市在以下几方面的发展状况。

1. 文化体育与传媒支出占一般公共预算支出比重不同年度略有波动，但支出总额呈逐年增加趋势

我们用“文化体育与传媒支出占一般公共预算支出比重”这一指标考察政府对公共文化体育服务的财政投入力度。数据显示，2016 年，山东省文化体育与传媒支出总额为 1374737 万元，一般公共预算支出总额为 87552136 万元，前者占后者比重为 1.57%；2017 年，山东省文化体育与传媒支出总额为 1418993 万元，一般公共预算支出总额为 92583984 万元，前者占后者比重为 1.53%；2018 年，山东省文化体育与传媒支出总额为 1535220 万元，一般公共预算支出总额为 101009606 万元，前者占后者比重为 1.52%。虽然文化体育与传媒支出占比略有下降，但支出总额呈逐年增加趋势。

我们进一步将这一指标用于 16 个城市，对各市公共文化体育服务投入力度做对比，结果见表 1。表 1 显示，各城市文化体育与传媒支出占一般公共预算支出的比例在 1.0% 和 2.5% 之间，均超过 1.0%。其中淄博、威海、济宁均超过 2.0%，位于前三名。随着经济的发展，越来越多的城市和政府决策者逐渐意识到文化体育不是单向的投入，它的产出效益是相当惊人的。完善的公共文化体育服务可以使居民强身健体，提高身体素质，更好地工作和生活；先进的公共文化服务可以为居民提供精神食粮，为经济发展提供智力保障和创新动力。可以说，公共文化体育服务水平越高，居民受益越大，经济发展越有后劲，社会进步越能持续。基于这一认识，各城市开始有意识地增加公共文化体育服务投入，提高其占一般公共预算支出的比重。

表1　山东省16个城市文化体育与传媒支出占一般公共预算支出比重

单位：%

城市	比重	城市	比重
淄博	2.19	青岛	1.54
威海	2.00	泰安	1.36
济宁	2.04	滨州	1.30
枣庄	1.42	烟台	1.35
潍坊	1.39	日照	1.07
东营	1.31	德州	1.23
聊城	1.22	济南	1.40
临沂	1.28	菏泽	1.21

数据来源：《山东统计年鉴2019》。

2. 各级政府注重基层文化设施建设，基层文化站建设数量在各市之间相对均衡

文化站是服务基层百姓的文化场馆，它的人口覆盖密度最能体现一个城市对居民文化需求的满足程度，也能考察居民在使用场馆设施、接受公共服务上的便利程度。基层文化站数量越多，单个文化站覆盖的人口数越少，老百姓接受服务就会越方便。我们用“每十万人拥有文化站数”这一指标来衡量16个城市的基层文化场馆覆盖人口情况。表2显示，山东省有11个城市每十万人拥有文化站数超过全省平均值（1.81个），只有5个城市低于全省平均值。这表明该指标在各城市之间相对均衡，差距不十分突出。山东作为文化大省，有着丰富的优秀传统文化资源和红色革命文化资源。全省各市都在充分利用这种文化优势，通过遍布城乡基层的文化站将各种文化大餐送至千家万户。基层文化站作为优秀文化的输送平台，在文化强省建设中发挥着越来越重要的作用。

表2　山东省16个城市每十万人拥有文化站数

单位：个

城市	个数	城市	个数
威海	2.62	济南	1.85
滨州	2.33	日照	1.85
德州	2.31	济宁	1.84
烟台	2.19	泰安	1.56

续表

城市	个数	城市	个数
聊城	2.18	临沂	1.51
菏泽	1.92	枣庄	1.48
淄博	1.87	青岛	1.46
东营	1.86	潍坊	1.26

资料来源：《山东统计年鉴 2019》。

3. 公共图书馆建设在满足居民阅读需求方面还有很大发展空间，各级政府正努力提高公共文化场馆的人口覆盖面

公共图书馆在整个公共文化服务体系中占有举足轻重的地位，在培养和提高人们的精神境界、满足人们的精神需求方面是其他文化场馆无法替代的。公共图书馆的数量和读者数是衡量一个城市文化底蕴深浅和文明素质高低的重要指标。我们采用“每十万人拥有公共图书馆数”这一指标来考察 16 个城市居民精神家园的建设情况。表 3 显示，山东省东营、德州、烟台、滨州、淄博、威海、日照、枣庄、济南 9 个城市每十万人拥有公共图书馆数超过全省平均数（0.15 个）。就全省情况来看，每十万人拥有公共图书馆数最少的仅有 0.11 个，最多的也不过 0.28 个，相对于庞大的人口数，公共图书馆建设明显滞后。各城市已经注意到公共图书馆在培育市民精神、提升市民文明素质等方面的巨大作用。随着城市经济实力的增长，各级政府在公共文化领域的投入力度越来越大，尤其是公共图书馆等文化场馆正如雨后春笋般遍布城市不同区域。

表 3　山东省 16 个城市每十万人拥有公共图书馆数

单位：个

城市	个数	城市	个数
东营	0.28	济南	0.15
德州	0.21	济宁	0.14
烟台	0.20	青岛	0.13
滨州	0.20	聊城	0.13
淄博	0.19	潍坊	0.13
威海	0.18	泰安	0.12
日照	0.17	临沂	0.12
枣庄	0.17	菏泽	0.11

资料来源：《山东统计年鉴 2019》。

4. 公共体育场地面积增长较快，遍布不同管理系统，城镇和乡村均有较大发展

根据山东省体育局发布的《山东省第六次全国体育场地普查数据公报》，截至普查时间，山东省共有体育场地 101165 个，占全国总量的 5.97%，用地面积 4.97 亿平方米，建筑面积 0.18 亿平方米，场地面积 1.61 亿平方米，分别占全国总量的 12.48%、6.95% 和 8.09%。以山东省常住人口计算，平均每万人拥有体育场地 10.43 个，比全国平均水平少 2.02 个，人均体育场地面积 1.66 平方米，比全国平均水平多 0.20 平方米。

在山东省体育场地中，体育系统管理的体育场地面积 3491285.98 平方米，占 2.17%；教育系统管理的体育场地面积 86304774.30 平方米，占 53.55%；其他系统管理的体育场地面积 71356986.48 平方米，占 44.28%。体育系统管理的面积很小，教育系统管理的面积占大头。

在山东省体育场地中，109427535.83 平方米分布在城镇，占 67.90%；51725510.93 平方米分布在乡村，占 32.10%。历年数据显示，城乡体育场地面积每年均有较大幅度增加，始终保持稳步增长状态。

表 4 显示，山东省威海、烟台、青岛、济宁、日照、东营、济南 7 个城市人均体育场地面积高于全省平均值（1.66 平方米），其余 9 个城市低于全省平均水平，前 3 名城市是后 3 名城市的 3 倍左右，差距明显。为促进体育场地分布更均衡、更合理，让居民更容易使用、更有效利用，全省各市各级政府正积极创造条件，统筹规划建设各种可供居民进行体育锻炼的场地。

表 4　山东省 16 个城市人均体育场地面积

单位：平方米

城市	面积	城市	面积
威海	2.79	枣庄	1.49
烟台	2.79	滨州	1.30
青岛	2.49	德州	1.21
济宁	2.45	泰安	1.18
日照	2.38	潍坊	1.17
东营	2.19	临沂	0.92
济南	1.92	聊城	0.90
淄博	1.64	菏泽	0.83

资料来源：《山东省第六次全国体育场地普查数据公报》。

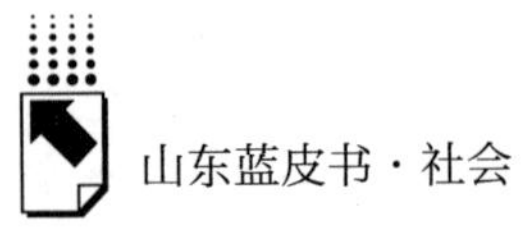

（三）群众文化权益保障制度建设扎实推进

1. 山东省财政创新出台省级文化场馆预算支出标准，保障群众服务需求

在现实工作中，山东省公共文化场馆运营普遍存在使用经费边界不清、支出使用不规范、保障标准不统一等问题。为了理顺管理秩序，消除制度缺陷，2019 年 12 月，山东省财政厅制定出台了《省级图书馆运维经费预算编制标准试行办法》《省级文化馆运维经费预算编制标准试行办法》，逐步推进全省公共文化场馆尤其是省级文化场馆预算支出标准化建设。这将积极促进山东省公共文化场馆的规范运营，满足群众的日常文化服务需求。

2. 政府鼓励各级公共文化体育场馆积极采取措施，让群众能够享受更便捷的公共服务

2019 年 12 月，在政府部门的大力扶持下，经过前期的复杂准备工作和技术攻关，泉城图书馆联盟服务平台在济南成立。山东省图书馆、济南市图书馆、济南大学图书馆等济南地区近 30 个公共图书馆加入这一平台，形成一个互联互通的公众图书借阅体系。该平台打破了省、市、县、社区四级公共图书馆和高等院校图书馆各自运营的体制屏障，实现了各联盟单位之间图书资源的共享，实现了真正意义上的读者在不同图书馆间的图书通借通还，极大地提高了图书借阅效率，有利于各图书馆资源的充分利用，有助于促进山东文化强省目标的早日实现。

2019 年 12 月，为加快推进山东省文化强省建设，营造高品质夜间文化消费环境，更好地满足群众美好文化生活需求，山东省文化和旅游厅直属的山东博物馆、山东美术馆和孔子博物馆纷纷在周末新增夜场开放时间，并适当延长了之前的夜间开放时间。三大文化场馆根据自身实际情况，推出不同的开放时间，但其结果却是一致的，就是将进一步满足公众不断增长的文化需求，提升市民文化素养、科技素养，促进全省文化实力和文化竞争力稳步提高。

3. 试点省、市、县三级联合购买文化惠民演出，丰富群众文化生活

2019 年 12 月，山东省在全国首开先河，启动省、市、县三级联合购买文化惠民演出试点工作，探索进一步落实满足居民日益增长的文化需求的有效形式，创新开展基层公共文化服务活动。该演出模式以剧目、院团和剧场三大数据库为基础，经过市场前期评估确定演出内容，动态管理整个过程，形成群众

满意的精品剧目库。截至2020年1月，已有100多家艺术院团、演艺机构的400余部剧目加入，剧目既有山东省各市的，也有国内其他13个省市的，甚至还有国外10个国家和地区的，实现了话剧、舞剧、歌剧等题材的多元涵盖，为全省群众提供了形式多样、多姿多彩的文化盛宴。

4. 以文旅融合形式带动夜经济发展，拓展居民文化生活空间

2019年11月，山东省人民政府办公厅发布了《关于加快推进夜间旅游发展的实施意见》。该文件提出的总体要求是“聚焦文旅融合高质量发展，深化文化旅游领域供给侧结构性改革，从供需两端发力，营造高品质夜间文化旅游消费环境，不断激发文化和旅游消费潜力，加快形成夜间旅游经济体系，增强人民群众的获得感、幸福感”。可见，政府鼓励发展夜经济的最终目标还是提高群众的幸福感，而幸福感的获得离开文化这个内核就是“空中楼阁”。将文化因素融于夜间旅游，既能促进经济发展，提高居民收入，又能丰富居民夜间生活，拓展生活空间，满足不同文化需求，可谓一举两得。今后，如何提高文化品位、增加文化附加值、满足文化体验是每一个夜间经营者必须认真考虑的现实问题。政府对公共文化的引导和带动作用，将会促进夜经济健康持续发展。

（四）各级政府高度重视民意反馈渠道建设，随时倾听群众呼声

当前，伴随着山东省经济的快速发展，人民日益增长的美好生活需要逐步转化为对政府提供的基本公共服务的需求。群众的这种需求往往通过新闻媒体报道、网络舆论发声等多形式、多渠道体现出来。政府相关决策部门可以通过及时收集、处理相关信息快速做出反应，调整建设方向和建设力度，以便使政府整个基本公共服务工作更快适应群众的日常需求。

新闻热度可以用来考察各城市在各项服务工作进展上的新闻报道是否及时以及政府对民意反馈信息的关注程度和敏感程度。新闻媒体报道热点数量及微博、微信、聊天论坛等网络民意反馈量所反映的城市在公共文化体育服务领域的新闻热度，某种程度上可以体现出政府对该领域工作的重视程度以及现实工作的推进力度。

各级政府部门对群众知情权、参与权和民意反馈制度建设在总体上呈现关注度越来越高，重视程度也越来越高的良好趋势。相关部门积极关注新闻媒体、网络民意，倾听民意反馈，充分利用各种信息反馈渠道和现代技术，收集

与社会治理相关的一切有用信息，将分析统计结果用于制定新的治理方案和政策措施，逐步完善治理规划，更好地推进服务工作。

新闻媒体报道和各种形式的网络民意反馈，为政府服务部门和接受服务的群众架起了一座直通的“桥梁”。这种联系有利于群众更好地监督政府服务工作质量，及时、有效地将需求信息反馈给政府相关部门；有利于政府工作部门快速查找问题、提出应对策略，进一步改进工作。

二　山东省公共文化体育服务存在的问题

（一）公共文化体育服务的财政投入偏低，不利于文化体育事业的持续发展

在山东省16个城市中，文化体育与传媒支出占一般公共预算支出的比重超过2%的只有3个城市，其余城市基本上都在1.6%以下，比重最低的城市只勉强高于1%。比重明显偏低，说明公共文化体育服务在各城市经济社会总体发展中属于薄弱环节，亟须加强。公共文化体育建设不能保持“健康”的发展状态，其后果会相当严重，后患无穷。经济工作对连续性的要求要低于社会建设对于连续性的要求。经济建设暂时中断，一旦条件具备即可快速恢复运行，后遗症不是很明显。文化体育建设若是因为无法得到正常保障中断，那么假以时日，其危害会自动显现：文化发展停滞，人民健康受到损害。这些危害一旦形成，很难在短时间内得到修复。

对比山东省各城市文化体育支出、科技支出、教育支出三个数据，我们发现大部分城市的文化体育支出低于科技支出和教育支出。这个现象说明一个问题：政府在制定一般公共预算支出方案时是区别对待的，对公共文化体育服务的重视程度远远不及科技和教育。文化体育、科技、教育三者其实是密不可分的一个整体，对其中任何一个的损害都必然会伤及其他两个，三者不能齐头并进、平衡发展，经济社会就会跛足前行。政府有责任防止这种状况发生，不能无限制降低对公共文化体育服务的投入。

（二）公共文化体育设施数量明显不足，部分设施距离居民区较远

山东社会科学院《2017年山东省经济社会综合调查》提供的数据显示，

山东省城乡居民对居住社区周边的公共文化体育设施便利程度不是很满意，尤其是农村居民，不满意的人数比例远远高于城市居民。对公共文化体育场馆服务的满意度，城乡居民大致相当。

1. 居住社区周边公共文化体育设施的便捷度

数据显示，公共文化体育设施与受访者居住社区距离1.5公里以内的，城镇占60.5%，农村占33.7%，城镇居民与公共文化体育设施的距离要远远小于农村居民。在1.5～3公里范围的，城镇占23.6%，农村占24.1%，城乡比例接近。而在5公里以上的，城镇占4.5%，农村占20.9%，农村比例远远高于城镇。总的来看，城镇公共文化体育设施距离居民生活区较近，居民使用较为方便，农村公共文化体育设施距离居民生活区较远，居民使用较不方便（见图1）。

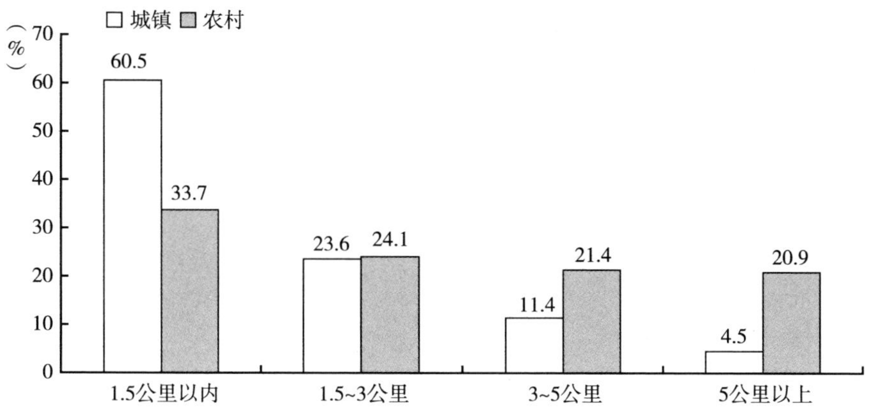

图1　山东省公共文化体育设施与居住社区不同距离比例

2. 对公共文化体育设施服务开放时间和服务内容满意度

数据显示，对公共文化体育设施服务开放时间和服务内容的评价，城镇都略好于农村（见图2、图3）。城镇有34.8%的受访者认为超过一半的场馆服务开放时间可以满足需求，农村为30.1%。城镇认为全部场馆服务开放时间都可以满足需求的受访者占47.5%，农村则占41.8%。城镇33.0%的受访者认为超过一半的场馆服务内容可以满足需求，农村为31.1%。城镇47.5%的受访者认为全部场馆服务内容都可以满足需求，农村为38.7%。

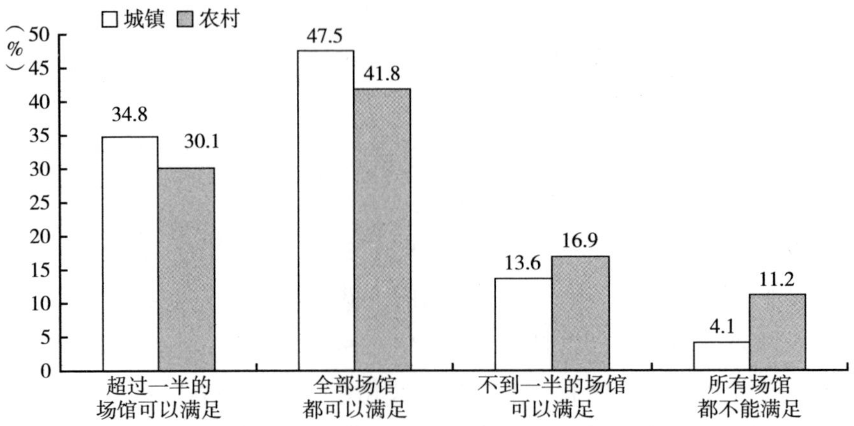

图2　山东省公共文化体育设施服务开放时间不同满意度比例

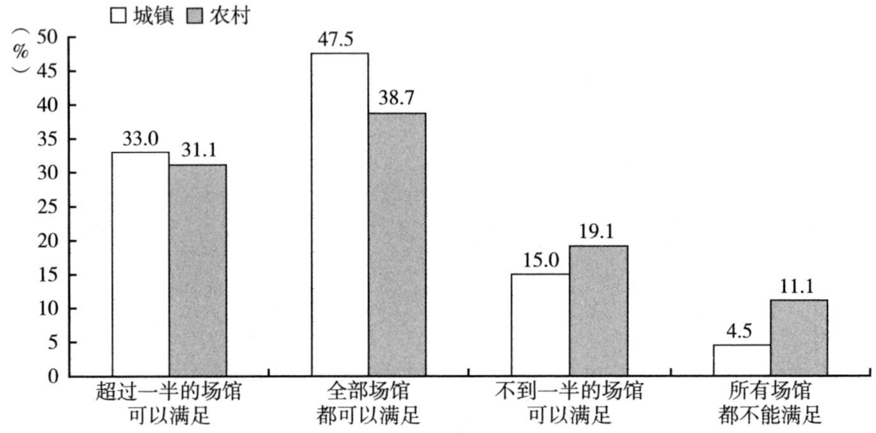

图3　山东省公共文化体育设施服务内容不同满意度比例

（三）政府服务与居民的日常需求之间存在错位现象

这种错位表现在两个方面：一是城市经济发展程度与居民的认可度不相匹配，部分经济较发达城市居民对服务的认可度反而较低；二是部分公共文化体育基础设施较为完备、硬件设施较好的城市，居民对服务的认可度反而较低。

究其原因，在于政府部门的服务意识较弱。一方面，仍有部分官员认为只要把场馆建起来了，政府部门的责任和使命就完成了，没有通盘考虑后续的配套服务，进而产生软硬件脱节的情况。另一方面，个别地方由于政府部门管理不善，出现了文化体育场馆建成后却无法及时投入使用的不合理现象，对外开放时间更是遥遥无期，严重损害了政府的形象，降低了群众对政府的信任度。

图4向我们清楚表明：居民最迫切需要的公共文化体育服务除了增加健身场地和器材属于硬件设施范畴排在第一位外，之后的几项需求都属于“软件”服务范围。如果政府的公共服务没有以居民需求为导向，不增强针对性，就不能很好地实现服务目标，无法让居民真正满意。

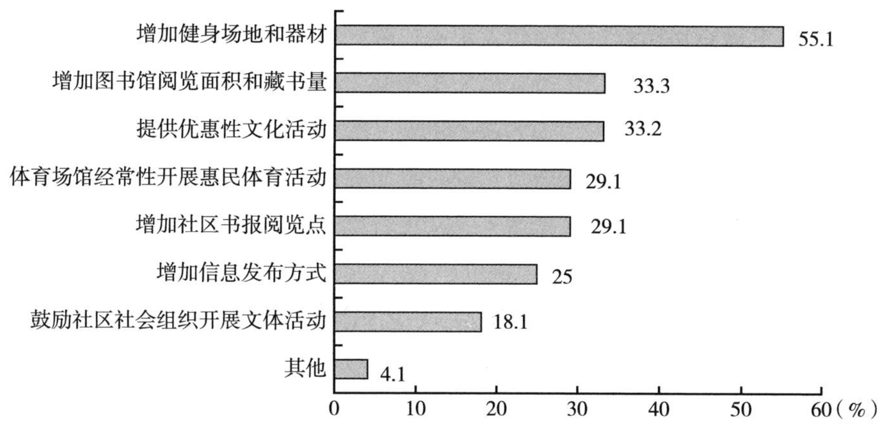

图4 当前最急需加强的公共文化体育服务选项占比

（四）公共文化体育服务人才队伍不稳定，基层人才流失严重

人才尤其是服务管理人才，在公共文化体育服务中占据至关重要的位置。他们负责规划、组织、实施、管理整个服务流程的顺畅运行，同时向领导反馈服务过程中的不足和问题，为下一步改进工作提供参考。当前山东省公共文化体育服务人才队伍建设中存在的一些问题，必须尽快加以解决，以免影响服务水平的提高。

1. 人才队伍分布不均衡

山东省公共文化体育人才数量较为庞大，但就分布地区来看，省会及东部沿海城市人才较多，中西部经济发展水平稍低的城市人才较少；城市人才较多，农村人才较少；大的机关、事业单位人才较多，基层人才较少。这种现象

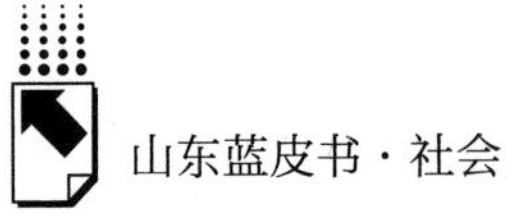

的产生虽然有客观因素的影响，但是对于我们发展公共文化体育事业却是不利的，是不合理的。

2. 专业人才结构不合理

专业人才水平参差不齐，高层次专业人才占少数，低层次专业人才占大多数，能够叫响全国甚至海外闻名的尖子人才少之又少。这和山东省的人口总数相比是非常不理想的，也不利于山东省公共文化体育服务水平的稳步提高，与人们日益增长的文化体育需求不相适应。

3. 基层人才流失严重

县级以下城乡居民在山东省仍占很大比例，他们对公共文化体育的需求不比那些生活在大中城市的居民少。然而由于基层政府投入较少，各种软硬件设施水平较低，条件较为艰苦，人才流动机制又较为僵化，很难吸引并留住各种高层次人才。很多基层文化事业单位缺少专门业务人才和专业管理人才，导致公共文化体育服务长期处于较低水平，基层百姓部分文化福利无法实现。

三　山东省继续推进公共文化体育服务建设的政策建议

（一）加大公共财政的投入力度，完善公共文化体育服务的投入机制

1. 确保公共财政投入是公共文化体育服务投入机制的基础和保障

已经发布施行的公共文化服务保障相关法规，明确规定了各级政府在公共文化服务上的出资主体责任，各级政府必须将公共文化服务所需经费纳入财政统一预算、统一支出。这一规定同样适用于公共体育服务，这是由政府的基本公共服务提供主体地位决定的。公共文化体育服务是政府向所有居民提供的公共服务产品的重要组成内容，是政府必须承担的责任。在政府负有责任的同时，各种性质和类型的社会组织、社会团体和机构也应积极承担相应的社会责任，并且积极投入到共同为社会提供各项公共服务的行动中来。

建立政府公共财政在公共文化体育服务领域的投入保障机制，形成一个结构合理、符合山东省经济社会发展目标的一般公共预算支出体系，在目前的社会大背景下是必要的，也是政府的一项紧迫工作。从 2016～2018 年山东省 16

个城市文化体育与传媒支出占一般公共预算支出的比重的统计数据来看，虽然各个城市在公共文化体育服务领域的预算投入资金是逐年递增的，但文化体育与传媒支出占一般公共预算支出的比重是逐年下降的，虽然下降幅度较小，但这种不合理趋势为政府部门敲响了警钟。这种现象说明各城市的文化体育事业经费增长速度慢于一般公共预算支出增长速度，各城市各项社会事业、社会建设发展步伐不一致，意识上有轻有重，公共文化体育服务的发展与其他社会领域的发展不同步。政府部门如果长期忽视这种发展差距的存在，将会导致公共文化体育服务远远落后于社会整体发展的严峻局面，将会带来持久的社会危害，将会影响所有居民的身心健康，影响全面建成小康社会目标的最终实现。

完善公共文化体育服务的投入机制要求各级政府必须具有社会事业“一盘棋”的思想和意识，综合考虑，统一规划，兼顾各方，同步推进，使公共文化体育服务的财政投入得到切实保障，消除后顾之忧。

2. 统筹协调不同经济发展程度地区之间的投入水平

通过前面对山东省16个城市在“文化体育与传媒支出占一般公共预算支出比重”“每十万人拥有文化站数”“每十万人拥有公共图书馆数”“人均体育场地面积”的比较考察，我们可以发现，各城市在这几个指标上的差距十分明显，其中一个现象较为引人瞩目，就是东、中、西三个不同区域的城市在这些指标上的差距与他们的经济发展程度密切相关。这一现象说明，地区间的发展不平衡已经影响到公共文化体育服务的均等化。经济发达城市可以投入更多的资金用于发展建设更多的文化场馆、更多的体育场地、更多更先进的文化体育器材设备，经济欠发达城市只能在优先满足重大民生项目之后视轻重缓急给予最基本的投入。这种情况与“共享改革发展成果”的发展理念不相符合，也与山东省“基本公共服务均等化”目标格格不入。

公共文化体育服务的投入主体是政府，这就要求省一级政府加大对不同经济发展程度地区的统筹协调力度，制定政策标准，完善省级财政转移支付制度，群策群力，凝聚各方力量，加大对经济欠发达城市的补助和扶持力度，对依靠自身财力难以解决服务投入问题的城市给予适度倾斜政策，全力帮助财力困难城市提高自身造血能力，努力改善地区经济发展不平衡对公共文化体育服务的制约作用，逐步缩小地区间服务水平、服务质量差距，全力促进公共文化体育服务均等化目标的实现。

3. 积极鼓励社会组织、民间资金参与公共文化体育建设

基本公共服务的属性和国家相关法律规定，确定了政府作为服务投入主体的地位，然而政府的主体地位并不意味着政府是基本公共服务资金的唯一投入方，政府居于投入主体地位并不排斥社会力量、民间组织的资金投入。现实中，政府不但没有排除社会力量、民间组织参与公共文化体育服务的建设，反而非常欢迎、积极鼓励有意愿、有能力的社会力量、民间组织全方位、多领域地参与。这不仅减轻了政府过去一直单独向居民提供基本公共服务产品的供应压力，也有效缓解了因政府供应不足形成的社会公共产品短缺程度。社会力量、民间组织参与公共文化体育服务建设增加了资金来源，扩大了服务领域，提升了服务水平，改善了居民服务体验。

政府应抛弃过时的观念，转变服务意识，从事无巨细、亲力亲为的具体社会管理工作中抽身出来，做好决策者、规划者、管理者的核心工作，将各种具体的社会服务工作交给专业的社会服务组织、服务团体去做，理顺各自职能。政府应及时总结实践经验，出台鼓励政策，引导各自为战、分散单一的社会组织、社会力量进行整合、优化，形成更加强大、更有生命力的团体和组织，为社会提供更丰富、更有质量的公共服务，满足居民不同层次的服务需求。

（二）加强公共文化体育设施建设，尤其要补齐基层基本公共文化体育服务的短板

公共文化体育设施主要由政府主建或投资兴建，面向全体公众开放，用于开展公益性或普惠性的文化体育活动，包括公益性的图书馆、博物馆、纪念馆、美术馆、文化馆（站）、体育场（馆）、青少年宫、工人文化宫等建筑物、活动场地和设备器材。公共文化体育设施是公共文化体育活动的平台，是公共文化体育活动得以开展、普及的基础条件。公共文化体育设施的建设水平和完备程度，不仅体现着一个地区的经济发展速度和经济发达程度，也是衡量该地区公共文化体育服务水平的一把标尺，可以直接丈量该地区公共文化体育活动的开展状况和居民直接参与程度。

搞好公共文化体育设施建设涉及每位居民的身心健康需求，它并不是简单地满足每一位居民个体的文化体育需求就算了事，它同时也在提升居民整体的

文化素质和身体素质，进而提升整个城市的文明程度和综合素养水平，最终促进经济发展、社会进步。

地方各级政府每年应该根据一般公共预算收入增长比例相应增加公共文化体育设施建设投入，积极争取国家福利彩票资金对城市设施建设的支持，努力完善财政支出结构。坚持统一规划设施建设，统筹协调使用分散于各系统、各部门、各单位的建设资金，最大限度发挥财政投入的引领作用、带动作用和激发作用，鼓励和吸引各类资本共同投资建设。

公共文化体育设施，尤其是文化体育场馆，建成后要及时交付使用，尽快对公众开放，避免因各种管理问题出现场馆施工延期、投入使用延期，为居民的文化体育活动开展创造最高的便利度。

（三）不断提高服务水平，努力满足居民多种层次服务需求

经济发展了，硬件设施改善了，不必然等于服务水平提高了，人们对服务质量满意了。只有努力改进服务，不断满足广大居民各种层次的需求，才有可能最终建成居民满意的公共文化体育服务体系。

居民的个性特征、教育背景、兴趣爱好等都是多种多样的，各不相同，这就形成了多种层次的服务需求。伴随着经济的快速增长，广大居民对文化体育服务提出了更高要求。各级政府只有理解居民的需求、尊重居民的需求、分析居民的需求，才有可能为社会提供丰富的公共文化体育服务。

政府必须时刻关注居民的不同文化体育需求，了解、倾听居民的文化体育服务需求，有针对性地开展服务工作，为居民提供贴心满意的服务内容。为了及时、准确收集居民的各种需求信息，政府必须广开言路，提供各种信息互动、信息反馈渠道或交流平台，努力创造机会让居民充分表达自己的意愿。

政府可以充分利用当今发达的科学技术和信息技术，建立畅通有效的信息反馈渠道。除通过电话热线、短信平台、信件往来、会议现场等各种传统已知的信息沟通渠道，政府可以充分利用各种现代社交媒介，如微信、微博、微视频等融媒体手段，直接、迅速接收居民的需求信息，在最短时间内反馈给相关处理部门，供其决策时参考。

与居民日常生活联系密切的需求往往占据着各种信息反馈渠道的前几位，这提示政府应密切关注居民的日常生活需求，及时提供各种服务，满足他们在

生活中产生的多种文化体育需求，不断改善居民的生活质量，提高公共服务水平。政府要善于从百姓的日常需求中发现社会治理问题线索，从千头万绪的工作细节中寻找解决思路。只要愿意花心思，真正站在居民角度考虑问题，公共文化体育服务工作就一定会得到人民群众的肯定。

（四）积极培育稳定的人才队伍体系，为公共文化体育服务注入持久动力

公共文化体育服务除了具有基本公共服务的所有普遍属性，还带有自身鲜明的特色，即其最重要的特征——创新。公共文化体育服务水平的高低、生命力的持续时间，都取决于它的创新程度。公共文化体育服务涉及多个专业领域，各种人才济济，如何建立并长期维持一支有活力的、随时可以使用的人才队伍是各级政府需要花费精力认真解决的头等大事。

1. 要建立一支高效、精干的管理人才队伍

文化体育人才往往个性鲜明，性格活泼，思想活跃，强调独立性和自主性。领导和管理这样一个人群，对于管理者而言是对其管理能力的严峻考验。文化体育管理人才既要懂得专业的领导知识和管理知识，又要对文化体育领域的知识较为熟悉。管理人才的培养要求政府及早制订人才中长期培养计划，并在每年通过定期、不定期的公开招考、轮岗交流、挂职锻炼等形式，培养和打造管理人才队伍。

2. 要培养一支拥有持续创新能力的专业人才队伍

一支受过严格专业训练、拥有较高专业技能、具有持续创新活力的专业人才队伍是整个公共文化体育服务人才队伍的核心和灵魂。政府和社会力量为所有居民提供的文化体育服务产品，其创作者和生产者就来自这个群体。专业人才水平的高低，直接决定着公共文化体育服务产品水平的高低。专业人才的创新能力直接体现在为居民提供的公共服务产品的创新性上，居民的主观感受和评价高低就是对这种创新性的认可程度。

3. 要培育一支高度敬业的志愿者服务队伍

一支具有较高专业程度、充满奉献精神的公共文化体育服务志愿者队伍也是不可或缺的。居民接受公共文化体育服务的过程，离不开热心志愿者的帮助。志愿服务具有群众性和公益性，任何人只要具备服务能力、乐于奉献，都

可以加入志愿者队伍。庞大的志愿者服务队伍既可以为居民答疑解惑、提供必要的帮助，又可以及时化解服务人员和服务对象之间的矛盾，有助于服务过程顺利进行。同时，志愿者服务队伍的扩大，也是对相关公共文化体育服务项目和内容的宣传。

4. 要建立一套完备的人才流动机制

任何类型的人才队伍必须拥有完善的流动机制，包括合理有效的考评机制、奖惩机制和人才进入退出机制等方面内容。这样才能够保持队伍的活力和创造性，避免机制僵化对人才积极性的束缚，减少对服务进程的干扰和破坏。

参考文献

刘家义：《紧密团结在以习近平同志为核心的党中央周围 奋力开创经济文化强省建设新局面——在中国共产党山东省第十一次代表大会上的报告》，《大众日报》2017 年 6 月 22 日。

山东社会科学院省情与社会发展研究院：《2017 年山东省经济社会综合调查数据分析》，2018 年 4 月。

北京大学国家现代公共文化研究中心、北京市石景山区文化和旅游局编《文旅融合：公共文化服务新动能论集》，国家图书馆出版社，2019。

B.12
2019~2020年山东省政务服务改革现状、问题与对策

闫文秀*

摘　要： 2019年，山东省围绕高质量发展积极打造高效能政府，政务服务改革成就突出：营商环境综合改革成效明显，招商引资签约项目逐渐增多；围绕"互联网+"打造一体化政务服务平台，不断提升政务服务供给能力；多渠道主动回应社会重大关切，不断提高政务服务诉求响应能力；以山东公共数据开放网为平台做好政务公开，数据开放总量位居全国前列。但同时存在营商环境不够优化、政府互联网服务能力和先进省市相比差距较大、政府职能转变还不到位、基层政务人员工作动力不足等问题。2020年，要通过继续深化"放管服"改革、行政审批制度改革等手段进一步优化营商环境；深化"互联网+"思维，提升政府互联网服务供给能力和诉求响应能力；强化政府服务理念，切实建设服务型政府；加强基层政务人员培训，完善政务人员工作激励机制。

关键词： 政务公开　"放管服"改革　"一次办好"改革　政府互联网服务能力

高质量发展需要高效能政府。贯彻新发展理念、推动经济高质量发展、保

* 闫文秀，山东社会科学院省情与社会发展研究院助理研究员，研究方向为社区研究、社会发展与公共政策。

障和改善民生，良好的政务环境和高质量的政务服务是必不可少的重要保障。2012 年，山东省的 GDP 增速（9.8%）跌破 10%，且此后逐年下降（2013～2019 年增速分别为 9.6%、8.7%、8.0%、7.6%、7.4%、6.4%、5.5%）①，山东经济告别了过去几十年年均 10% 左右的高速增长阶段，呈现新常态。2019 年，山东省进入了深化改革的攻坚期、经济结构调整的阵痛期和转型升级的关键期，同时也进入了经济社会发展的重要窗口期和战略机遇期。山东省要想促进新旧动能转换，建设新时代现代化强省，需要深入推进“放管服”改革，不断优化营商环境，改善民生服务，以高质量政务服务助推经济高质量发展。

一　山东省政务服务改革的主要政策

为进一步优化营商环境，推进便民服务，2019 年山东省出台了多项政策措施推进政务服务改革向纵深发展。加上 2018 年，山东省这两年出台的相关政策达到 10 项（见表 1）。具体可归纳为以下几个方面。

表 1　2018～2019 年山东省出台的关于政务服务改革的政策文件和通知

日期	名称
2019 年 12 月 25 日	《山东省电子政务和政务数据管理办法》
2019 年 8 月 24 日	《山东省人民政府办公厅关于实施流程再造推进“一窗受理·一次办好”改革的十条意见》
2019 年 5 月 4 日	《山东省人民政府办公厅印发〈关于聚焦企业和群众关切深化“一窗受理·一次办好”改革的措施〉的通知》
2019 年 3 月 13 日	《山东省数字政府建设实施方案(2019—2022 年)》
2018 年 12 月 7 日	《山东省人民政府办公厅关于印发〈贯彻落实国务院深化放管服改革要求进一步优化营商环境重点任务分工方案〉的通知》
2018 年 10 月 24 日	《山东省人民政府关于印发〈山东省加快推进一体化在线政务服务平台建设实施方案〉的通知》
2018 年 8 月 20 日	《山东省公安厅关于进一步规范公安派出所出具证明工作扎实推进“一次办好”的通知》

① 数据来源：中华人民共和国国家统计局网站，http：//data. stats. gov. cn/ks. htm? cn = E0103&zb = A0101® = 370000。

日期	名称
2018 年 6 月 7 日	《中共山东省委办公厅山东省人民政府办公厅印发〈关于深化“一次办好”改革深入推进审批服务便民化实施方案〉的通知》
2018 年 4 月 19 日	《山东省人民政府办公厅关于成立省级政务服务大厅建设工作领导小组的通知》
2018 年 3 月 7 日	《山东省人民政府关于公布省级政务服务事项中介服务项目清单的通知》

资料来源：山东省人民政府网站、山东省大数据局网站。

（一）打造优良营商环境，推进便民服务

简政放权、放管结合、优化服务是处理好政府与市场关系的重大改革举措。根据《国务院办公厅关于印发〈全国深化“放管服”改革转变政府职能电视电话会议重点任务分工方案〉的通知》和《国务院办公厅关于聚焦企业关切进一步推动优化营商环境政策落实的通知》有关要求，山东省印发《贯彻落实国务院深化放管服改革要求进一步优化营商环境重点任务分工方案》，就进一步压减行政许可等事项、减少社会资本市场准入限制以及深化商事制度改革等 38 个方面做了分工，全力打造优良营商环境。

2018 年 6 月，中共山东省委办公厅、山东省人民政府办公厅印发《关于深化“一次办好”改革深入推进审批服务便民化实施方案》，并在同年 8 月公布了“一次办好”事项清单。2019 年 5 月，《关于聚焦企业和群众关切深化“一窗受理·一次办好”改革的措施》公布，指出要聚焦企业和群众办理事务过程中的“难点、堵点、痛点”，加快推动“一窗受理·一次办好”改革提速增效，全力打造“审批事项少、办事效率高、服务质量优、群众获得感强”的一流营商环境①，为全面推进新时代山东现代化强省建设提供政策保障。2019 年 8 月，山东省人民政府办公厅又出台了《关于实施流程再造推进“一窗受理·一次办好”改革的十条意见》，强调要通过业务流程革命性再造，提升政务服务效能。

① 山东省人民政府办公厅：《关于聚焦企业和群众关切深化“一窗受理·一次办好”改革的措施》，山东省人民政府网，http：//www. shandong. gov. cn/art/2019/7/9/art_2522_18571. html。

（二）打造全国一体化政务服务平台，完善电子政务建设工作

在落实《国务院关于加快推进全国一体化在线政务服务平台建设的指导意见》的基础上，2018 年 10 月，《山东省加快推进一体化在线政务服务平台建设实施方案》发布，提出要围绕“互联网 + 政务服务”，构建更加权威、便捷的一体化网上政务服务平台，2022 年底各类政务服务事项将全部纳入平台进行统一管理和运行，政务服务事项办理标准将更加统一，整体联动、业务协同格局将打造完成，“一网通办”将全面实现。2019 年 12 月，《山东省电子政务和政务数据管理办法》发布，对电子政务建设发展做了重要部署。

（三）打造政务新媒体，拓宽政务服务渠道

为贯彻落实《国务院办公厅关于推进政务新媒体健康有序发展的意见》精神，山东省人民政府办公厅发布《关于推进全省政务新媒体健康有序发展的通知》，以期扎实推进山东省政务新媒体健康有序发展，发挥其在政策公开解读、政民互动交流以及提升掌上办事服务水平等方面的优势作用。

二　山东省政务服务改革的主要成绩

（一）营商环境综合改革成效明显，招商引资项目逐年递增

经济的高质量发展需要不断激发市场主体和各类企事业单位的发展活力，促进生产要素快速聚集。实践一再证明，只有不断提高政务服务的质量和效率，打造一流的营商环境，才能为经济社会的高质量发展保驾护航，才能让人民群众通过完善的公共服务，共享改革发展成果。近年来，山东省委、省政府高度重视深化“放管服”改革、优化营商环境工作，多措并举推进全省营商环境综合改革，加快培育“审批事项少、办事效率高、服务质量优、群众获得感强”的营商环境①，成效明

① 山东省省长龚正：《政府工作报告（省十三届人大第二次会议 2019 年）》，山东省人民政府网，2019 年 2 月 19 日，www. shandong. gov. cn/art/2019/2/19/art_101626_316509. html，最后访问日期：2020 年 3 月 20 日。

显。截至2019年底，山东省市场主体总量超过1000万户，新登记企业总量和增幅连创新高。[①] 从各地市来看，截至2019年7月，济南市签约项目共467个，总投资达到6770.76亿元[②]；青岛市不断使投资结构更加精准，到2019年11月，促进投资增长21.3%，战略性新兴产业投资增长23.8%，投资增长成为青岛经济主战场的最大亮点[③]。截至2019年12月，威海市落地外资项目76个，实际利用外资2.3亿美元，同比增长115.6%。[④]

打造优良营商环境，核心是重构市场和政府的关系，从有形政府向无形政府转变，从政策扶持向法治保障转变。2019年，山东省司法厅组织起草了《山东省优化营商环境条例（草案)》。同年9月，该厅发布关于公开征求意见的公告，向社会各界公开征求意见[⑤]，以期为营商环境优化指明方向、明确做法，在制度层面为保护各类市场主体的合法权益、激发市场活力、扩大创新创业空间和促进企业成长壮大提供更好的法治保障，为推动经济高质量发展保驾护航。

山东省切实加强有效的制度供给，多措并举打造优质营商环境。全省层面全面推行“一次办好”改革，明确梳理“一次办好”事项范围，实现了“一次办好”事项清单全覆盖；不断健全“一次办好”服务网络，推动省市一体化政务服务，在地市实现“全市通办”，在省直实现“全省通办”；形成“一次办好”服务新模式，逐步达成“一窗受理”“一网通办”；结合机构改革，推行“一次办好”行政审批；推进政务信息系统有效整合，为“一次办好”提供信息支撑。[⑥] 优化企业开办、不动产登记和工程建设项目审批，简化水气暖报装、简化获得电力、便捷获得信贷、推进信息共享、相对集中审批以及营

---

① 山东省省长龚正：《政府工作报告（省十三届人大第二次会议2019年)》，山东省人民政府网，2019年2月19日，www.shandong.gov.cn/art/2019/2/19/art_101626_316509.html，最后访问日期：2020年3月20日。

② 《我市招商引资签约项目总投资达6770.76亿元》，《济南日报》2019年7月24日，http://www.jinan.gov.cn/art/2019/7/24/art_1862_3134475.html。

③ 《2019年度全市统计工作总结》，青岛政务网，2019年12月26日，http://www.qingdao.gov.cn/n172/n24624151/n24628935/n24628949/n31280290/191226171321848016.html。

④ 《总投资103.5亿！经区10个项目集中签约》，威海新闻网，《威海日报》2019年12月21日，http://www.weihai.gov.cn/art/2019/12/21/art_60663_2236658.html。

⑤ 《先睹为快！〈山东省优化营商环境条例（草案)〉来了》，《大众日报》2019年9月26日。

⑥ 山东省委办公厅、山东省人民政府办公厅：《关于深化“一次办好”改革深入推进审批服务便民化实施方案》，山东省人民政府网。

商环境评价等优化营商环境10个专项行动①全面展开。新企业开办不超过3个工作日、不动产登记不超过5个工作日、新项目从立项到投资开工不超过45个工作日的“3545”专项改革目标基本实现。②

山东省积极开展年度营商环境评价，倒逼各市不断优化营商环境。按照习近平总书记“营造稳定公平透明的营商环境，加快建设开放型经济新体制”③的要求，2018年9月，山东省人民政府办公厅印发了《山东省营商环境评价实施方案》，要求定期开展全省营商环境评价工作。为保证评价结果的公平公正，山东省发展和改革委员会委托有资质的独立社会机构，采用案例调查的方式，对山东省营商环境进行了第三方评价，并形成年度报告，向社会公布。根据已公布的《山东省营商环境评价报告（2018）》可以看出，第三方按照“企业开办”“获得信贷”“不动产登记”“办理施工许可”“获得电力”“办理纳税”六个指标对山东省17个地市（莱芜市仍作为地级市纳入2018年评价范围）的营商环境进行了打分排名，亮明了各地市营商环境方面存在的问题和短板。山东省要求各地市坚持问题导向，找出本市本部门在营商环境方面存在的突出问题和薄弱环节，查明政策落实中的堵点、难点，有针对性地制定整改措施，明确责任人、细化时间表、制定路线图，限期加以整改，倒逼各地市不断优化营商环境。

（二）围绕“互联网+”打造一体化综合服务平台，政府服务供给能力不断提升

山东省利用互联网+技术，打造了融会贯通的政务服务平台，提高了政府的服务贯通能力。一是遵循全国一体化在线政务服务平台的建设要求，加快完善优化省级政务服务平台功能，深化全省政务服务系统的互联互通，向上完成了与国家政务服务平台的对接，向下实现了省、市、县级之间及部门之间的联通，使省内群众可以享受到“一号注册、全省漫游”的网上政务服务。二是

---

① 山东省委办公厅、山东省人民政府办公厅：《关于深化“一次办好”改革深入推进审批服务便民化实施方案》，山东省人民政府网。

② 《山东“一次办好”改革基本实现“3545”目标》，《大众日报》2019年9月17日。

③ 习近平：《营造稳定公平透明的营商环境　加快建设开放型经济新体制》，新华社，2017年7月17日。

着力推动政府门户网站、政务服务网站和政务数据信息网站三者之间的实质性融合，打造“数据同源、业务一体、服务统一”的山东“政务服务一网通办”总门户。门户网站的开通运行，实现了政务服务的全省贯通，它是全省政务服务业务的总供给站、全省政务服务业务的总支撑点以及全省政务服务运行的总枢纽。政务服务事项的出入口在门户网站统一集结，群众和企业在总门户网站就能实现“一网通办”“一次办好”。企业、群众办事可在线上全流程办理，做到“进一张网，办全省事”，在线下做到“只进一扇门，最多跑一次”。2019 年 11 月，山东“政务服务一网通办”总门户上线试运行。截至 2019 年 11 月，已完成 41 个省政府部门政务公开建设，省级实施事项上网数量达到 6357 个，全省通办事项达到 109 项，全省 195 个政务服务大厅以及省政务服务热线和 16 个地市政务服务热线全部接入，市县乡村 110 万个事项上网工程正在加速推动。①

政务服务理念不断创新。山东省近年来不断转变理念，切实打造服务型政府。在政务网站的建设上，山东省完全以公众的需求与体验为中心进行网站建设，凡事站在群众的立场上，以“我”的各类需求为核心，设置“我要办”“我要看”“我要查”“我要评”等栏目，对网站进行全面优化，一改以往政府网站“高高在上”的态度，将“政府网”变为“便民网”“政务网”“办事网”，为企业和群众提供精准化、保姆式和管家式服务。

服务手段更加丰富，服务能力不断提升。一是按照规范化、标准化、网络化的要求，提高政务服务供给水平。2019 年 11 月底，山东省政务服务事项标准化梳理工作完成，事项目录发布数量达到 111.2 万项，全省上线事项由原来的行政许可等 2 类扩展到 10 + 1 类全覆盖，依申请事项 2473 项，全程网办事项 748 项，“最多跑一次”事项 2364 项，分别是原来的 2.6 倍、1.8 倍和 2.1 倍。② 山东省基本实现了政务服务事项省、市、县的“三级十同”，即省、市、县三级审批服务事项在主项名称、子项名称、事项类型、事项编码、实施依据、申报材料、办事流程、收费标准、承诺时限、表单内容十项内容上完全统

① 《山东“政务服务一网通办”总门户试运行》，山东省人民政府网，2019 年 11 月 23 日，http://gb.shandong.gov.cn/art/2019/11/23/art_97560_323104.html。

② 《山东“政务服务一网通办”总门户试运行》，山东省人民政府网，2019 年 11 月 23 日，http://gb.shandong.gov.cn/art/2019/11/23/art_97560_323104.html。

一。二是进一步压缩办事环节，精简办事材料，缩短办事时限，促进办事流程再造更加优化。山东省围绕“高效办成群众一件事”，推出21项高频民生服务类别、7类主题服务，将办结时间压缩11%，将所需材料平均压减38%。①三是不断提升掌上服务能力，对标“粤省办”“浙里办”“随申办”等国内一流政务App，继续完善“爱山东”App服务功能，优化服务方式，促进政府内部业务流程再造和群众办事流程优化，为企业、群众办事提供更多方便。截至2019年11月，67类重点应用、30类高频服务已接入“爱山东”App，全省16个市有243项政务新媒体开展了“掌上政务”。② 四是建设完善统一身份认证、统一电子印章、统一电子证照等基础应用平台，逐步开展试点并推广应用。③

（三）多渠道主动回应社会重大关切，对民众的服务诉求响应能力不断增强

民众服务诉求响应能力主要是指政府回应公众和企业需求的能力，包括服务诉求受理能力、办事诉求响应能力以及互动诉求反馈能力。它的高低是评价政府服务水平和质量的重要指标。近年来，山东省通过建设《问政山东》等新媒体节目、打造12345政务服务热线、设置政府网站智能搜索与智能问答系统、通报重大舆情、建立政府新闻发言人制度等途径和渠道，主动回应社会重大关切，不断提高其对民众的诉求响应能力，打造服务型政府，提高了公众对政府工作的满意度。

《问政山东》“山东发布”等新媒体建设发展迅速，成为政府回应民众政务诉求的重要标杆。山东省政府利用新媒体发布快速、传播范围广泛的特点，积极发挥微博、微信、短视频等新媒体平台作用，通过这些平台，发布信息，解读政策，普及法规，引导舆论，将党委、政府的重要会议活动、重大决策部署，以及经济运行状况和社会发展动态等信息及时向公众和社会发

① 《山东“政务服务一网通办”总门户试运行》，山东省人民政府网，2019年11月23日，http：//gb. shandong. gov. cn/art/2019/11/23/art_97560_323104. html。

② 《山东“政务服务一网通办”总门户试运行》，山东省人民政府网，2019年11月23日，http：//gb. shandong. gov. cn/art/2019/11/23/art_97560_323104. html。

③ 《山东将开展全国一体化在线政务服务平台建设试点》，齐鲁网，2018年10月17日，http：//news. iqilu. com/shandong/yaowen/2018/1017/4081552. shtml。

布。作为山东省省级全媒体问政平台，《问政山东》是由山东广播电视台融媒体资讯中心全力打造的一个大型直播问政节目，每期都有一名省直部门负责人带领团队通过电视和网络直播方式回应问政，还有两名省领导坐镇，问政内容聚焦群众关心的热点、难点，问政现场直击问题痛点，推动了一大批民生问题的解决。《问政山东》是山东省在创新公开监督方式、提高诉求受理和诉求响应能力上的大胆尝试，在全国范围内产生了重大反响。“山东发布”是省直机关政务新媒体的佼佼者，在发布山东党务政务信息中发挥了重要的作用。

12345 政务服务热线平台。12345 政务服务热线是党委和政府关注民生、倾听民意的服务平台，也是公众和企业反映生产生活中所遇困难和问题的重要途径和渠道。近年来，山东省不断推进政务服务热线的“一线连通”，整合省直部门热线 30 条，整合各市热线平均 40 条，实质整合率平均达 82% 以上。全省政务服务热线基本实现“12345”一号呼叫、24 小时人工服务。[①] 2019 年第三季度（7 月 1 日 ~9 月 30 日），省级政务服务热线（0531－12345）共受理涉及省直部门、单位的来电来件诉求 56940 件，比上一年同期增长 115.48%。其中，咨询类 32168 件，求助类 20916 件，投诉举报类 3058 件，建议类 653 件，感谢类 145 件。省级政务服务热线直接答复处置 32659 件；向省直有关部门、单位转办处置 24281 件，转办件的按时办结率为 98.75%，来电来件人对转办件的办理满意率为 80.11%。[②] 济南市 12345 热线的“一单通达”工作机制受到新华社点赞，被称架起了党群“连心桥”。济南市 12345 热线“一单通达”工作制度，打破了原来“市转区、区转街道、街道转社区”的传统流程，改为由市热线直接将民众诉求转至街道一线办理，节省了时间和行政成本，实现了民众诉求的立接、立转、立办，更迅速地为群众排忧解难，解决了基层社会治理的“最后一公里”难题，做到了对群众难事、急事的快速

---

① 马云云：《山东：全省政务服务热线基本实现“12345”一号呼叫》，齐鲁晚报网，2019 年 5 月 13 日，http://www.qlwb.com.cn/2019/0513/1426885.shtml。

② 《省级政务服务热线第三季度受理处置情况》，山东省人民政府办公厅，http://www.shandong.gov.cn/art/2019/10/15/art_2275_36059.html。

响应。[①] 目前，济南市12345热线适应了新媒体快速发展的节奏，实现了通过电话、短信、信箱、官方微博、官方微信和手机App六种方式受理民众反映和诉求。

政府网站智能搜索与智能问答系统。智能搜索与智能问答系统是人工智能技术快速发展形势下政府反馈民众诉求的最新形式。智能搜索可方便群众在纷繁芜杂的海量政府网站信息中利用关键词、语音识别等快速精准地找到想要查询的信息，满足群众对政务信息的查询诉求。相比智能搜索，智能问答系统更升一级，将单一的问题搜索、结果输出升级为互动对话。智能问答的难度增加了，相应地也对人工智能技术支持提出了更高的要求。截至2019年底，山东省内各地市网站都实现了站内搜索功能，智能问答系统虽然还没有完全普及，但已成趋势，相信不远的将来也会全部覆盖。威海市人民政府网站在首页设置了智能问答，公众可以通过“威海市人民政府”智能咨询服务平台查询有关信息。该平台拥有自然语义识别、智能导航、关联推荐、智能标签等功能，可以使公众获取信息服务更加精准、方便、快捷。

另外，新闻发布会制度、政策专栏解读、专题视频访谈等形式也是政府回应公众关切的重要形式。山东省及时回应公众关切，在有重大突发自然灾害、公共安全、事故灾难等事件发生时，及时举行新闻发布会，快速、主动、准确回应舆情，形成正确的舆论引导合力，避免回应不力造成对政府公信力的严重损耗。对重大社会政策通过在报刊和网络上设置专栏或做专题视频访谈等方式进行解读，对社会关注度较高的事项发布征集意见信息等回应公众重大关切，也是山东省各部门、各地方的普遍做法。山东省自然资源厅、山东省统计局、山东省市场监督管理局等部门都在网站推出了民意征集栏目，邀请公众对山东改革发展中的问题建言献策。

（四）以山东公共数据开放网为平台做好政务公开，数据开放总量位居全国前列

做好公共数据开放和政务信息公开是打造服务型政府、提升政府治理水平

---

① 《济南：“一单通达”架起党群“连心桥”》，新华网，2019年12月10日，http：//www.xinhuanet.com//mrdx/2019－12/10/c_138619407.htm。

的重要环节，对完善国家治理体系、推进国家治理能力现代化具有非常重要的意义。山东省按照《中华人民共和国政府信息公开条例》中“公开为常态，不公开为例外”的基本要求，在公平、公正、合法、便民的原则下，以山东公共数据开放网为平台，大力推行政务公开工作，积极主动做好信息公开共享，走在了全国前列。该网自 2018 年 1 月 18 日开放上线至 2019 年底，共提供了 37258 个可查询目录，合计 8.24 亿条数据资源①，数据开放总量在全国位居前列。从信息公开范围来看，涵盖省政府办公厅、省商务厅、省教育厅、省农业农村厅、省审计厅等 50 个职能部门。公开主题包括信用、交通运输、社会保障、地理、教育、生态环境、金融、医疗、卫生、就业、文化、科技、资源、农业、安全监管、质量、统计、气象、海洋、企业登记监督 20 个有关企业和社会民生的各个领域，门类齐全，范围广泛。另外，为了方便居民查询使用数据，山东公共数据开放网在建设之初就采用了省级层面统一汇聚数据和平台后台统一管理的全省统筹建设模式，同时和全省互联网用户统一身份认证系统进行了技术对接，也被山东省政府官网纳入了全文搜索，在数据的获得路径上实现了省内网站的一体化搜索。山东公共数据开放网的建设和对外开放，不但为政务信息资源的社会化开发利用提供了充足可靠的数据支撑，也为公民、法人和其他组织依法获取政府信息提供了合法的渠道和平台，一定程度上避免了“信息孤岛”“数据烟囱”难题的出现，为充分发挥政府信息对人民群众生产生活以及经济社会活动的服务作用奠定了根本的基础作用，最大限度地发挥了政务数据的社会价值。同时，山东公共数据开放网为人民群众了解和监督政府行为提供了途径和依据，保障了人民群众的知情权和监督权，提高了人民群众的参与度，提升了政府公信力，切实增强了人民群众的获得感和幸福感，提高了人民群众对政府的满意度，有利于构建和谐的社会生态和政治生态。2017～2019 年，山东省政府连续三届获得中国政府政务公开“金秤砣奖”。②

---

① 数据来源：山东公共数据开放网。

② 山东省省长龚正：《政府工作报告（省十三届人大第二次会议 2019 年）》，山东省人民政府网，2019 年 2 月 19 日，www.shandong.gov.cn/art/2019/2/19/art_101626_316509.html，最后访问日期：2020 年 3 月 20 日。

三 山东省政务服务改革存在的主要问题

（一）营商环境优化中仍存在不少短板和突出问题

2018 年，山东省发展和改革委员会委托第三方独立机构对全省 17 个地市（莱芜市仍作为地级市纳入 2018 年评价范围）营商环境进行了评价，并对评价发现的问题进行了汇总。经过梳理总结，营商环境方面还存在以下问题。一是有的工作人员作风不严实，态度不好，办事效率不高，这一点在不动产登记上反映较多。二是办理时间长，办事标准不清晰，办理环节多，手续繁杂，申请材料数量较多，反复提交材料问题仍然存在。开办企业、办理施工许可、不动产登记、获得信贷等方面普遍存在这类问题。三是办事平台不够优化，网络运行不畅，网页卡顿现象经常发生，群众等待时间长、操作麻烦，网上办理效率不高现象仍然存在。不动产登记、办理施工许可、办理纳税方面都存在此问题，但在办理纳税方面群众反映最为明显。四是企业获得信贷仍存在不少困难，企业反映融资难、融资贵、手续繁杂、办理时间长、排队难、服务差问题仍然存在。政府、银行以及企业之间政策对接不够集中，信息不对称，对小微企业资金扶持力度还不够。①

（二）政府互联网服务能力和先进省市相比还有一定差距，省内地区发展不均衡现象仍然突出

2019 年 8 月，电子科技大学智慧治理研究中心、电子科技大学公共管理学院发布了《中国地方政府互联网服务能力发展报告（2019）》。该报告以政府互联网服务供给能力、政府互联网服务响应能力和政府互联网服务智慧能力为评价指标，对全国地方政府的互联网服务能力进行了评价。评价显示，山东省政府互联网服务能力较 2017 年有了较大的提升，但在全国仍处于中等水平，和先进省市相比还存在一定差距。根据中国地方政府互联网服务能力评价等级

---

① 资料来源：山东省发展和改革委员会《山东省营商环境评价报告（2018）》，山东省人民政府办公厅 2019 年 3 月 2 日印发。

分类，在报告涉及的全国333个地级行政区中，山东省青岛和济南处于B-等级，分值为60.10分（满分为100分），和处于A+等级（83.17分）的深圳、成都和广东3个城市相差23.07分。在全国各省（区、市）内地级行政区之间政府互联网服务能力标准差的年度比较中，山东省的标准差同2017年相比下降较快，表明省内地级行政区之间政府互联网服务能力的发展差距出现了缩小趋势，但地级行政区之间不均衡现象仍然存在，加强省级政务服务平台建设，优化政务平台功能，促进地区之间均衡统一发展仍然任务艰巨。①

（三）政府职能转变还不到位，服务型政府建设需要一个长期的过程

将地方政府的职能重心转到社会治理和公共服务上来，是完善社会主义市场经济体制，助推中国经济高质量发展的迫切需要，也是全面建成小康社会目标的必然要求。新中国成立初期，中国政府的职能模式是计划经济体制条件下的全能型政府，政府通过指令性计划和行政手段进行社会管理，导致为社会提供公共服务的职能被无限淡化；党的十一届三中全会后，中国又确立了以经济建设为中心的发展模式，政府直接进入市场扮演市场主体，政府职能的错位和越位导致了行业垄断、市场秩序混乱、公共服务真空等一系列问题。如今社会主义市场经济体制的完善要求政府退出市场，把微观主体的经济活动交给市场调节，政府由原来的对经济主体的指令型管理转换到为市场主体服务，转换到为企业生产经营打造良好的营商环境。但是由于多年来体制的惯性，由管理型政府向服务型政府转变必定是艰难的，必将经历一个长期的过程。对此，政府要以敢于啃“硬骨头”的精神，积极转变理念，厘清自身与市场、社会的职能边界，让市场的归市场、社会的归社会，凡是市场能调节的，不干预；凡是社会能承接的，不插手；凡是政府该办的，不缺位。如此才能加快推动服务型政府建设。

（四）基层政务人员工作动力不足

基层是政务服务工作的最终落脚点，政务服务效率的高低、服务质量的

① 本部分数据来源：汤志伟、李兆金等《中国地方政府互联网服务能力发展报告（2019）》，社会科学文献出版社，2019，第9～15页。

好坏最终都在基层政务人员身上得到体现。但目前基层工作人员动力不足、积极性不高，从调查反映的情况来看，一些基层工作人员对打造服务型政府的认识还不足，由行政指导向主动服务转变还需要一定的过程。再者，近年来，政府互联网服务发展迅速，新技术的应用也对基层人员素质的提高提出了更高的要求。并且，政务信息目录的提供，责任清单、权力清单和公共服务清单的梳理等基础性工作，给原本工作任务繁重的基层人员增加了工作强度和工作压力。“多网、多微、多端”的政务服务架构成熟度还需要进一步提高，平台之间的融合度不够，软硬件方面的问题还很多，也导致基层工作人员动力不足。

四　推进山东省政务服务改革的对策建议

（一）进一步优化营商环境

营商环境改善没有最优只有更优。近年来，山东省政府职能转变取得了较大进展，营商环境也有了很大改善，但与建设完善的社会主义市场经济体制要求相比、同国内先进省（区、市）相比，还有很大的差距。以企业开办环节为例，山东全省平均办理环节为4.77个，比全国最优水平4.3个多0.47个；办理时间为4.49个工作日，比全国最优水平3.8个多0.69个，比“一次办好”改革要求的3个工作日多1.49个。[①] 今后要在以下几个方面做好营商环境优化工作。第一，继续深化“放管服”改革，加快政府职能转变，厘清政府职能边界，处理好政府与市场、政府与社会组织的关系。进一步落实好简政放权，切实发挥市场在资源配置中的作用，坚持社会主义市场经济改革方向，凡是市场能自主调节的，坚决向市场放权，下大力气取消政府不该管理的事项。处理好政府与社会组织之间的关系，发挥好社会组织在政府和社会之间的桥梁纽带作用，为社会组织发育提供“土壤”，为其发挥作用搭建“舞台”，使其成为政府职能转变的重要载体。政府职能方面，除了通过加强宏观调控来

① 数据来源：山东省发展和改革委员会《山东省营商环境评价报告（2018）》，山东省人民政府办公厅2019年3月2日印发。

弥补市场失灵的缺陷之外，重点要做好区域战略规划、统一标准规范、完善法律法规、公平竞争监督管理、营造公正有序健康的市场环境、提供优质公共服务等，为经济发展和企业生产创造良好的宏观环境。第二，继续推进行政审批制度改革，进一步简化行政审批环节。发挥好行业组织的作用，在公民、法人和其他组织能够自主决定以及行业组织能够自律管理的事项上，不再设定行政审批；尽量减少行政干预，在那些能够通过事后监督达到管理目的的事项上，取消事前行政审批。第三，具体工作上，要继续严肃政务人员工作作风，提高办事效率；在企业开办等方面明晰办事标准，简化办理环节，减少申请材料，缩短办理时间；加强软硬件建设，优化办事平台，畅通网络运行，提高网上政务办理效率和质量；针对中小企业“融资难”“融资贵”等难题，建议扩大政府性融资担保的规模，多方位拓宽中小企业融资渠道，降低企业融资成本。

（二）进一步提升政府互联网服务供给能力和诉求响应能力

政府基于互联网技术提供政务服务已成为工作常态，这对加快政府职能转变，便利群众办事、企业创业，激发社会创造力和市场活力都有着重要的意义。2020 年山东省政府进一步提高互联网服务能力应主要做好以下两点。一是普及互联网 + 思维，加快推动互联网 + 政务服务全面覆盖。要进一步深化“一次办好”改革，实现企业和公众办事“最多跑一次”“一号申请、一窗受理、一网通办”，推进政务服务标准化建设工作，围绕简化办理环节、精简办理材料、缩短办理时限等关键节点，形成最简、最快、最少、最好的审批办理流程，大力推行网上办、集中批、联合审、区域评、代办制等审批服务便民化措施，优化企业办事流程，提高企业开办效率，节约企业办事成本，推进便民利民服务，提升政府互联网服务供给能力和管理成效。二是提高政务服务诉求响应能力。建议今后更好地发挥 12345 政务服务热线、政府网站智能搜索与智能问答系统、政务服务 App 等途径和渠道的作用，主动回应社会重大关切，不断提高对民众的诉求响应能力，打造服务型政府，提高公众对政府工作的满意度。

（三）强化政府服务理念，切实建设服务型政府

思想是行动的指南。推动政务服务改革，必须强化服务理念与服务意识，

如此才能对服务型政府有真正的理解，才能发自内心地为人民服务、为企业服务，才能自发自觉地去建设与山东省的经济社会发展相符合的服务型政府。一是牢固树立为人民服务的思想。要想打造优良营商环境、提升民生服务水平，基层政务人员服务理念很重要。加强政府及其工作人员思想政治建设，转变传统的行政指导观念，切实树立为人民服务、对人民负责的理念。二是牢固树立以人为本的思想。建设服务型政府，要坚持以人为本、以服务为本，坚持发展依靠人民、发展为了人民，让人民群众共享改革发展成果。三是切实转变政府职能。2020 年是全面建成小康社会的攻坚年，民众对公共服务快速增长的需求与政府公共服务能力不足的矛盾更加突出。提升政府政务服务能力，建设服务型政府，要切实转变政府职能，将政府的工作重心切实转移到提供公共服务上来，以为人民提供最基本的公共服务为首要和核心职能。这既是新时代建设服务型政府的需要，也是社会主义的本质要求。

（四）完善基层政务人员工作激励机制

政务服务改革仅有自上而下的上层政策设计是不够的，它依赖于政务服务链条上的每一个部门，基层部门的一线工作人员尤为重要。政府基于互联网技术提供政务服务，实现网络履职已经成为常态。为更好地做好这项工作，首先，要积极加强对一线政务服务人员的技术培训，使其担负起相应的工作职责；其次，要建立科学合理的工作评估机制和科学有效的奖惩机制，最大限度地调动基层政务人员的积极性和主动性，为政务服务水平的提高打好前站。

参考文献

汤志伟、李兆金等：《中国地方政府互联网服务能力发展报告（2019）》，社会科学文献出版社，2019。

中国民营企业家营商环境评价课题组：《中国营商环境与民营企业家评价调查报告》，载李培林、陈光金、王春光主编《2020 年中国社会形势分析与预测》，社会科学文献出版社，2019。

娄红民：《山东省为民营企业发展营造良好法治环境调研报告》，《中国司法》2019

年第8期。

林园春：《推动我国经济高质量发展的保障措施研究》，《创新科技》2019年第1期。

李干杰：《持续深化“放管服”改革 推动实现经济高质量发展和生态环境高水平保护》，《中国环境报》2018年9月17日。

B.13
2019~2020年山东省脱贫攻坚现状、问题与对策

马俊乐*

摘　要： 2019年，山东省脱贫攻坚工作以“全面巩固提升”为中心，着力解决“两不愁三保障”突出问题、完善社会兜底机制、开展消费扶贫、创新就业扶贫机制和注重金融扶贫、推进脱贫攻坚和乡村振兴战略的有机衔接，但也面临脱贫质量不够高，常规性、制度化减贫还不完善，社会力量参与较少，对2020年后贫困转型治理的准备不足等问题。面向未来，山东省需要提前谋划2020年后的工作，打造山东省贫困治理的2.0版本；加强脱贫攻坚和乡村振兴战略的有机衔接，发展包容性的农村集体经济；进一步完善社会保障体系；构建多元主体共同参与贫困治理的机制；统筹城乡融合发展，统筹各区域协调发展，统筹缩小收入差距。

关键词： 全面脱贫　遏制反贫　贫困转型

2019年是山东省脱贫攻坚工作承前启后、至关重要的一年。在此之前，山东省已经基本完成“脱贫攻坚”的任务，走在了全国前列。但根据山东省扶贫办的数据，2019年初，山东省已脱贫人口中仍有239.7万人离不开脱贫政策的支持，60岁以上老年人、病残人口、无劳动能力或丧失劳动能力的人口占很大比例，尤其是“三保障”和饮水安全方面存在薄弱环节，生计十分

---

* 马俊乐，山东社会科学院助理研究员、管理学博士，研究方向为贫困治理、农村发展。

脆弱，随时面临返贫的可能，直接关系到2020年山东省全面完成脱贫攻坚目标的实现。2019年，山东省紧紧围绕“全面巩固提升”的核心主题，重视推进脱贫攻坚与乡村振兴的有机衔接、开发式扶贫与保障性扶贫的有机结合、从绝对贫困向相对贫困治理的平稳过渡，在“两不愁三保障”、社会兜底、就业扶贫、消费扶贫、金融扶贫等方面开展了一系列的探索实践，取得了显著的成效，为2020年全面脱贫目标的实现奠定了坚实基础。基于文本分析和实地调研，本文梳理了2019年山东省在脱贫攻坚领域取得的主要成就、采取的重要举措，分析了山东省脱贫攻坚工作仍然存在的问题和面临的挑战，并提出了下一步脱贫攻坚工作的对策建议。

一　山东省脱贫攻坚工作的主要成就和举措

（一）主要成就

2019年，山东省脱贫攻坚成果持续巩固，享受脱贫政策人口的年人均纯收入进一步增长，达到7490元。其中，4000元以下有450户，占享受脱贫政策人口总数的0.02%（见表1），为2020年脱贫攻坚任务的完成奠定了坚实基础。根据山东省扶贫办的数据，在市级层面，东营市享受脱贫政策人口的年人均纯收入最高，达到10422元；然后是青岛市和威海市，都超过了9000元；临沂市、聊城市、菏泽市相对较低，在省平均线以下，但也都超过了6000元。

表1　2019年山东省享受脱贫政策人口年人均纯收入分布

单位：人，%

年人均纯收入	4000元以下	4000～5999元	6000～7999元	8000～9999元	10000元及以上
人数	450	750616	625092	323604	279564
占比	0.02	37.92	31.58	16.35	14.12

资料来源：山东省扶贫办。

在收入构成上，2019年山东省享受脱贫政策人口收入构成进一步多元化，增强了持续增收的能力，意味着他们应对返贫风险的能力也有所提高。如表2所示，2019年山东省享受脱贫政策人口的年人均收入中，工资性收入、生产经营性收入、财产性收入的占比合计达到52.23%，超过转移性收入的比例。这表明山东省脱贫攻坚政策的有效性，真正提升了贫困人口的自主发展能力。尤其要指出的是，山东省贫困人口相对集中的菏泽、德州、聊城等地，工资性收入、生产经营性收入、财产性收入的占比都相对较高，如菏泽市享受脱贫政策人口的收入33.0%为工资性收入、27.2%为生产经营性收入、7.0%为财产性收入，三者占比合计达到67.2%。

表2　2019年山东省享受脱贫政策人口年人均收入构成

单位：元，%

收入构成	工资性收入	生产经营性收入	财产性收入	转移性收入
平均值	2071.502761	1504.875459	599.723694	3819.284858
占　比	25.91	18.82	7.50	47.77

资料来源：山东省扶贫办。

同时，2019年山东省享受脱贫政策人口在享受的帮扶措施方面进一步多元化，覆盖率也进一步提升。根据山东省扶贫办的数据，2019年享受脱贫政策的人口100%能享受健康扶贫政策的帮扶，97.2%能享受综合保障性扶贫政策的帮扶，尤其要指出的是就业扶贫和产业扶贫政策的覆盖率分别达到50.0%和41.3%，其中日照市的产业扶贫措施能够覆盖81.8%的贫困人口。除此之外，还有危房改造、金融扶贫、教育扶贫、公益岗位、异地搬迁、生活条件改善等措施多管齐下，切实提升贫困人口持续增收、应对贫困的能力。

（二）重要举措

2019年，山东省脱贫攻坚工作采取了一系列重要举措，各级政府部门在资金分配、议程设置、政策制定、行动落实等方面持续聚焦和深入，具体如下。

1. 在资金分配上

2019年，山东省各级财政用于扶贫的资金总额为72.87亿元，其中中央资金6.87亿元，省级专项扶贫资金28亿元（比2018年增长12%），市、县资金38亿元，为全年脱贫攻坚工作提供了资金保障。

2. 在议程设置上

2019年，山东省级层面先后召开了12次以脱贫攻坚为主题的会议（见表

3），除了常规性的扶贫办主任座谈会、省扶贫开发工作会议外，更多的是针对解决“两不愁三保障”突出问题、金融扶贫、健康扶贫、对口支援扶贫等具体议程专门召开的会议，进一步凸显出2019年脱贫攻坚工作在山东省发展大局中的重要位置。

表3　2019年山东省脱贫攻坚工作主要会议

时间	名称
2019年1月9日	全省扶贫办主任座谈会
2019年1月9日	全省扶贫开发工作会议
2019年1月28日	全省推进黄河滩区脱贫迁建专项小组会议
2019年2月22日	全省扶贫工作座谈会
2019年3月26日	山东省扶贫开发领导小组全体会议
2019年5月5日	全省解决“两不愁三保障”突出问题和考核整改工作电视电话会议
2019年5月6日	全省深化健康扶贫和对口支援扶贫协作视频会议
2019年8月21日	全省扎实做好脱贫攻坚“回头看”着力解决“两不愁三保障”突出问题电视电话会议
2019年8月30日	全省扶贫领域腐败和作风问题专项整治工作推进会议
2019年10月17日	学习习近平总书记关于扶贫工作的重要论述持续推进扶贫开发工作座谈会
2019年11月25日	山东省扶贫开发领导小组全体会议
2019年12月2日	全省扶贫办主任座谈会

资料来源：根据山东省扶贫办网站整理。

3. 在政策制定上

2019年，山东省根据脱贫攻坚形势的变化出台了一系列新的政策文件（见表4），聚焦短板和难题，丰富和完善了现有的扶贫支持政策体系。

表4　2019年山东省脱贫攻坚工作政策文件

日期	名称
2019年7月30日	《关于加快推动乡村振兴和巩固提升脱贫攻坚成果的支持政策》
2019年8月18日	《解决贫困人口基本医疗有保障突出问题实施方案》
2019年8月30日	《关于进一步完善城乡低保政策充分发挥低保兜底保障作用的指导意见》
2019年9月5日	《关于深入推进科技扶贫助力乡村振兴若干措施》
2019年10月25日	《关于深入开展消费扶贫助力打赢脱贫攻坚战的实施意见》
2019年11月19日	《山东省人民政府关于统筹完善社会救助体系的指导意见》

资料来源：根据相关网站整理。

4. 在行动落实上

2019年，山东省紧紧围绕“全面巩固提升”，着力解决“两不愁三保障”突出问题，完善社会兜底机制，深入开展消费扶贫行动，创新就业扶贫机制和注重金融扶贫，推进脱贫攻坚和乡村振兴战略的衔接，取得了显著成效，具体如下。

（1）着力解决“两不愁三保障”突出问题

“两不愁三保障”指的是不愁吃、不愁穿，义务教育、基本医疗、住房安全有保障，之前主要针对的是异地扶贫搬迁工作。2019年4月16日，习近平总书记在重庆主持召开解决“两不愁三保障”突出问题座谈会，将“两不愁三保障”提升为全国脱贫攻坚工作的重要目标和行动指南。事实上，“两不愁三保障”在很大程度上重新定义了贫困，是基于当下中国国情对贫困人口的恰当阐释。2019年6月，国务院扶贫开发领导小组印发《关于解决两不愁三保障突出问题的指导意见》。2019年8月，山东省召开专门会议做安排部署。从总体情况看，山东省基本上解决了吃穿不愁的问题，但饮水问题还存在薄弱环节，义务教育、基本医疗、住房安全保障方面也有待提升。

在饮水安全方面，山东省曾经在2018年底启动实施了农村饮水安全两年攻坚行动。截至2019年10月，山东省已经有134个县正式进入实施阶段，占到全部攻坚行动涉及县的96.4%；已经针对38个县400个贫困村和4652个没有集中供水的村分别实施了饮水安全提升工程和通水工程。此外，山东省还对全省农村饮水安全底数做了排查核实，基本摸清了情况，核实了村庄和家户信息。预期到2020年6月底，全省饮水安全行动基本完成，完全解决贫困群众的饮水问题。

在基本医疗保障方面，山东省出台了实施方案，并根据省情制定了实施标准，即医疗卫生机构“三个一”、医疗卫生人员“三合格”、医疗服务能力“三条线”、医疗保障制度全覆盖，从完善医疗保险制度，提高报销比例，提升医疗资源供给的数量、能力、便利程度、水平等方面切实让贫困人口能及时、就近诊治常见病，大病、重病有基本保障。根据山东省医疗保障局的数据，截至2019年底，山东省建档立卡贫困人口、低保对象、特困人口、重度残疾人四类人员的医保参保率达到99.2%，其中239.7万建档立卡贫困人口基本实现全覆盖；全省13个市实现了对上述四类人员的医保一站式服务，异地结算机构增加到1171家；省扶贫工作重点村卫生室服务覆盖率达到99.8%，贫困患者基本上可以实现在县域范围内就近治疗。

在住房安全保障方面，山东省住房和城乡建设厅印发专门工作方案，要求全省各地全面排查这方面的突出问题，强化管理，引导农户建设既经济又适用的住房，尤其帮助存在住房危险的建档立卡贫困户、农村低保户、分散供养特困人员、贫困残疾人家庭四类重点对象解决住房安全问题。根据山东省住房和城乡建设厅的数据，截至2019年10月，山东省改造危房竣工1.59万户，完成全年计划的98.5%。

在义务教育保障方面，山东省致力于落实脱贫攻坚政治责任、补齐学前教育短板、守住义务教育底线、打通升学就业渠道、提供教育人才科技支撑五个方面的内容。根据山东省教育厅的数据，截至2019年11月，山东省“全面改薄”工程累计投资了18.66亿元，新建和扩建661所义务教育学校，建设了96.69万平方米校舍。此外，山东省还建立了数据排查比对机制，精准掌握未入学的适龄儿童数据，劝其入学或返学，全面落实资助政策，真正做到不让一个孩子掉队，真正保障其教育权利。

（2）完善社会兜底机制

根据山东省扶贫办的数据，2019年山东省享受脱贫政策的239.7万人中，60岁以上的老年人、病残人口、无劳动能力或丧失劳动能力的人口占比分别为56%、56.9%和55.7%。这部分已脱贫人口的生计十分脆弱，很难通过参与扶贫产业或者提升自身发展能力来巩固提升，而且很有可能给所在的家庭造成负担，导致整个家庭返贫。解决这一问题，只能依靠以最低生活保障、特困人员救助抚养为基础的社会救助体系发挥兜底保障作用。

2019年，山东省相继出台了《关于进一步完善城乡低保政策充分发挥低保兜底保障作用的指导意见》《山东省人民政府关于统筹完善社会救助体系的指导意见》两个政策文件，进一步完善重度残疾人“单人保”政策，完善因病（伤）致贫家庭认定，完善低保申请家庭财产认定；统筹完善社会救助体系，实现对城乡最低生活保障人员、特困人员、建档立卡贫困人口、受灾人员、生活无着的流浪乞讨人员、孤儿和困境儿童、唇腭裂和脑瘫儿童、重度精神病患者、困难残疾人、“两癌”贫困妇女、困难职工、需急救的身份不明和无力支付人员、因见义勇为致残人员及其家庭、见义勇为死亡（牺牲）人员家庭等14类困难群体全覆盖，并加强制度衔接、资金整合、信息平台建设和监督管理。

近年来，山东省农村低保标准不断提高。2019年，山东省各地市农村低保平均标准是每年每人4583元，远高于国家和省的贫困标准，各地农村低保标准全部保持在省定扶贫线以上，如济南农村低保标准达到每人每年5480元，临时救助标准达到城市低保标准的6~12倍。山东省城乡特困人员救助供养相关标准和不能自理特困人员集中供养率也有了大幅提高，进一步完善了社会兜底扶贫机制。

（3）深入开展消费扶贫行动

消费扶贫是近两年来各地探索出来的宝贵经验。2018年12月30日，国务院办公厅印发《关于深入开展消费扶贫助力打赢脱贫攻坚战的指导意见》，要求积极动员社会力量参与扶贫，通过消费贫困地区和贫困人口的产品及服务，帮助贫困地区和贫困人口发展产业，从长远角度增强其自主发展能力，助其持续增收。基于这一文件，2019年10月21日，山东省人民政府出台了《关于深入开展消费扶贫助力打赢脱贫攻坚战的实施意见》，积极推进消费扶贫创新行动。

山东省主要从提升贫困地区农产品供给和质量安全水平、拓展贫困地区农产品流通和销售渠道、动员社会各界扩大消费贫困地区产品和服务、强化保障措施等方面开展了相关行动，将消费扶贫正式纳入年度脱贫攻坚工作计划，并设置了具体的目标，如每年认定100家左右省级扶贫龙头企业、20个脱贫任务比较重的县（市、区）全部创建省级以上食品安全县或农产品治理安全县、200个重点扶持乡镇全部有快递网点、8654个省扶贫工作重点村全部通快递等。

（4）创新就业扶贫机制和注重金融扶贫

创新就业扶贫机制。加大政策支持力度，对扶贫车间等吸纳贫困劳动力的主体以及通过劳务输出获得稳定就业的个体给予补贴，并且强化对贫困劳动力的职业培训。2019年，山东省人力资源和社会保障厅与山东省扶贫办联合部署开展就业扶贫百日攻坚行动，通过开展就业扶贫政策落实、重点地区和贫困家庭重点人员帮扶、就业扶贫技能提升等路径全力推进就业扶贫工作。

注重金融扶贫。中国建设银行山东省分行探索推出了“订单+银行+保险+期货”的扶贫模式，为农产品价格和农户收入提供风险保障。2019年9

月19日，首单扶贫单据“山东高速集团有限公司2019年度扶贫中期票据”发行，总额10亿元中的3亿元将专项用于贫困地区的基础设施项目，开了山东省利用证券市场服务于脱贫攻坚工作的先河。

（5）推进脱贫攻坚和乡村振兴战略的衔接

乡村振兴是习近平总书记在党的十九大报告中提出的战略，是新时期我国农业、农村、农民工作的总抓手，而打赢脱贫攻坚战、完成全面脱贫的目标是优先任务和前提条件。习近平总书记更是对山东省提出了打造乡村振兴齐鲁样板的殷切希望。这是山东省的重大任务，也是发展的重大机遇。2019年7月30日，山东省出台了《关于加快推动乡村振兴和巩固提升脱贫攻坚成果的支持政策》，从24个方面加快脱贫攻坚和乡村振兴战略的有机衔接，在乡村振兴战略框架中巩固提升脱贫成果，建立贫困治理的长效机制。

根据这一政策，山东省要着力解决“两不愁三保障”的突出问题，要建立健全及时帮扶机制，要加强扶贫资产运营管理，如涉农市县每年安排不少于10%的用地指标用于乡村振兴和脱贫攻坚新增建设用地，城乡建设用地增减挂钩结余指标的交易收益全部用于巩固脱贫攻坚成果和支持乡村振兴，脱贫攻坚期内的各级财政专项扶贫资金可用于扶贫工作重点村小型公益性生产生活设施建设，等等。

山东省各部门也出台相关举措、加快落实。如山东省科技厅就出台了《关于深入推进科技扶贫助力乡村振兴若干措施》，致力于脱贫攻坚与乡村振兴人才支撑体系、平台服务体系和支持保障体系三方面建设，通过12项措施，实现8654个省扶贫工作重点村科技指导人员全覆盖并提供优质服务，科技特派员达到6000名以上，转化应用农业科技成果100项以上，建成科技扶贫示范基地30个，建设农科驿站200家以上。

二　山东省脱贫攻坚工作面临的问题和挑战

2019年，山东省在脱贫攻坚领域围绕“全面巩固提升”做了大量的探索实践，成效显著，但也存在脱贫质量不够高，常规性、制度化减贫还不完善，社会力量参与较少，对2020年后贫困转型治理的准备不足等问题和挑战。具体情况如下。

（一）脱贫质量不够高，巩固脱贫成果的任务依然艰巨

2019年，山东省全面巩固脱贫成果，但脱贫质量依然不够高，仍是较低水平的、单一维度的、十分脆弱的。

1. 贫困标准有待提高

2018年，山东省贫困标准为每人每年3609元，虽然略高于国家标准，但是与其他相对发达省市相比还有不小差距。比如浙江省，2012年贫困标准是每人每年4600元，2019年已经重点关注家庭人均收入9000元以下的农户；江苏省是到2020年完成每人每年6000元的目标。一般而言，贫困标准是当地农民人均收入的30%~50%。2018年，山东省农村居民人均可支配收入为16297元，那么相应的贫困标准在4889.1元以上。更进一步，如果考虑到2020年后相对贫困的治理标准，根据国际惯例，以社会中位收入或平均收入的某个比例为标准①，那么，相比之下，山东省当前的贫困标准还处于较低水平。

2. 距离多维度脱贫尚有差距

2018年，山东省贫困标准每人每年3609元，是单一维度的收入贫困。当考虑到“两不愁三保障”多维度的评价指标时，就出现了不少问题。2019年，山东省只能基本保证不愁吃、不愁穿，在饮水安全、住房安全、基本医疗、义务教育方面依然没有全部保障，并且距离全面完成还有不小的差距。如果考虑到更多维度的贫困，当前的脱贫成果依然是不够的。

3. 脱贫地区和脱贫人口的内生发展动力依然很弱

山东省脱贫成果有很大比例是外部输血的结果，脱贫地区和脱贫人口的内生发展动力依然很弱。一方面，2019年山东省享受脱贫政策的人群中，60岁以上老年人、病残人口、无劳动能力或丧失劳动能力的人口占很大比例，他们基本上丧失了自主发展、持续增收的能力，只能依靠政策兜底，而且很可能引发新的贫困。另一方面，当前很多贫困村或贫困户参与发展的扶贫产业面临很多问题，包括产业选择盲目跟风，没有契合当地的发展实际，多以种植业和养殖业为主，周期长、风险大，缺失专业化的技术及经营人才，产业项目质量不

① 高强、孔祥智：《论相对贫困的内涵、特点难点及应对之策》，《新疆师范大学学报》（哲学社会科学版）2020年第3期。

高、效益有限，受到基础设施落后因素的严重制约，缺乏长远发展机制等，最终导致真正能嵌入当地经济社会发展秩序的、能持续促进群众增产增收的产业项目少之又少。

（二）运动式开发扶贫主导，常规性、制度化减贫还不完善

与全国一样，山东省长期以来以运动式开发扶贫为主导。这对于短时间内基本完成脱贫攻坚的任务和目标起了非常重要的作用，也是中国扶贫取得成功的基本经验之一。通过运动式扶贫，可以发挥社会主义制度集中力量办大事的优势，整合各方面的资源，将脱贫攻坚置于发展的优先议程。但运动式扶贫也存在很多负面问题，比如成本高，要投入大量的人力、资金等资源，效益较低；需要借助行政体系的力量，导致很强的政治化、官僚化取向，进而造成将扶贫简单化、一刀切、数字化等问题，无法因地制宜地采取措施；运动式的巨大投入决定了其暂时性，头疼医头、脚疼医脚，很难从长远、可持续发展的层面去审视问题；还有，这种运动式的、集中式的治理，往往会对常规的治理造成一定程度的冲击，影响各主体正常职能的履行。

随着脱贫攻坚战役即将收尾，山东省应该逐步从运动式开发扶贫向常规性、制度化减贫快速转型。这不仅对巩固脱贫成果十分必要，也对2020年后贫困治理十分必要。但山东省在这方面的工作还不够充分，还没有形成常规性、制度化减贫。当然这是一个系统的工程，需要顶层设计，从人力、资金、组织、法律等各方面统筹考虑，比如脱贫攻坚和乡村振兴战略的有机衔接，社会保障体系的进一步完善，统筹城乡一体化、区域协调发展，构建多元主体共同参与的公益慈善机制，等等。

（三）社会力量参与不足，多元主体参与脱贫的机制尚不健全

与部分兄弟省份相比，山东省各级政府在脱贫攻坚工作中的主导作用更为突出。结合运动式扶贫开发，这能尽快地整合各方资源，有一定的优势。但从长远来看，存在不少问题。

政府能力的有限性与扶贫需求的多样性之间的矛盾日益突出。山东省贫困地区和贫困人口分布零散，致贫原因多种多样，脱贫的方式也没有统一标准，需要投入大量的人力、物力、财力甚至是时间，尤其是需要多样化的专业知识

和人才。这在很大程度上对政府能力提出了严峻挑战。虽然山东省各级政府创新工作机制，积极动员各种力量参与，但现实情况是政府依然要承担大部分职责，最终影响了脱贫攻坚的有效性和可持续性。

过于依赖政府的行政干预，不利于贫困地区和贫困人口自主发展能力的提升。贫困地区和贫困人口由于结构性因素出现贫困，需要政府发挥外部引导作用，通过基础设施投入、政策支持、发展教育、加强信息化建设等为其发展提供方向、渠道和能力，进而使其走出贫困陷阱。但当前山东省各级政府在脱贫攻坚工作中的角色过于突出，可以说各个环节基本上都由政府亲力亲为，由政府输血脱贫。这就导致了贫困地区和贫困人口都把希望寄托于政府身上，等靠要的心态突出，自主发展的意识不强，最终影响了其自主发展能力的提升。

作为一项系统性工程，脱贫攻坚应该构建多元主体共同参与的机制，在政府之外的企业、社会组织可以发挥不可替代的作用，这是各地已经探索出来的成功经验。企业懂市场、会经营、有资本，通过市场化的商业模式来推动脱贫更有可持续性。社会组织贴近基层、会沟通、懂协调、注重社会价值，能够以最适合当地发展的方式帮助其提升自主发展能力。但相比之下，山东省的社会组织无论在数量上、规模上还是影响力上都已经远远地落后，山东省的企业结构里国有企业的比重相对较大，这两者在当前脱贫攻坚实践中的作用被忽视、被边缘化，甚至在一些领域和地方是缺失的。

（四）对2020年后贫困转型治理的准备不充分

2020 年实现全面脱贫是党中央制定的目标和任务，但并不是贫困治理的终点。2020 年后，中国贫困治理模式会发生较大转变，从主要解决收入贫困向解决多维贫困转变，从消除绝对贫困向缓解相对贫困转变，从以农村为主向城乡统筹扶贫转变，从注重脱贫速度向注重脱贫质量和人民获得感转变。[①] 2018 年，山东省基本完成了脱贫攻坚的任务，走在了全国的前列。2019 年在全面巩固提升的基础上，山东省需要对过去脱贫攻坚治理的成功经验进一步总结，需要提前规划和实践 2020 年后贫困转型治理。

---

① 孙久文、张静、李承璋、卢怡贤：《我国集中连片特困地区的战略判断与发展建议》，《管理世界》2019 年第 10 期。

2019年，山东省各级部门把着力点都放在了“两不愁三保障”、已脱贫人口的监测评估等方面，虽然也在提倡推进从绝对贫困转向纾解相对贫困，但较多地停留在口头层面，并没有采取实质性的举措。2019年实施的有关完善最低生活保障、社会救助体系，以及加强脱贫攻坚与乡村振兴战略有机衔接的措施，也是瞄准稍微超出贫困线、享受脱贫政策的人群。这一做法虽然可以巩固既有的脱贫成果，为2020年全面脱贫奠定更坚实的基础，但是从长远来看，不利于山东省突出脱贫攻坚的成功经验，在2020年后的贫困治理中掌握先发优势。

三　未来山东省脱贫攻坚工作的对策和展望

在落实2020年全面脱贫的目标方面，山东省脱贫攻坚工作还有待完善；面向2020年后贫困转型治理和长效机制的建设，未来山东省脱贫攻坚工作更是要补课、尽快谋划。基于以上分析，本文认为山东省脱贫攻坚工作可以在以下几个方面加以改进。

（一）提前谋划2020年后的工作，打造山东省贫困治理的2.0版本

2020年以后的贫困治理涉及的对象更多、范围更广、更为复杂，周期也会更长。一方面，要进一步巩固围绕已脱贫群众或享受脱贫政策人口的可持续生计成果，完善社会兜底机制，提高保障水平，做大做强已有的扶贫产业，增强其内生增长动力和能力。另一方面，要把目光转向多维贫困、相对贫困、城乡统筹扶贫、注重脱贫质量和人民获得感。

山东省需要尽快启动2020年后贫困治理规划的编制工作，聘请经济、社会、文化等方面的专家学者充分地总结本省过去的扶贫治理实践和成功经验，结合国家最新的政策和本省的实际情况科学谋划，打造本省贫困治理的2.0版本。与此同时，山东省可以选择若干较早完成脱贫攻坚任务的市、县、乡、村，围绕相对贫困的治理开展试点工作，给予其充分包容的探索空间，制定新的贫困标准，识别新的贫困人口，探索和建设相对贫困的治理机制，为2020年后本省贫困治理转型提供基础，也为全国扶贫工作贡献山东方案。

（二）加强脱贫攻坚和乡村振兴战略的有机衔接，发展包容性的农村集体经济

乡村振兴战略的提出为脱贫攻坚工作提供了难得的机遇，也为脱贫攻坚工作提出了新的发展方向。通过产业、人才、文化、生态、组织方面的振兴来增强农村、农民的自主发展能力，是带动农村贫困人口摆脱贫困陷阱的长远举措。山东省需要加强脱贫攻坚和乡村振兴战略的有机衔接，基于乡村振兴的战略框架来考虑贫困治理。乡村要实现全面振兴，产业振兴是基础，也是关键。经过各地的实践探索，发展新型的农村集体经济是乡村产业振兴的落脚点和基本出路。

山东省提出到2020年，全省基本消除集体经济空壳村，村级集体经济收入全部达到3万元以上，其中10万元以上的占到30%；到2022年，10万元以上的占到50%。但究竟如何发展农村集体经济？基于实地调查研究，本文认为一方面要创造包容性的发展环境，鼓励和支持农村集体经济创新，在坚持集体所有制、维护集体利益的前提下，允许各地大胆地探索实践；让村庄发挥比较优势，基于市场规则来孕育和发展农村集体经济，不搞一刀切，不过度干预；政府要以村庄发展需求为导向，根据发展的阶段性，在政策咨询、市场信息服务、技术培训、基础设施建设、金融支持等方面制定优先序。另一方面要吸引、培育和支持乡村精英自主创业，提升村庄自主发展能力。出台优惠政策，吸引在外的乡村能人回乡创业、担任领导职务，不看文凭、不问出身，要熟悉城市、热爱乡村，懂市场、会经营，有威信、不偏私。同时培育和支持在村庄有威信、有能力、想干敢干的村庄精英，通过支持其外出考察培训、提供启动资金等渠道让其带领村民不断地探索实践。山东省要通过农村集体经济的发展，以村为单位来安置贫困人口，让其通过土地入股等形式获取资产收益，进而实现持续增收。

（三）进一步完善社会保障体系建设

2019年，在山东省享受脱贫政策的人口中，老年人、病残人口、无劳动能力或丧失劳动能力的人口占很大比例，而且山东省的老龄化趋势日益加剧，新的老年贫困人口有可能会持续增加，但山东全省尤其是农村地区的社会保障体系还处于较低水平，兜底作用有限。山东省需要逐步完善农村地区尤其是贫

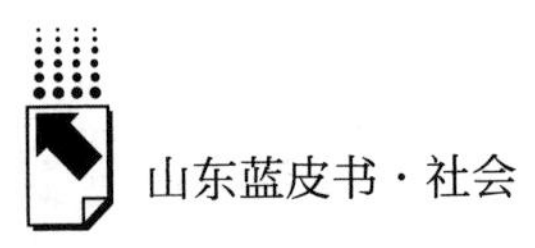

困地区的社会保障体系。

整合各方资源，提升农村老年人的基础养老标准，发展养老服务产业，增加农村养老服务设施，建设居家养老服务网络，提高农村老年人的生活质量。

完善社会救助体系，针对2019年11月出台的《关于统筹完善社会救助体系的指导意见》，加快研究落实，完善工作机制，整合社会救助资源，提升服务能力，尤其是要降低社会救助标准、简化申请流程、提高服务效率、扩大社会救助范围。

着实解决贫困地区的基本医疗保障问题，基于山东省最新制定的实施标准，改善贫困地区医疗设施，强化医务人员服务能力，提升贫困人口的医保参保率，降低报销起报点，提高报销比例等，真正解决其看病难、看病贵、因病致贫的问题。

（四）引导社会广泛参与，构建多元主体共同参与贫困治理的机制

扶贫是一项长期性工程，因为即使消除了绝对贫困，也还有更具挑战性的相对贫困。扶贫是政府的责任，也是全社会共同的责任。随着老龄化社会的到来，仅仅依靠政府的治理机制是低效率的，也难以持续，尤其是山东省过去的扶贫工作中政府的作用过于突出。因此，山东省需要积极引导社会广泛参与，构建多元主体共同参与贫困治理的长效机制。

积极引导、培育面向贫困地区、贫困人口和贫困问题的社会组织、社会企业，通过减税等措施鼓励个人和企业成立扶贫基金，为其创造包容性的发展环境，给予其足够的发展空间投入到贫困治理议题上来，与政府形成合力。

在全社会营造公益慈善的文化和理念，动员每个公民通过志愿服务、捐赠等形式推动扶贫工作，推动社会的公平正义。

改变行政主导的治理模式，尝试用公益或者商业的模式来推动贫困治理，通过创新机制，运用市场化的思维来对待扶贫在内的社会事业，基于社会价值来实现持续的经济价值，进而推动贫困治理的可持续性。

（五）统筹城乡融合发展、统筹区域协调发展、统筹缩小收入差距

贫困问题在本质上是发展不均衡的产物。长期以来，山东省城乡之间、沿

海和西部地区之间的发展存在不小的差距，尤其是黄河滩、沂蒙山等地区远远落后于全省发展的平均水平，成为贫困的重点和难点地区。面向未来，山东省扶贫工作的核心和根本要从避免城乡间、区域间、群体间发展差距过大的初始问题上着手，统筹城乡融合发展，统筹各区域协调发展，统筹缩小收入差距。

统筹城乡融合发展，将高质量发展成果更多地惠及农村地区。进一步打破城乡之间的壁垒，在坚持集体所有制、维护集体利益的基础上，允许人才、信息、资金等在城乡之间更大范围内自由流动，进而让更多的城市消费需求下沉到村庄，也让村庄从城市及时获取信息、技术和资金，在城乡对接中发展农村经济。在当前及未来发展议程中，渐进地将高质量发展项目、成果向农村转移，让农村摆脱一直追赶城市的局面，进而为农村经济的高质量发展奠定基础。

统筹各区域协调发展。在建造中心城市/县/镇/村的同时，也积极为周边卫星城市/县/镇/村想办法、谋出路，构建两者的良性互动机制，发挥中心城市的集聚优势，让其周边享受辐射成果。这就需要在产业规划上有所协调，在基本公共服务建设上有所协调。

统筹缩小收入差距，做好收入的二次分配，通过税收等手段缩小行业间、群体间的收入差距，避免贫富分化，真正消除绝对贫困，缩小相对贫困的规模和范围，进而实现共同富裕。

参考文献

高强、孔祥智：《论相对贫困的内涵、特点难点及应对之策》，《新疆师范大学学报》（哲学社会科学版）2020 年第 3 期。

孙久文、张静、李承璋、卢怡贤：《我国集中连片特困地区的战略判断与发展建议》，《管理世界》2019 年第 10 期。

Contents

I General Report

Abstract: The high-quality development of public service is not only an important content of high-quality development, but also the realization mechanism and feasible path of high-quality development. In 2019 strategic plan, Shandong put improvement of public service quality as an important part of the province's high-quality development, and emphasis on "six focus points" to improve the innovation and sharing level of high-quality development; In the overall promotion, the improvement of public service quality been organically combined with poverty alleviation, rural revitalization and pollution prevention. Thus "Two no worries and Three Guarantees" has been consolidated and improved in an all-round way, and the "win-win" goal of ecological environmental protection and economic development has been further approached. In the key breakthroughs, Shandong focus on solving the problems and pain points reflected by the public, therefore the rationality and accuracy of public service resource allocation have been improved. On Safeguard Measures, Shandong carried out the reform of "one window acceptance, one time success" and process reengineering, so the quality and efficiency of public service agencies have been greatly improved. Some significant problems in the field of public service are the obvious short boards that affect the high-quality development of the province, low public satisfaction in certain public services that have not been fundamentally improved, and the imbalance of service quality which is still prominent. The unexpected new crown epidemic has put forward new challenges and requirements for the government's high-quality public services. The public health prevention and control system and the emergency response mechanism for major epidemic need to be strengthened, and the requirements for ensuring employment and people's livelihood are more urgent. The social security system needs to take into account stability and flexibility, smart governance and the ability to make good use of digital governance tools still need to be strengthened, and the quality of urbanization is urgent to be promoted, etc. In 2020, we should establish a high-quality public service performance evaluation index system so that it can play a leading role; continue to be problem-solving oriented and focus on service projects with low public satisfaction, put in more effort to innovate the system and the mechanism of solving problems in order to solve old and difficult problems and new problems been exposed by the new crown epidemic; continue to promote ideological emancipation and take the "process reengineering" as the traction to promote the extension and expansion of public services, as well as to improve its quality and efficiency.

Keywords: Public Service Quality; High quality Development; Poverty Alleviation; New Crown Epidemic; Process Reengineering

Ⅱ Topical Reports

Abstract: Replacing old growth drivers with new ones is at a stalemate and economy is on the downside, in 2019, Shandong province insists giving high priority to employment, keeping employment stable. This paper find that total number of both economically active population and employed persons are declining substantially, however, employment' s total amount and structural antinomies are still widespread. By supporting small and medium-sized enterprises, encouraging starting businesses, strengthen vocational skills training, employment situation is basically steady, and structural contradiction is relief. Labor supply structure have changed substantially, new technology revolution has fostered numerous new employment forms, future policy of employment should focus on four aspects, i. e. eliminating labor mobility barriers to improve labor allocation, deepening connotative development of higher education to engage with vocational skills training, strengthening employment public service to promote efficient human resource allocation, and strengthening employment institution to protect labor's rights.

Keywords: Pivotal Employment Groups; Employment Channel; Vocational Skills Training; Harmonious Labor Relations

Abstract: Since the National Education Congress, held in September 2018, it has become an important task to speed up the high-quality development of elementary education. Therefore, it is very important to optimize the educational supply of schools, to fulfill the needs of families, and to realize a favorable family-school connection. By analyzing the official statistical data and some material of survey, this article shows that the current school education has made remarkable progress in the aspects of fairness, quality and connotation, basically in line with the family's demand for the level of teaching, the environment of education and the content of services. In addition, a family-school cooperation system has also been preliminarily constructed. However, due to the growing demand for high-quality education and the complexity of the concrete circumstance, the deviation between supply and demand, the unclear division of educational responsibility and the inequality in education domain still exist in the family-school connection. Thus, it will be necessary to make further efforts to rationalize the relationship between educational supply and demand, to clarify the roles between family and school, as well as to promote the equity in education on the policy and practice level.

Keywords: Elementary Education; Family-school Connection; Family Education Guidance; Equity in Education

Abstract: High quality medical service should not only provide efficient medical service, but also provide satisfactory service. In 2019, Shandong province made efforts in the three fields of eliminating service defects, innovating technology application and purifying health care service environment, continuously promote the quality and capacity of the medical service industry, and effectively improve the medical experience of the patients. However, there are still some serious problems, such as regional variations, backward development of characteristic medical service, and defective treatment process. In order to improve the medical service, the government should start with the service population, service items and service process, deeply understand the new demand for medical service, continuously strengthen the comprehensive supervision ability of the health care service environment, so as to improve the high added-value of medical service and build a more harmonious relationship between doctors and patients.

Keywords: Medical Service; Patient Satisfaction; Healthy Shandong

Abstract: High-quality development places new requirements on high-quality social security. In 2019, Shandong Province carefully implemented social security work, lowered the social security premium rate, reinforced the social security network of basic medical insurance, critical illness insurance, medical assistance, and the support of the extremely poor, launched fraud prevention actions in the medical security field, and implemented an "one card pass" for medicine purchase. The public satisfaction of social security management and service was further improved. In 2020, the expansion of social security work should shift from simple pursuit of speed to paying attention to the ones of high risk and the ones who most need to be covered by law, effective measures should be taken to alleviate the contradiction between fund income and expenditure after reducing social security premium rate to ensure the safety of social security fund, the social security mechanism should be established to solve the relative poverty in time on the basis of focusing on key areas and key groups, and social security management system and mechanism should be innovated to improve service quality and efficiency.

Keywords: Social Security; Social Security Premium Rate Reduction; Critical Illness Insurance; Medical Assistance

Abstract: The high-quality development of pension services is not only an important prerequisite for the realization of high-quality economic development, but also a necessary guarantee for the realization of "old people's security". Shandong Province, guided by the actual needs of the elderly, constantly adjusts the policy and investment direction, and promotes the development of pension. In 2019, the framework of the elderly care service system in Shandong Province has been initially established, social forces have become the main body of elderly care service development, and the provincial model of integrated medical and nursing services has achieved initial results. However, the situation of aging population in Shandong Province is grim, and the development of pension services is facing problems such as imbalance of supply and demand, imperfect policy system and lack of service talents. Therefore, we should improve the service policy, develop the service industry, strengthen the community home-based care service, and build a professional team to promote the high-quality development of the elderly service.

Keywords: Elderly Care Service; Aging Population; Community Home-based Pension

Abstract: Ecological environment is not only an important measure of high-quality development, but also an important driving force and one of the core objectives. In 2019, Shandong province regarded environmental quality improvement as an important goal of old and new kinetic energy conversion, and integrated environmental protection, energy-saving, emission-reduction, improvement of quality and performance into high-quality development. Shandong province focused on the issues around the people, such as severe pollution weather, dust pollution control, diesel truck control, black and smelly water control, hazardous waste supervision and other outstanding environmental problems. Shandong province implemented ecological protection and restoration and strengthened the supervision and inconsistency of environmental protection. To improve the service quality of ecological environment, in 2020, Shandong province should deepen the action of "Four Minus and Four Increase", adhere to precise strategies and technology support in the prevention of air pollution, tighten the supervision of the whole process of hazardous waste disposal, take multiple measures to improve the domestic waste classification system, and adhere to the combination of supervision and service to improve the quality of ecological environment services.

Keywords: Ecological Environment; the Prevention of Air Pollution; Hazardous Waste; Domestic Waste Classification; Environment Supervision

Abstract: In recent years, the party and the state have attached unprecedented importance to the issue of public security. In 2019, focusing on "improving the public security system and mechanism", Shandong province promoted the high-quality development of public security services by issuing policies and regulations, adjusting provincial public security management agencies, establishing a public security risk prevention and control systems, and implementing security responsibilities.

In 2020, Shandong Province should establish and improve the public security system combining daily prevention and control with emergency management as soon as possible, implement the diversified public security governance of "government-society-market-masses" linkage, unswervingly guarantee the people's livelihood basis in key security fields such as food safety, introduce scientific and technological means to improve the level of public security governance, and promote the public security culture of the new era. To solve the problems of insufficient supervision in the field of food safety, weak emergency response capacity of the government under the supervision of Internet public opinion, difficulties in prevention and control of some daily social security risks, and relatively lagging public safety education.

Keywords: Public Safety; Emergency Management; Risk Prevention and Control; Safety Accident

Abstract: In 2019, focusing on improving the quality of life of residents, Shandong provincial governments push forward the " reform to streamline administration, delegate powers, and improve regulation and services " of public utilities, promote the reform of "investment and financing", improve and rebuild the work flow, improve the quality of social capital participation in public utilities investment, strengthen livelihood projects such as the renovation of old residential areas and the construction of public toilets, upgrade the transition of public utilities management to high efficiency, energy conservation and intelligence. During the year, there were still some problems, such as relatively insufficient government investment, single way of introducing social capital, breach of contract of franchise projects, insufficient energy-saving investment and special fund subsidies, damage to the interests of vulnerable groups, and lack of systematicness in pipe network construction. In 2020, Shandong province should strengthen the reform of public utilities management system and industry reform, reform the social capital access mechanism, improve the supervision mechanism of franchise projects and quality evaluation standards, strengthen industry supervision and quality supervision, optimize the price formation mechanism for public utilities, make up for the "short board" that the development of public utilities does not match the development of urbanization, improve the efficiency of public utilities construction and operation, and effectively support the urbanization process and sound development of economy and society in the whole province.

Keywords: Public Utilities; Function Transformation; Industry Supervision; Quality Supervision

Abstract: Public transportation is the vanguard in building modern economic system and the important force for guiding the high-quality development. In 2019, focusing on building Provincial Strength in Transportation, Shandong continuously improved its transportation infrastructure, pushed on the Integrated Development between the urban and rural transportation, and put most of its energy in building the bus cities, intelligent transportation and green traffic systems. However, the low investment rate, the slow progress in optimizing and upgrading the present transportation infrastructure, the irrational location and inadequate capacity of public transport in cities inhibited its leading role in economic area. Therefore, Shandong should optimize the configuration of its existing transportation resources, increase new high-quality supplies, build the three-dimensional connected transportation networks, further the equalization and facility of urban and rural transportation, and give most of its energy to develop intelligent transportation led by innovation.

Keywords: Strength in Transportation; Green Traffic; Bus Priority; Intelligent Transportation

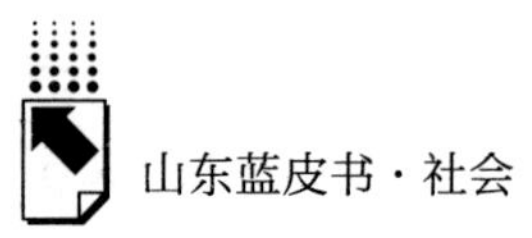

B. 11 Current Situation, Problems and Policy Suggestions for Public Cultural and Sports Services in Shandong Province, 2019 -2020

Li Chunlong / 177

Abstract: Public cultural and sports services in Shandong province have made great progress in the construction of policies and regulations, cultural and sports facilities, cultural rights and interests protection system and information feedback channels, but there are also some problems that cannot be ignored, which need to be solved in time. To be specific, we can proceed from the following aspects: to increase the input of public finance, improve the input mechanism of public cultural and sports services; To strengthen the construction of public cultural and sports facilities, especially to make up for the shortcomings of basic public cultural and sports services at the grassroots level; Constantly improve the service level, and strive to meet the needs of residents at various levels of service; We will actively cultivate a stable talent team system and inject lasting impetus into public cultural and sports services.

Keywords: Public Cultural Services; Public Sports Services; Basic Public Services

B. 12 Current Situation, Problems and Countermeasures of the Government Service Reform in Shandong Province, 2019 -2020

Yan Wenxiu / 196

Abstract: In 2019, Shandong Province actively built an efficient government around high-quality development, with outstanding achievements in government service reform. Remarkable achievements have been made in the comprehensive reform of business environment, and the number of investment projects is increasing gradually. Around the "Internet +" to create an integrated government service platform, the supply capacity of government services continues to improve. Actively respond to major social concerns through multiple channels, and significantly improve the response capacity of government service demands. Taking Shandong public data open network as the platform to make government affairs open, the total amount of data open ranks the top in China. However, there are still some problems, such as the business environment is not optimized, the gap between the Internet service ability of the government and the advanced provinces is large, the transformation of the government functions is not in place, and the working motivation of the grassroots government personnel is insufficient. In 2020, we should continue to optimize the business environment through deepening the reform of "discharge service" and the reform of the administrative examination and approval system, deepen the thinking of "Internet +", enhance the government's ability to supply Internet services and respond to demands, strengthen the concept of government service, and effectively build a service-oriented government; strengthen the training of grass-roots government officials, and improve the incentive mechanism for government personnel.

Keywords: Openness of Government Affairs; Reform of the Management of the Tube; "Do Well at One Time" Reform; Government Internet Service Capability

Abstract: In 2019, Shandong's poverty alleviation work is closely centered on "comprehensive consolidation and improvement" and is moving towards a high-quality stage. Shandong focuses on solving the problem of "two cares and three guarantees", improves the social bottom-up mechanism, develops the consumer poverty alleviation, and prompts the organic connection between poverty alleviation and rural revitalization strategy. At the same time, Shandong ' s poverty alleviation work still faces some challenges: the quality of poverty alleviation is still poor; conventional and institutionalized poverty reduction is not yet complete; insufficient participation of social forces; Inadequate preparation for poverty transition governance after 2020. To this end, Shandong needs to plan ahead of 2020 and build version 2. 0

of Shandong's poverty alleviation; strengthen the organic connection between poverty alleviation and rural revitalization strategies, develop an inclusive rural collective economy; further improve the social security system; and build a diverse body Mechanisms for jointly participating in poverty governance; coordinating urban-rural integration, coordinating development of various regions, and coordinating to narrow the income gap.

Keywords: Comprehensive Poverty Alleviation; Contained Poverty-retain; Poverty Transition

权威报告·一手数据·特色资源

皮书数据库

ANNUAL REPORT(YEARBOOK) DATABASE

分析解读当下中国发展变迁的高端智库平台

所获荣誉

- 2019年，入围国家新闻出版署数字出版精品遴选推荐计划项目
- 2016年，入选“‘十三五’国家重点电子出版物出版规划骨干工程”
- 2015年，荣获“搜索中国正能量 点赞2015”“创新中国科技创新奖”
- 2013年，荣获“中国出版政府奖·网络出版物奖”提名奖
- 连续多年荣获中国数字出版博览会“数字出版·优秀品牌”奖

成为会员

通过网址www.pishu.com.cn访问皮书数据库网站或下载皮书数据库APP，进行手机号码验证或邮箱验证即可成为皮书数据库会员。

会员福利

- 已注册用户购书后可免费获赠100元皮书数据库充值卡。刮开充值卡涂层获取充值密码，登录并进入“会员中心”—“在线充值”—“充值卡充值”，充值成功即可购买和查看数据库内容。
- 会员福利最终解释权归社会科学文献出版社所有。

数据库服务热线：400-008-6695
数据库服务QQ：2475522410
数据库服务邮箱：database@ssap.cn
图书销售热线：010-59367070/7028
图书服务QQ：1265056568
图书服务邮箱：duzhe@ssap.cn

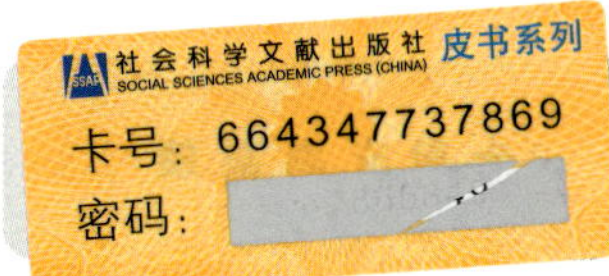

中国社会发展数据库（下设 12 个子库）

整合国内外中国社会发展研究成果，汇聚独家统计数据、深度分析报告，涉及社会、人口、政治、教育、法律等 12 个领域，为了解中国社会发展动态、跟踪社会核心热点、分析社会发展趋势提供一站式资源搜索和数据服务。

中国经济发展数据库（下设 12 个子库）

围绕国内外中国经济发展主题研究报告、学术资讯、基础数据等资料构建，内容涵盖宏观经济、农业经济、工业经济、产业经济等 12 个重点经济领域，为实时掌控经济运行态势、把握经济发展规律、洞察经济形势、进行经济决策提供参考和依据。

中国行业发展数据库（下设 17 个子库）

以中国国民经济行业分类为依据，覆盖金融业、旅游、医疗卫生、交通运输、能源矿产等 100 多个行业，跟踪分析国民经济相关行业市场运行状况和政策导向，汇集行业发展前沿资讯，为投资、从业及各种经济决策提供理论基础和实践指导。

中国区域发展数据库（下设 6 个子库）

对中国特定区域内的经济、社会、文化等领域现状与发展情况进行深度分析和预测，研究层级至县及县以下行政区，涉及地区、区域经济体、城市、农村等不同维度，为地方经济社会宏观态势研究、发展经验研究、案例分析提供数据服务。

中国文化传媒数据库（下设 18 个子库）

汇聚文化传媒领域专家观点、热点资讯，梳理国内外中国文化发展相关学术研究成果、一手统计数据，涵盖文化产业、新闻传播、电影娱乐、文学艺术、群众文化等 18 个重点研究领域。为文化传媒研究提供相关数据、研究报告和综合分析服务。

世界经济与国际关系数据库（下设 6 个子库）

立足“皮书系列”世界经济、国际关系相关学术资源，整合世界经济、国际政治、世界文化与科技、全球性问题、国际组织与国际法、区域研究 6 大领域研究成果，为世界经济与国际关系研究提供全方位数据分析，为决策和形势研判提供参考。

法律声明